人力资源管理专业应用型本科教材

职业生涯规划

李作学　主编

中国劳动社会保障出版社

图书在版编目(CIP)数据

职业生涯规划 / 李作学主编. -- 北京：中国劳动社会保障出版社, 2024. --（人力资源管理专业应用型本科教材）. --ISBN 978-7-5167-6460-2

Ⅰ.G647.38

中国国家版本馆 CIP 数据核字第 202494WN94 号

中国劳动社会保障出版社出版发行

（北京市惠新东街 1 号　邮政编码：100029）

*

河北虎彩印刷有限公司印刷装订　　新华书店经销

787 毫米 ×1092 毫米　16 开本　17.5 印张　237 千字

2024 年 12 月第 1 版　　2024 年 12 月第 1 次印刷

定价：55.00 元

营销中心电话：400-606-6496

出版社网址：https://www.class.com.cn

版权专有　　侵权必究

如有印装差错，请与本社联系调换：（010）81211666

我社将与版权执法机关配合，大力打击盗印、销售和使用盗版图书活动，敬请广大读者协助举报，经查实将给予举报者奖励。

举报电话：（010）64954652

前 言

随着信息化和大数据的发展，人力资源管理有着很大的变化与发展，尤其是新技术、新方法在人力资源管理中的应用，对于人力资源管理专业的学习提出了更高的要求。目前，我国高等学校人力资源管理专业在科研、教学和应用等方面都取得了长足进步，培养了一大批优秀的人才，但由于各高校在相关专业的发展历史、特点和背景上的差异，以及企业对人才需求的多样化、实务化，我国人力资源管理专业教育仍面临着机遇和挑战。

"人力资源管理专业应用型本科教材"以人力资源管理专业学科体系为依托，涉及人力资源规划、工作分析、招聘与配置、培训与开发、绩效管理、薪酬管理、人员素质测评、劳动关系管理等方面的内容。本系列教材包括《人力资源管理概论》《工作分析》《人员招聘与配置》《人力资源培训与开发》《绩效管理》《薪酬管理》《人员素质测评》《员工关系管理》《人力资源服务概论》和《职业生涯规划》共10本，具有以下突出特点：

第一，呈现了系统性的知识和最新的理论。本系列教材从体系的搭建到各本教材具体内容的安排，不仅强调人力资源管理基础理论知识的学习，而且注重理论知识的系统性，并同时注意反映最新的理论研究成果。

第二，提供了实务操作技能的方法和工具。本系列教材从方法、工具到所选择的各个模块，充分反映了人力资源管理专业的技能运用，为读者提供了全方位的人力资源管理教学指导与依据。

第三，增加了课程实训的演练内容。在"学习目标"和"本章自测题"的基础上，本系列部分教材中增加了在人力资源管理实践中的"课程实训"模块内容，增强了教材的实用性，以期辅助读者更快地领会与掌握人力资源管理的基本理论以及技术方法。

在本书编写过程中，特别感谢人力资源管理专业领域一些杰出学者和企业界人士所提供的评论以及建议，他们的许多专业知识、独到见解和体会很值得我们学习。同时，我们还要感谢在高校管理教学一线的教师们，他们投入了大量时间和精力，通过各种渠道给我们提供了高校科研、教育教学、在校学生方面关于教材颇有价值的信息反馈。

当然，本系列教材存在许多可以不断改进和完善的地方，我们殷切地希望广大读者能够在使用过程中给我们提供好的意见和建议，使之日臻完善。

编者

2023 年 7 月

内容提要

《职业生涯规划》共分为 6 章,包括认识职业生涯规划、自我认知、了解职业及环境、员工职业生涯规划、组织职业生涯规划、职业生涯与就业创业等内容。本教材集职业生涯规划的"知识""技能""实训"三位一体,密切结合企业人力资源管理的发展新趋势,合理运用新方法,使得其中的内容具有实操指导性。

本教材既适合高等院校人力资源管理专业及其他相关专业的师生阅读、使用,也能够满足不同层次的企业管理者,以及对人力资源管理感兴趣人士、研究者、咨询师和培训师的学习、借鉴需要。

目　　录

第一章　认识职业生涯规划 … 001
学习目标 … 001
引导案例 … 002
第一节　职业生涯规划概述 … 003
一、职业生涯规划的概念 … 003
二、职业生涯规划的原则 … 009
三、职业生涯规划的作用 … 011
四、职业生涯相关术语 … 012
五、职业锚的引导 … 018
六、职业素质培养 … 025
第二节　职业生涯选择理论 … 027
一、特质－因素理论 … 027
二、人格类型理论 … 030
三、社会学习理论 … 032
四、择业动机理论 … 034
五、心理动力理论 … 037
第三节　职业生涯发展阶段理论 … 038
一、舒伯生涯发展五阶段理论 … 038
二、施恩职业流动三模式理论 … 040
三、格林豪斯职业生涯发展五阶段理论 … 041
四、金斯伯格职业生涯发展三阶段理论 … 042

五、加里·德斯勒职业生涯五阶段理论……043
六、职业生涯发展阶段理论的共同点……045
本章自测题……045

第二章　自我认知……046

学习目标……046

引导案例……046

第一节　自我认知的内容……047

一、自我认知的含义和作用……047

二、兴趣……048

三、人格……050

四、品德……052

五、能力……053

六、价值观……057

第二节　自我认知的方法……059

一、职业能力倾向及其测试……059

二、人格测试……064

三、品德测评……068

四、职业兴趣测试……070

五、其他自我认知方法……071

本章自测题……073

课程实训……073

第三章　了解职业及环境……094

学习目标……094

引导案例……094

第一节　了解职业……096

一、职业分类概况……096

二、职业发展变化的趋势……098

三、各类人员职业特点与个性要求⋯⋯⋯⋯⋯⋯⋯⋯⋯⋯⋯⋯⋯⋯⋯ 101
　　　四、有效获取职业信息⋯⋯⋯⋯⋯⋯⋯⋯⋯⋯⋯⋯⋯⋯⋯⋯⋯⋯⋯ 108
　第二节　了解环境⋯⋯⋯⋯⋯⋯⋯⋯⋯⋯⋯⋯⋯⋯⋯⋯⋯⋯⋯⋯⋯⋯ 111
　　　一、社会环境分析⋯⋯⋯⋯⋯⋯⋯⋯⋯⋯⋯⋯⋯⋯⋯⋯⋯⋯⋯⋯ 111
　　　二、城市环境分析⋯⋯⋯⋯⋯⋯⋯⋯⋯⋯⋯⋯⋯⋯⋯⋯⋯⋯⋯⋯ 114
　　　三、劳动力市场分析⋯⋯⋯⋯⋯⋯⋯⋯⋯⋯⋯⋯⋯⋯⋯⋯⋯⋯⋯ 116
　　　四、行业环境分析⋯⋯⋯⋯⋯⋯⋯⋯⋯⋯⋯⋯⋯⋯⋯⋯⋯⋯⋯⋯ 118
　　　五、组织环境分析⋯⋯⋯⋯⋯⋯⋯⋯⋯⋯⋯⋯⋯⋯⋯⋯⋯⋯⋯⋯ 118
　　　六、家庭环境分析⋯⋯⋯⋯⋯⋯⋯⋯⋯⋯⋯⋯⋯⋯⋯⋯⋯⋯⋯⋯ 121
　本章自测题⋯⋯⋯⋯⋯⋯⋯⋯⋯⋯⋯⋯⋯⋯⋯⋯⋯⋯⋯⋯⋯⋯⋯⋯⋯ 122

第四章　员工职业生涯规划⋯⋯⋯⋯⋯⋯⋯⋯⋯⋯⋯⋯⋯⋯⋯⋯⋯⋯⋯ 123
　学习目标⋯⋯⋯⋯⋯⋯⋯⋯⋯⋯⋯⋯⋯⋯⋯⋯⋯⋯⋯⋯⋯⋯⋯⋯⋯⋯ 123
　引导案例⋯⋯⋯⋯⋯⋯⋯⋯⋯⋯⋯⋯⋯⋯⋯⋯⋯⋯⋯⋯⋯⋯⋯⋯⋯⋯ 123
　第一节　员工职业生涯规划概述⋯⋯⋯⋯⋯⋯⋯⋯⋯⋯⋯⋯⋯⋯⋯⋯⋯ 125
　　　一、员工职业生涯目标⋯⋯⋯⋯⋯⋯⋯⋯⋯⋯⋯⋯⋯⋯⋯⋯⋯⋯ 125
　　　二、员工职业生涯规划制定原则⋯⋯⋯⋯⋯⋯⋯⋯⋯⋯⋯⋯⋯⋯ 133
　　　三、员工职业生涯规划阶段⋯⋯⋯⋯⋯⋯⋯⋯⋯⋯⋯⋯⋯⋯⋯⋯ 134
　第二节　员工职业生涯规划管理⋯⋯⋯⋯⋯⋯⋯⋯⋯⋯⋯⋯⋯⋯⋯⋯⋯ 141
　　　一、员工职业生涯规划的决策⋯⋯⋯⋯⋯⋯⋯⋯⋯⋯⋯⋯⋯⋯⋯ 141
　　　二、员工职业生涯规划的实施与管理⋯⋯⋯⋯⋯⋯⋯⋯⋯⋯⋯⋯ 155
　　　三、员工职业生涯规划的评估与调整⋯⋯⋯⋯⋯⋯⋯⋯⋯⋯⋯⋯ 170
　本章自测题⋯⋯⋯⋯⋯⋯⋯⋯⋯⋯⋯⋯⋯⋯⋯⋯⋯⋯⋯⋯⋯⋯⋯⋯⋯ 177
　课程实训一⋯⋯⋯⋯⋯⋯⋯⋯⋯⋯⋯⋯⋯⋯⋯⋯⋯⋯⋯⋯⋯⋯⋯⋯⋯ 177
　课程实训二⋯⋯⋯⋯⋯⋯⋯⋯⋯⋯⋯⋯⋯⋯⋯⋯⋯⋯⋯⋯⋯⋯⋯⋯⋯ 180

第五章　组织职业生涯规划⋯⋯⋯⋯⋯⋯⋯⋯⋯⋯⋯⋯⋯⋯⋯⋯⋯⋯⋯ 182
　学习目标⋯⋯⋯⋯⋯⋯⋯⋯⋯⋯⋯⋯⋯⋯⋯⋯⋯⋯⋯⋯⋯⋯⋯⋯⋯⋯ 182
　引导案例⋯⋯⋯⋯⋯⋯⋯⋯⋯⋯⋯⋯⋯⋯⋯⋯⋯⋯⋯⋯⋯⋯⋯⋯⋯⋯ 182

第一节　组织职业生涯规划概述 ……………………………… 184
　　一、组织职业生涯规划的概念、内容和目标 ………………… 184
　　二、组织职业生涯规划的特征 ………………………………… 185
　　三、组织职业生涯规划的原则 ………………………………… 186
　　四、组织承诺与生涯承诺 ……………………………………… 188
　　五、组织职业生涯规划的步骤 ………………………………… 191
第二节　组织职业生涯规划管理 ……………………………… 192
　　一、组织职业生涯规划管理的内涵 …………………………… 192
　　二、组织职业生涯规划管理的作用 …………………………… 193
　　三、组织职业生涯规划管理的阶段 …………………………… 195
　　四、组织职业生涯规划管理的流程 …………………………… 199
　　五、组织职业生涯规划管理的方法 …………………………… 202
　　六、组织职业生涯规划管理实务 ……………………………… 211
本章自测题 ………………………………………………………… 218
课程实训 …………………………………………………………… 218

第六章　职业生涯与就业创业 …………………………… 222
学习目标 …………………………………………………………… 222
引导案例 …………………………………………………………… 222
第一节　职业生涯与就业 ……………………………………… 224
　　一、自我特性与择业 …………………………………………… 224
　　二、树立理性择业观 …………………………………………… 225
　　三、就业影响因素分析 ………………………………………… 226
　　四、就业前景与就业方向 ……………………………………… 228
　　五、求职途径与就业程序 ……………………………………… 230
　　六、就业权益与保障 …………………………………………… 235
第二节　职业生涯与创业 ……………………………………… 237
　　一、创业的政策 ………………………………………………… 237
　　二、创业与创业精神 …………………………………………… 241

三、创业的基本要素…………………………………………… 244
四、创业意识与创业素质……………………………………… 246
五、创业知识与创业能力……………………………………… 249
六、创业流程…………………………………………………… 251
本章自测题………………………………………………………… 264
课程实训一………………………………………………………… 265
课程实训二………………………………………………………… 267

第一章　认识职业生涯规划

学习目标

- 掌握职业生涯规划的定义
- 掌握职业生涯规划的作用及原则
- 掌握职业生涯相关术语
- 了解职业锚的定义及类型
- 了解职业素质培养的内容
- 了解特质–因素理论的前提
- 掌握人格类型与职业类型的匹配
- 了解择业动机的公式
- 了解心理动力理论的观点
- 了解舒伯关于职业生涯发展的12个主张
- 了解施恩职业流动三方式理论
- 了解格林豪斯职业生涯发展五阶段及主要任务

引导案例

刘华是学行政管理专业的，马上硕士毕业。她性格活泼而不失沉稳，是一个从不轻易责怪别人、能替别人着想，并且很注意表达方式，很容易与人相处的人。就是这样一个学历高、能力强、容易相处的人，最近在求职时遇到了困惑。

刘华在学校期间一直在一家批发企业从事兼职销售的工作，负责××区域的客户开发与维护。这是一个工作时间长，需要经常出差的岗位。岗位要求为善于分析每个客户的性格特点、爱好和需求，并尽量以专业化的形象出现在客户面前，尽可能为公司争取最大利益。她因善于为客户考虑的性格特点获得了客户的好评，也赢得了这家企业的录用邀请。

同时，刘华也尊重父母的意见，参加了公务员考试，考取了老家的"司法行政人员"岗位，但刘华对司法领域的工作并不感兴趣。

结合刘华的特点，她的导师也推荐她面试成功了一个事业单位的财务助理岗位，主要负责销售的财务订单处理、对账结款等工作。这是一个紧张而又忙碌、压力大而又要求反应快的岗位，对刘华来说充满挑战。

1. 如果你是刘华，你会选择哪个岗位呢？为什么？
2. 在选择一种职业和一个单位时，你对它们了解多少？你觉得应该考虑哪些因素？

第一节　职业生涯规划概述

一、职业生涯规划的概念

在社会未迈入工业化以前，职业的种类较少，工作内涵也极为简单，因此一般不会产生择业的相关问题。自工业革命之后，随着工业科技日渐发达，生产过程日渐复杂，产品的种类及生产量大幅度提高。与此相应，行业种类与职业日趋复杂与专业，职业生涯规划与设计问题也越来越重要。

（一）职业

关于职业，不同的学者从不同的角度给予其不同的定义。

美国社会学家赛尔兹认为，职业是一个人为了不断取得个人收入而从事的具有市场价值的特殊活动，这种活动决定了从业者的社会地位。

日本社会学家尾高邦雄认为，职业是一定的社会分工或社会角色的持续实现，它包括工作、工作场所和地位。

日本劳动问题专家保谷六郎认为，职业是有劳动能力的人为了生活而连续从事的活动。

我国学者潘锦堂认为，职业是劳动者足够稳定地从事某项有酬工作而获得的劳动角色。

综上所述，职业所具有的三个重要特征是经济特征、社会特征及技术特征。职业具有经济性，即能够从中取得收入；职业具有社会性，即承担生产任务，履行公民义务；职业具有技术性，即可以发挥个人才能和专长。

根据上述职业的三个特征，本教材认为，职业（occupation）是指从业人员参与社会分工，利用专门的知识和技能，为社会创造物质财富和精神财富，获取合理报酬作为物质生活来源并满足精神需求而从事的社会性工作。

（二）职业生涯

1. 职业生涯的定义

职业生涯（career）是指个体职业发展的历程，一般是指一个人终生经历的所有职业发展的整个历程。西方学者对这一概念有不同的理解。美国职业生涯专家格林豪斯（Greenhaus）对此进行了归纳总结，指出了两种观点。

第一种观点，将职业生涯理解为一种职业或者一个组织的有结构的属性。例如，一个从事人力资源工作的人的职业生涯为：人力资源专业的学生、人力资源助理、人力资源专员、人力资源主管、人力资源经理、人力资源总监直到退休。职业生涯也可看成是一个组织中升迁的路径，如销售代表、产品经理、区域市场经理、地区市场经理、市场副总经理。

第二种观点，将职业生涯看成是一种个人的而不是一个职位或一个组织的特性。持这种观点的人将职业生涯定义分为提升的职业生涯观、专业的职业生涯观和稳定的职业生涯观三种。

（1）提升的职业生涯观。主张只有当一个人展现出在地位、金钱等方面有稳定或者快速的提高时才构成职业生涯。

（2）专业的职业生涯观。强调职业生涯必须具有专业化的特点，必须获得一个确定的职业或是达到某种社会地位才能构成一个人的职业生涯。

（3）稳定的职业生涯观。强调在某一职业领域或紧密相关的领域从事一种稳定的职业才算得上是职业生涯。

2. 职业生涯的类型

职业生涯可划分为内职业生涯与外职业生涯。

内职业生涯是指在职业生涯发展中通过提升自身素质与职业技能而获取的个人综合能力、社会地位及荣誉的总和。内职业生涯各项成果的取得，可以通过别人的帮助而实现，但最主要还是靠自己的努力追求。

外职业生涯是指在职业生涯发展中所经历的职业角色及获取的物质财富的总和，如工作内容、工作职务、工作环境、工资待遇等。外职业生涯各项成果通常是别人给予的，也容易被别人收回。

内职业生涯的发展是外职业生涯发展的前提，内职业生涯的发展带动外职业生涯的发展，外职业生涯依赖内职业生涯的发展而发展。因此，内职业生涯在人的职业生涯成功乃至人生成功中具有重要作用，必须重视内职业生涯。

3. 职业生涯规划

职业生涯规划（career planning）是指组织或者个人把个人发展与组织发展相结合，对决定个人职业生涯的个人因素、组织因素和社会因素等进行测定、分析、总结，尤其是要对个人的职业兴趣、职业能力、职业专长等进行综合分析与权衡，根据个人的职业倾向，确定最佳的职业奋斗目标，并为实现这一目标作出行之有效的安排。

根据期限的长短，职业生涯规划可以划分为人生规划、长期规划、中期规划及短期规划。人生规划是整个职业生涯的规划，时间长达四十年左右，设定整个人生的发展目标。长期规划为五至十年，主要设定长远目标。中期规划一般为三至五年，在近期目标的基础上设计中期目标。短期规划为三年以内的规划，主要是确定近期目标，规划近期完成的任务。

4. 职业生涯发展

组织成员都有从自己现在和未来的工作中得到成长、发展和获得满足的强烈愿望和要求。为了实现这种愿望和要求，他们希望在自己的职业生涯中顺利成长和发展。职业生涯发展是指为达到各种职业生涯目标而进行的知识、能力和技术的发展性培训、教育等活动，也是个体逐步实现其职业生涯目标，并不断制定和实现新目标的过程。

职业生涯发展深受以下四方面因素的影响。

（1）教育背景。受过不同教育的人，在选择职业时往往表现出各不相同的职业能力、职业行为。受过高等教育的人，一般有更好的发展空间，且流动性、机动能力、竞争能力相对较高。

（2）家庭影响。家庭是人们生活的重要场所，家庭生活会潜移默化地影响一个人的价值观念和行为模式。而这种价值观念和行为模式，必然影响一个人对职业的评价和对未来职业的选择。并且，职业生涯发展的每一个阶段都与家庭因素息息相关。

（3）把握时机的能力。许多职业生涯发展成功的人士不是被动地依赖社会给予的具体机会，而是善于在时代发展过程中主动地把握住时机。个体对时机的把握主要受自我支配能力、成功的决心、拼搏精神、应变能力以及知识储备等因素的影响。

（4）社会环境因素。社会政治、经济、文化、科技、教育的发展所带来的社会产业结构的调整、用人政策和管理体制的变化、社会劳动力市场人才需求的变化等，对人的职业岗位认同、选择和调整职业生涯发展方向都有很大影响。

5. 职业生涯管理模型

美国职业生涯专家格林豪斯等人在借鉴、综合他人研究成果的基础上开发了职业生涯管理模型，该模型描绘的是人们应如何管理自己的职业生涯，即职业生涯管理过程。该模型包括八项活动，即职业考察、认识自己和环境、目标设定、制定战略、实施战略、接近目标、获得反馈，以及职业生涯评价。这个模型以个人为导向，在这一过程中，人们需要收集信息，以便于更好地认识自己和周围的环境，然后确定目标，制定发展计划和战略并付诸实施，再获得更多的信息反馈并进行职业生涯评价，最终不断前进，继续其职业生涯管理工作。所有这些内容构成了一个持续地解决问题、制定决策的循环。

（1）模型假设。职业生涯管理模型的假设有以下三条：

1）当人们的工作和生活体验与本人的愿望和要求一致时，他们会更有成就感并具有更高的生产率。

2）当人们的工作经历与个人的需要、价值观、兴趣和生活方式相符时，他们会对职业选择更加满意。

3）当工作所需的技能恰好是个人所具有的技能时，个人的职业绩效会有提高。

因此，个人职业生涯管理模型试图实现人岗匹配的最优化。

（2）模型示意图及关键概念解释。格林豪斯的职业生涯管理模型如

图 1-1 所示。

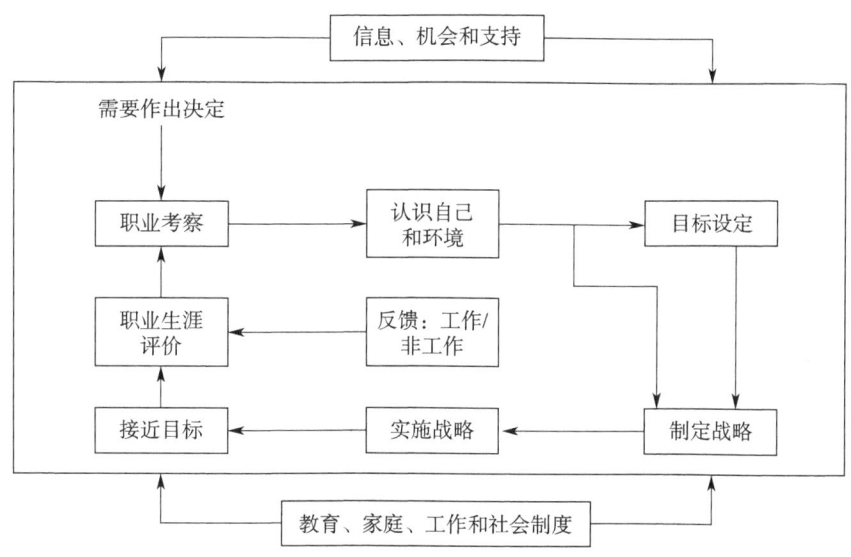

图 1-1 格林豪斯的职业生涯管理模型

1）职业考察。职业考察是收集并分析与职业有关的信息的过程。大多数的人都需要收集信息，以便于更好地认识自己的价值观、兴趣和才能以及环境中的机会和障碍。职业考察涉及的范围越广泛并且越适当，人们对自身和工作环境的认识就越清楚。概括来讲，职业考察的内容可以划分为自我测评和环境考察两个方面。

自我测评包括兴趣、能力、工作价值观等。其中工作价值观一般从工作挑战、工作自主性、安全、工作/生活平衡、金钱、工作条件、社会地位等方面进行评估。环境考察包括职业类型、行业类型、所需工作技能、工作选择、公司选择，以及家庭在职业生涯决策中的影响等。

2）认知。认知是指对自己的特质和周围环境特征相对完整而准确的感知。从格林豪斯的职业生涯管理模型中可以看出，对自我和环境全面的认识能使人设立适当的职业目标并制定恰当的职业战略。因此，认知是职业生涯管理的一个关键概念。

3）职业生涯目标。职业生涯目标是指人们希望达到的与职业相关的结果。设定职业生涯目标时，既要具体，又要具有挑战性。明确的目标可使人们更清楚要怎么做,付出多大的努力才能达到目标,同时便于评价个体的能力。设立了具体而有挑战性的目标的员工比那些没有目标或设立低目标的员工表现得更加出色。

4)职业生涯战略。在格林豪斯的职业生涯管理模型中,职业生涯战略是指一系列设计出来的以帮助个人达到职业生涯目标的活动。格林豪斯等人将职业生涯战略归纳为以下七类:

①现有的工作竞争力。

②扩大工作参与(长时间努力工作)。

③技能开发(通过培训和工作经验)。

④机遇开发(通过自我推荐、完成任务和网络搜索)。

⑤建立支持性关系(顾问、赞助者、同龄人)。

⑥树立个人形象(以传递一个成功者的形象)。

⑦参与组织政治。

5)职业生涯评价。职业生涯评价是人们获得并利用职业相关的信息反馈的过程。职业生涯评价"监督"个人的职业生涯过程,在职业生涯管理中起着协调、反馈的作用。要对职业生涯进行全面的评价,必须综合考虑个人、家庭、企业、社会等各方面的因素。

(3)有效职业生涯管理的特征。根据职业生涯管理模型,格林豪斯等人提出了以下四个有效职业生涯管理的特征:

1)深刻的认知,有效的职业生涯管理应对自我和环境有深刻的认识。

2)适合的目标,有效的职业生涯管理要求提出实事求是的目标,与个人的价值观、兴趣、能力及向往的生活方式相一致的目标。

3)有效执行的战略,有效的职业生涯管理要求制定并执行适当的职业生涯战略。

4)持续的反馈,有效的职业生涯管理是一个持续反馈的过程,应根据变化的环境及时作出调整。

6. 职业生涯管理研究

近年来,职业生涯管理研究的热点主要集中于无边界职业生涯、易变性职业生涯、职业生涯成功与职业生涯高原四个方面。

(1)无边界职业生涯。无边界职业生涯(boundaryless career)是指超越单个就业环境边界的一系列的就业机会。与传统的职业生涯不同,无边界职业生涯强调以就业能力的提升替代长期雇佣保证,使员工能够跨越不同组织实现持续就业。

(2)易变性职业生涯。易变性职业生涯(proteancareer)是指由于个人兴趣、能力、价值观及工作环境的变化,企业或组织经营环境和内部政策的变化,使得员工改变自己的职业。在传统的职业生涯时代,由雇主安排员工的职业发展,而易变性职业生涯观念认为员工本人要对自己的职业生涯管理负主要责任。

(3)职业生涯成功。职业生涯成功(career success)是指个人在工作经历中逐渐积累和获得的积极的心理感受以及与工作相关的成就。一些学者认为,在知识经济时代,职业生涯成功的标准包括个人的职业满意度、在组织内部的市场竞争力和在组织外部的市场竞争力。

(4)职业生涯高原。职业生涯高原(career plateau)是指个人在职业发展中进一步晋升的可能性很小的阶段。职业生涯高原的负面影响是多方面的。对个人来说,职业生涯高原会对个人的心理健康产生不利影响,降低其工作主动性;对组织来说,职业生涯高原现象的产生降低了组织的绩效、承诺水平和员工满意度,增加了员工的缺勤率和离职率等。

二、职业生涯规划的原则

为了顺利制定职业生涯规划,并保证其作用能够得到充分发挥,在制定职业生涯规划时应遵循以下十个原则。

（一）清晰性原则

考虑目标、措施、实现目标的步骤是否清晰、明确。

（二）挑战性原则

目标或措施是否具有挑战性，还是仅需要维持现状。

（三）变动性原则

目标或措施是否有弹性或缓冲性，是否能根据环境的变化而作调整。

（四）一致性原则

主目标与分目标是否一致，目标与措施是否一致，个人目标与组织发展目标是否一致。

（五）激励性原则

目标是否符合自己的性格、兴趣和特长，是否能对自己产生内在激励作用。

（六）合作性原则

个人目标与他人目标是否具有合作性与协调性。

（七）全程原则

制定职业生涯规划时必须考虑到职业生涯发展的整个历程，考虑全程。

（八）具体原则

职业生涯规划各阶段的路线划分与安排，必须具体可行。

（九）实际原则

实现职业生涯目标的途径很多，在作规划时必须考虑到自己的特质、社会环境、组织环境以及其他相关的因素，选择切实可行的途径。

（十）可评估原则

职业生涯规划的设计应有明确的时间限制或标准，以便评估、检查，使自己随时掌握执行状况，并为规划的修正提供参考依据。

三、职业生涯规划的作用

为了有效地实现自我价值，保证在事业上取得更大的成就，任何人都需要对自己的职业生涯进行规划，以明确奋斗目标，并为实现各阶段的目标不断地进行知识、技术和能力的开发和提升。因此，职业生涯规划对个人职业发展有着重要的作用。同时，组织通过对员工的职业生涯规划，不但保证了对未来人才的需求，还使人力资源得到了有效开发。所以，职业生涯规划对组织同样起着重要的作用。

（一）职业生涯规划对个人的作用

1. 帮助自己正确认识自己

一份行之有效的职业生涯规划将会引导自己正确认识自身的个性特质、现有与潜在的资源优势，帮助自己重新对自己的价值进行定位并使其持续增值；同时鞭策自己对比分析自己的综合优势与劣势，评估个人目标与现实之间的差距。

2. 协助确定职业发展目标

通过对自己和组织环境的分析，组织成员可以确定符合自己兴趣和特长的职业生涯发展路线，正确设定自己的职业发展目标和制订行动计划，使自己的才能得到充分发挥，实现职业理想。

3. 增强职业竞争力

清晰、明确的职业生涯规划会促使组织成员学会如何运用科学的方法，采取可行的措施与步骤，不断增强自己的职业竞争力，实现自己的职业目标。当今社会处在变革时代，到处充满着激烈的竞争，要想在激烈的竞争中脱颖而出并立于不败之地，就必须设计好自己的职业生涯规划。

（二）职业生涯规划对组织的作用

1. 保证组织对未来人才的需求

组织可以根据战略规划的需要，预测未来的人力资源需求。通过对组织成员的职业生涯规划，为组织成员提供发展机会、人力资源开发的激励政策以及与职业发展相关的信息，从而使组织发展与组织成员发展结合起来，有效保证组织实现战略目标对人才的需求。

2. 使组织留住优秀人才

重视职业生涯规划和管理的组织，通常都会重视了解并开发组织成员兴趣，不断给组织成员提供具有挑战性的工作任务，为他们的成长和发展以及参与管理创造机会和条件，从而使组织成员满意度增加，进而留住和吸引优秀人才。

3. 有效开发组织人力资源

职业生涯规划能使组织成员的个人兴趣和特长受到组织的重视，提高组织成员的积极性，挖掘其潜能，从而有效开发组织的人力资源，使组织更适合社会的发展需要。

四、职业生涯相关术语

（一）职业志趣

职业志趣包括职业志向和职业兴趣两个方面。职业志向是人们在职业上依据社会要求和个人条件而确立的奋斗目标，即个人渴望达到的职业境界。职业兴趣是一个人对待工作的态度，对工作的适应能力，表现为有从事相关工作的愿望和兴趣，拥有职业兴趣将增加个人的工作满意度、职业稳定性和职业成就感。

职业兴趣对于职业成功有很大的促进作用。但是，职业志向比职业兴趣更清晰、更持久、更理智，职业志向是促使职业成功的驱动力。人的职业志趣一般分为以下九种类型。

1. **支配型**

主观意志强，喜欢控制、支配他人，宜从事决策、指挥、督导之类的工作，如管理人员、督察人员等。

2. **协从型**

主观意志弱，喜欢听从他人指挥，宜从事助理、代办、操作之类的工作，如翻译、秘书、后勤人员等。

3. **拓展型**

不满现状，喜欢钻研创新，宜从事研究、设计、开发之类的工作，如设计人员、调研人员、公关人员等。

4. **保守型**

喜欢按部就班、中规中矩，宜从事具有标准、规律、经验之类的工作，如办公室人员、人事员、图书资料管理员等。

5. **活跃型**

喜欢人际交往和沟通，宜从事采访、营销、咨询之类的工作，如记者、社会工作者、推销员等。

6. **清静型**

喜欢独处，宜从事创作、绘制、园艺之类的工作，如作家、制图员、花匠等。

7. **严谨型**

做事严肃认真、一丝不苟，宜从事审计、财会、测算之类的工作，如审计员、会计、勘测员等。

8. **单一型**

喜欢简单、流程化的事务，讨厌复杂、多变的事务，宜从事递送、打印、装配之类的工作，如邮递员、打字员、包装员等。

9. **效应型**

做事追求成效，宜从事设计、表演、维修之类的工作，如设计员、模特、维修工等。

（二）职业能力

职业能力是人们从事某种职业的多种能力的综合。例如，人力资源管理人员只具有领导能力是不够的，还必须具有很强的沟通能力和人际交往能力，对公司业务和公司战略的理解和分析能力，对管理问题的判断能力等。

如果说职业志趣可能决定一个人的择业方向，以及在该方面所乐于付出努力的程度，那么职业能力则能说明一个人在既定的职业方面是否能够胜任，也能说明一个人在该职业中取得成功的可能性。由于职业能力是多种能力的综合，因此，我们可以把职业能力分为一般能力、专业能力和特殊能力。

1. 一般能力

一般能力又称为"普通能力"，指多数活动所共同需要的能力，也是人所共有的最基本能力。观察能力、学习能力、文字和语言运用能力、记忆能力、逻辑思维能力、想象能力、操作能力等都是一般能力。一般能力的综合就是通常所说的智力。智力是指人们认识、理解客观事物并运用知识、经验等解决问题的一般能力。智力主要包括以下三个部分：

（1）感知记忆能力，特别是观察能力。

（2）抽象概括能力，包括想象能力和逻辑思维能力，这是智力的核心成分。

（3）创造力，这是智力的高级表现。

2. 专业能力

专业能力主要是指从事某一特定职业的能力。在求职过程中，招聘方会特别关注求职者是否具备胜任岗位工作的专业能力。例如，应聘教学工作岗位，招聘方最看重求职者是否具备最基本的教学能力。

3. 特殊能力

特殊能力只在特殊活动领域内发生作用，是完成相关工作必不可少的能力。通常认为，数学能力、音乐能力、绘画能力、文书能力、动作协调能力、空间判断能力等都是特殊能力。顺利完成某项工作，除了需要具有一定的一般能力和专业能力外，还需要具有该项工作所要求的特殊能力。例如，从事数学研究要求具有计算能力、空间想象能力和逻辑思维能力。

（三）职业态度

职业态度主要是指人们对自己所从事职业的看法以及所表现出的行为举止。职业态度包括选择方法、工作取向、独立决策能力与选择过程的观念。换言之，职业态度就是指个人对职业选择所持的观念和态度。

就其本质而言，职业态度就是劳动态度，它是人们对社会、对其他社会成员履行职业义务的基础，具有经济学和伦理学的双重意义。影响职业态度的因素可以归纳为以下四大类。

1. 自我因素

自我因素包括个人的兴趣、能力、抱负、价值观、自我期望等。职业态度的自我因素与职业发展过程有相当密切的关系。个人在选择职业时所表现出来的态度，也是个人兴趣、能力、抱负、价值观、自我期望的一种反应。

2. 职业因素

职业因素包括就业市场的需求和职业的薪酬福利、工作环境、发展机会等。兴趣、期望、抱负是个人选择职业的主要依据，但是，必须同时兼顾自我能力，以及外在的社会环境、就业市场动态等。对职业世界有越深的认识，就越能够掌握正确的职业信息，并据此作出切合实际的职业选择。

3. 家庭因素

家庭因素包括家庭的经济地位、父母期望、家庭背景等。大多数的父母都希望自己的子女能拥有比自己高的学历，从事比自己更有发展前途的工作。因此，在做职业选择时，家人的意见通常会影响个人的决定。

4. 社会因素

社会因素包括社会地位、社会期望等。在职业发展过程中，个人的最终目标是在职业上有所建树，得到更多人的尊敬，成为社会中有地位、有声望的人。以目前的社会现象为例，大多数人认为医生、律师、教师、管理人员有较高的社会地位，清洁工属于社会地位较低的工作，虽然这并不是正确的观念，但也或多或少影响了个人的职业态度。

（四）职业礼仪

职业礼仪是指人们在职业场所中应当遵循的一系列礼仪规范。了解、掌握并恰当地应用职业礼仪有助于完善和维护职场人的职业形象，进而有利于职业生涯的顺利发展。职业礼仪包括多方面的内容，如仪表礼仪、谈吐礼仪、接待礼仪、与上级相处的礼仪，以及握手礼仪、接打电话的礼仪、西餐礼仪、电梯礼仪、坐车礼仪等。

考虑到上级在组织成员职业生涯发展过程中的重要地位，因此在这里重点介绍与上级相处的礼仪。与上级保持良好的关系，这是组织成员能顺利开展工作的重要条件。在与上级相处中，组织成员应注意以下职业礼仪。

1. 摆正上下级关系

从工作角度看，下属要尊重上级，服从上级，维护上级的尊严。遇到上级要主动打招呼，遇到自己难以决断的事要向上级请示，以争取上级的支持。在与上级关系上，有三种不良情况应予以纠正，一是绝对服从；二是傲慢无礼，强调人格平等，轻视怠慢领导；三是庸俗不堪，一味巴结奉承，媚上吹捧。

2. 尊重上级不能越位

领导者与被领导者分工不同，应各司其职、各负其责。不能相互替代，否则就会带来工作上的混乱。下属工作越位，容易被人误解，结果会把上下级关系弄僵。因此，不管是决策越位、表态越位，还是工作越位，对下属来讲都是不利的。要学会收敛和约束自己，与上级和睦相处。

3. 不可锋芒毕露

与上级交谈特别是讨论问题时，如果咄咄逼人、寸步不让，会被人认为，此人恃才傲物、难以共事。与上级交谈应注意以下两点：

（1）要自然地寻找话题，让上级充分发表意见，自己适当做补充，并提一些问题。这样，既可以让上级在谈话中占据主导地位，也能够让上级了解到他的下属是有知识、有见解的，自然也就认可了下属的能力和价值。

（2）不使用上级听不懂的技术性较强的术语。否则上级会认为下属是在故意难为他和炫耀才能，从而产生排斥、戒备心理。

4. 正确对待上级的批评

当上级批评自己时，不可一脸不高兴。对下属的工作，上级总要做评价的。犯错误本身并不影响上下级关系，关键是犯了错误之后，接受批评的态度。如果下属被批评后一脸的不高兴，会让上级认为是不服气，在做无言的抗议；下属被批评后，找来一大堆理由，强词夺理为自己争辩，则更是大忌。相反，下属真诚地做些自我批评，便可缓和僵局，让上级放心。

5. 注意自己的仪态

无论上级如何赏识自己，下属都不能得意忘形，都要注意自己的仪态。在上级面前不拘小节，以示与上级的亲密，其实是失礼。工作时间有事找上级，应简洁明快地说明来意，不应绕了半天弯子才进入正题，更不要唠叨不已。进入上级办公室，不管上级在不在，都不能随意翻阅桌上的公文、信件。

（五）职业心理

职业心理是指人们在职业活动中表现出来的认识、情感、意志等心理倾向。树立正确的职业心理，首先要将职业心理与个人心理区分开。个人心理是根据个人的感情变化，可以随时表露出来的一种心态反应。有相当数量的人，分不清个人心理和职业心理，放任自己的情绪，以个人心理来对待工作，导致工作积极性不高、工作效率低。

促进职业生涯持续发展的职业心理主要有14种，具体如图1-2所示。

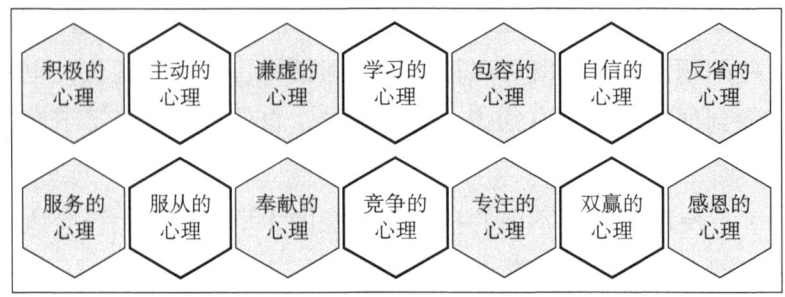

图 1-2　促进职业生涯持续发展的职业心理

五、职业锚的引导

（一）职业锚的定义

职业锚（careeranchors）又称职业系留点，是指当一个人不得不作出选择的时候，他（或她）无论如何都不会放弃的职业中的那种至关重要的东西或价值观。它实际上是人们选择和发展自己的职业时所围绕的中心。理解职业锚的概念，应从以下四个方面进行：

1. 职业锚以组织成员习得的工作经验为基础，在某种程度上由组织成员实际工作所决定，而不只是取决于潜在的才干和动机。

2. 职业锚不是组织成员根据各种测试评定出来的能力、才干或者工作动机、价值观，而是在工作实践中，依据自省和已被证明的才干、动机、需要和价值观，现实地选择和准确地进行职业定位。

3. 职业锚是组织成员自我发展过程中的工作动机、需要、价值观、能力、才干相互作用和逐步整合的结果。

4. 职业锚是个人稳定的职业贡献区和成长区，但这并不意味着个人将停止变化和发展。

此外，职业锚本身也可能变化，组织成员在职业生涯的中、后期可能会根据变化了的情况，重新选定自己的职业锚。

（二）职业锚的类型

美国著名职业心理学家埃德加·H. 施恩（Edgar H. Schein）教授将职业锚分为以下八种类型。

1. 技术/职能型

技术/职能型的人追求在技术/职能领域的成长和技能的不断提高，以及应用这种技术/职能的机会。他们对自己的认可来自他们的专业水平，他们喜欢面对来自专业领域的挑战。他们不喜欢从事一般的管理工作，因为这将意味着要放弃在技术/职能领域的成就。

2. 管理型

管理型的人追求并致力于升迁到组织中更高的管理职位，倾心于全面管理，对组织中某项工作的绩效承担责任，跨部门整合其他人的努力成果。他们希望为最终的结果承担责任，并把组织的成功看作是自己的工作。具体的技术/职能工作仅仅被看作是通向更高、更全面管理层的必经之路。

3. 自主/独立型

自主/独立型的人希望随心所欲安排自己的工作方式和工作内容。他们希望留在能够提供足够的灵活性，并由自己来决定何时及如何工作的组织中，宁愿放弃提升或工作扩展机会，也不愿意放弃自主与独立。

4. 安全/稳定型

安全/稳定型的人始终不肯放弃的是稳定的或终身雇佣制的职位，他们追求工作中的安全与稳定感。他们为可以预测将来的成功而感到放松。他们关心财务安全，如退休金和退休计划。他们对组织忠诚，对雇主言听计从，希望以此换取终身雇佣的承诺。这种类型的人虽然可以到达更高的职位，但他们对工作的内容和在组织内的等级地位并不关心。

5. 创业/创造型

创业/创造型的人希望使用自己的能力去创建属于自己的公司或完全属于自己的产品和服务，而且愿意去面临风险、克服障碍。选择创业/创造型职业锚的人要求有自主权、管理权，能施展自己的才干，但这些不是他们的主动机、主价值观，创业才是他们的主动机、主价值观。

6. 服务型

服务型的人一直追求他们认可的核心价值，如帮助他人、改善人们的安全环境、通过新的产品消除疾病等。他们一直追寻这种核心价值，他们宁愿跳槽，也不愿接受改变他们核心价值的工作变换或职位晋升。

7. 挑战型

挑战型的人喜欢解决看上去无法解决的问题，战胜强硬的对手，克服无法克服的困难障碍等。对他们而言，职业的意义在于允许他们去挑战各种不可能。新奇、变化和困难是他们喜欢的因素，如果某项工作非常容易，他们立刻会失去兴趣。

8. 生活型

生活型的人追求个人需要、家庭需要和职业需要之间的平衡。他们希望将生活的各个主要方面整合为一个整体。因此，他们需要一个能够提供足够的弹性让他们实现这一目标的职业环境。为了实现这一目标，他们甚至可以牺牲他们职业的一些方面。他们与众不同之处在于自己决定自己的生活，包括在哪里居住、如何处理家庭事务以及在组织中的发展道路。

职业锚已成为许多员工职业生涯规划的必选工具和公司人力资源管理的重要工具。它对个人职业发展和人事决策起到了非常重要的作用。一旦员工确立了自己的职业锚，工作起来将会更具积极性和主动性，效率会有很大提高。

个人在进行职业规划和职业定位时，可以运用职业锚思考自己具有的能力，确定自己的发展方向，审视自己的价值观是否与当前的工作相匹配。对于企业而言，通过员工在不同岗位之间的轮换，了解员工的职业兴趣爱好、技能和价值观，在此基础上，将他们安排到最合适的职业轨道上去，这样可以实现企业和个人发展的双赢。

下面提供一份人才职业锚测评问卷，供参考。

测评说明：共有40个问题，请根据自己的实际情况，从"a～f"中选择一个相应字母。字母越靠后，表示这种描述越符合自己的想法。具体为：选"a"代表这种描述完全不符合自己的想法——从不；选"b"代表偶尔这么想——偶尔；选"c"代表有时这么想——有时；选"d"代表经常这么想——经常；选"e"代表频繁这么想——频繁；选"f"代表这种描述完全符合自己的日常想法——总是。

测评题目：

1. 我希望做我擅长的工作，这样我可以提出专业的建议并不断被采纳。

　　a. 从不　　b. 偶尔　　c. 有时　　d. 经常　　e. 频繁　　f. 总是

2. 当我整合并管理他人的工作时，我非常有成就感。

　　a. 从不　　b. 偶尔　　c. 有时　　d. 经常　　e. 频繁　　f. 总是

3. 我希望我的工作能让我以自己的方式和计划开展。

　　a. 从不　　b. 偶尔　　c. 有时　　d. 经常　　e. 频繁　　f. 总是

4. 对我而言，安定与稳定比自主和独立更重要。

　　a. 从不　　b. 偶尔　　c. 有时　　d. 经常　　e. 频繁　　f. 总是

5. 我一直都在寻找可以让我创立自己事业（公司）的创意（点子）。

　　a. 从不　　b. 偶尔　　c. 有时　　d. 经常　　e. 频繁　　f. 总是

6. 我认为只有对社会作出真正贡献的职业才算是成功的职业。

　　a. 从不　　b. 偶尔　　c. 有时　　d. 经常　　e. 频繁　　f. 总是

7. 在工作中，我希望去解决那些有挑战性的问题，并且能够解决。

　　a. 从不　　b. 偶尔　　c. 有时　　d. 经常　　e. 频繁　　f. 总是

8. 我宁愿离开公司，也不愿从事需要个人和家庭作出一定牺牲的工作。

　　a. 从不　　b. 偶尔　　c. 有时　　d. 经常　　e. 频繁　　f. 总是

9. 将我的技术和技能发展到一个更具竞争力的层次是职业成功的必要条件。

    a. 从不　　b. 偶尔　　c. 有时　　d. 经常　　e. 频繁　　f. 总是

10. 我希望能够管理一个大公司（组织），我的决策将会影响许多人。

    a. 从不　　b. 偶尔　　c. 有时　　d. 经常　　e. 频繁　　f. 总是

11. 如果职业允许自由的决定自己的工作内容、计划、进程，我会非常满意。

    a. 从不　　b. 偶尔　　c. 有时　　d. 经常　　e. 频繁　　f. 总是

12. 如果工作的结果使我丧失在组织中的安全稳定感，我宁愿离开这个工作岗位。

    a. 从不　　b. 偶尔　　c. 有时　　d. 经常　　e. 频繁　　f. 总是

13. 对我而言，创办自己的公司比在其他公司中成为一名高级管理者更有意义。

    a. 从不　　b. 偶尔　　c. 有时　　d. 经常　　e. 频繁　　f. 总是

14. 我的职业满足感来自我可以用自己的才能去为他人服务。

    a. 从不　　b. 偶尔　　c. 有时　　d. 经常　　e. 频繁　　f. 总是

15. 我认为我的职业成就感来自克服自己面临的非常有挑战性的困难。

    a. 从不　　b. 偶尔　　c. 有时　　d. 经常　　e. 频繁　　f. 总是

16. 我希望我的职业能够兼顾个人、家庭和工作的需要。

    a. 从不　　b. 偶尔　　c. 有时　　d. 经常　　e. 频繁　　f. 总是

17. 对我而言，在我喜欢的专业领域内做资深专家比做总经理更有吸引力。

    a. 从不　　b. 偶尔　　c. 有时　　d. 经常　　e. 频繁　　f. 总是

18. 只有我成为公司的总经理后，我才认为我的职业是成功的。

    a. 从不　　b. 偶尔　　c. 有时　　d. 经常　　e. 频繁　　f. 总是

19. 允许我有完全的自主与独立的职业才是成功的职业。
　　a. 从不　b. 偶尔　c. 有时　d. 经常　e. 频繁　f. 总是
20. 我愿意在能给我安全感和稳定感的公司中工作。
　　a. 从不　b. 偶尔　c. 有时　d. 经常　e. 频繁　f. 总是
21. 当我通过自己的努力完成工作时，我的工作成就感最强。
　　a. 从不　b. 偶尔　c. 有时　d. 经常　e. 频繁　f. 总是
22. 对我而言，利用自己的才能使这个世界变得更适合生活或居住，比获得一个高级管理职位更重要。
　　a. 从不　b. 偶尔　c. 有时　d. 经常　e. 频繁　f. 总是
23. 当我解决看上去不可能解决的问题，或者在必输无疑的竞赛中胜出时，我会非常有成就感。
　　a. 从不　b. 偶尔　c. 有时　d. 经常　e. 频繁　f. 总是
24. 我认为只有很好地平衡了个人、家庭、职业三者的关系，才能算是成功的。
　　a. 从不　b. 偶尔　c. 有时　d. 经常　e. 频繁　f. 总是
25. 我宁愿离开公司，也不愿频繁接受那些不属于我的专业领域内的工作。
　　a. 从不　b. 偶尔　c. 有时　d. 经常　e. 频繁　f. 总是
26. 对我而言，做一名高级管理者比在我喜欢的专业领域内做一名资深专家更有吸引力。
　　a. 从不　b. 偶尔　c. 有时　d. 经常　e. 频繁　f. 总是
27. 对我而言，用我自己的方式不受约束地完成工作，比拥有工作安全感和稳定感更加重要。
　　a. 从不　b. 偶尔　c. 有时　d. 经常　e. 频繁　f. 总是
28. 只有当我的收入和工作有保障时，我才会对工作感到满意。
　　a. 从不　b. 偶尔　c. 有时　d. 经常　e. 频繁　f. 总是
29. 在我的职业生涯中，如果我能成功地创造或实现完全属于自己的产品或创意，我会感到非常成功。

  a. 从不 b. 偶尔 c. 有时 d. 经常 e. 频繁 f. 总是

30. 我希望从事对人类和社会真正有贡献的工作。

  a. 从不 b. 偶尔 c. 有时 d. 经常 e. 频繁 f. 总是

31. 我希望工作中可以有很多机会来不断挑战我解决问题的能力（或竞争力）。

  a. 从不 b. 偶尔 c. 有时 d. 经常 e. 频繁 f. 总是

32. 能很好地平衡个人生活和工作，比获得一个高级管理职位更重要。

  a. 从不 b. 偶尔 c. 有时 d. 经常 e. 频繁 f. 总是

33. 如果在工作中能经常用到我特别的技能和才干，我会感到非常满意。

  a. 从不 b. 偶尔 c. 有时 d. 经常 e. 频繁 f. 总是

34. 我宁愿离开公司，也不愿意接受让我离开高级管理职位。

  a. 从不 b. 偶尔 c. 有时 d. 经常 e. 频繁 f. 总是

35. 我宁愿离开公司，也不愿意接受约束我自主和独立的工作。

  a. 从不 b. 偶尔 c. 有时 d. 经常 e. 频繁 f. 总是

36. 我希望有一份让我有安全感和稳定感的工作。

  a. 从不 b. 偶尔 c. 有时 d. 经常 e. 频繁 f. 总是

37. 我梦想着创造属于自己的事业。

  a. 从不 b. 偶尔 c. 有时 d. 经常 e. 频繁 f. 总是

38. 如果我的工作限制了我为他人提供帮助和服务，我宁愿离开公司。

  a. 从不 b. 偶尔 c. 有时 d. 经常 e. 频繁 f. 总是

39. 去解决那些几乎无法解决的难题，比获得一个高级管理职位更有意义。

  a. 从不 b. 偶尔 c. 有时 d. 经常 e. 频繁 f. 总是

40. 我一直在寻找一份能够最大程度减少个人和家庭之间冲突的工作。

　　a. 从不　　b. 偶尔　　c. 有时　　d. 经常　　e. 频繁　　f. 总是

　　计分方法：字母"a~f"对应得分1~6分。在40题中挑出3个得分最高的项目（如果得分相同，挑出最感兴趣的项目），在每个项目得分的后面，再加4分（例如，第40题，得了6分，则该题应当再加4分，变为10分）。将每一题的分数填入下面的测评计分表中，然后按照"列"进行分数累加得到一个单列总分，将每列总分除以5得到每列的平均分，填入表格。最高平均分的职业锚类型，就代表了最符合你的职业锚。

测评计分表

职业锚类型	技术/职能型	管理型	自主/独立型	安全/稳定型	创业/创造型	服务型	挑战型	生活型
加分项	1	2	3	4	5	6	7	8
	9	10	11	12	13	14	15	16
	17	18	19	20	21	22	23	24
	25	26	27	28	29	30	31	32
	33	34	35	36	37	38	39	40
总分								
平均分								

　　提示：在计算总分和平均分之前，不要忘记将得分最高的三项再加上4分。

六、职业素质培养

职业素质（professional quality）是指人们在一定生理和心理条件基础上，通过教育培训、职业实践、自我修炼等途径形成和发展起来的，在职业活动中起决定性作用的、内在的、相对稳定的基本品质。

（一）职业素质培养的内容

职业素质培养的内容具体如表1-1所示。

表1-1　　　　　　　　　职业素质培养的内容

序号	内容	说明
1	身体素质	指体质和健康（主要是生理）方面的素质
2	心理素质	指认知、感知、记忆、想象、情感、意志、态度、个性特征（兴趣、能力、气质、性格、习惯）等方面的素质
3	政治素质	指政治立场、政治观点、政治信念与信仰等方面的素质
4	思想素质	指思想认识、思想觉悟、思想方法、价值观念等方面的素质
5	道德素质	指道德认识、道德情感、道德意志、道德行为、道德修养、组织纪律观念等方面的素质
6	科技文化素质	指科学知识、技术知识、文化知识、文化修养等方面的素质
7	审美素质	指美感、审美意识、审美观、审美情趣、审美能力等方面的素质
8	专业素质	指专业知识、专业理论、专业技能、必要的组织管理能力等方面的素质
9	社会交往素质	指语言表达能力、社交活动能力、社会适应能力等方面的素质
10	学习和创新素质	指学习能力、获取信息能力、创新精神、创新能力、创业意识与创业能力等方面的素质

（二）职业素质培养的途径

1. 提高对职业素质的认识，是职业素质培养的前提

培养职业素质，首先要提高员工对职业素质的认识，这是形成良好职业素质的重要基础和前提条件。员工能否准确、深刻地认识职业素质，在较大程度上决定着员工能否产生良好的职业行为、能否自觉地履行职业道德义务。

2. 参加社会实践，知行统一是职业素质培养的根本途径

在职业素质培养的过程中，从对职业素质的认识，到职业行为和习

惯的养成，自始至终都是在社会实践中完成的。员工只有深入到社会实践中，深入到与客户、同事及领导之间的关系中，才能认识到自己行为的是与非，才能培养良好的职业素质。

总之，员工积极地参与到社会实践中，坚持理论与实践相结合的原则，知行统一，把职业实践作为检验自己职业素质的唯一标准，这是职业素质培养的根本途径。

3. 慎独自省，重视自我修炼，是职业素质培养的重要手段

员工要做到慎独自省，必须严格遵循"自重、自省、自警、自励"的八字方针，它是职业素质培养的关键所在，是一名合格员工的必备品质。

自重——把自重作为立身的准则。坚定自己的信念，珍惜自己的荣誉，让自己的言行一致，做事情不卑不亢，时刻都注意学习，努力展现更好的自己。

自省——把自省作为修身的镜子。曾子曰："吾日三省吾身，为人谋而不忠乎？与朋友交而不信乎？传不习乎？"这句话表明了经常性地对自己的行为进行自我省悟、自我反省的重要性。

自警——把自警作为安身的标尺。要对自己的行为有高度的警觉，对可能出现的错误防微杜渐，防患于未然。犯错误不要紧，要紧的是不要迷途而不知返，要时刻保持警惕，定期进行自我检查。

自励——把自励作为润身的目标。要经常地鞭策和激励自己，在工作中始终斗志昂扬、自强不息。失败并不可怕，关键是要不断地鼓励自己，使自己能够勇于面对失败，走出失败的阴影，寻找成功的途径。

第二节　职业生涯选择理论

一、特质-因素理论

特质-因素理论（trait-factortheory）由美国波士顿大学教授帕森斯（Parsons）创立，指的是人们依据人格特性及能力特点等条件，寻找具有与之对应因素的职业的理论。

（一）职业选择的条件

帕森斯明确阐明职业选择应满足以下三个条件：

1. 应该清楚地了解自己的态度、能力、兴趣、智谋、局限和其他特征。
2. 应该清楚地了解职业选择成功的条件，所需知识，在不同工作岗位上所具有的优势、不足和补偿、机会、前途。
3. 在上述两个条件之间进行最佳搭配。

（二）特质–因素理论的前提

特质–因素理论是建立在清楚认识、了解个人的主观条件和社会职业岗位需求条件的基础上的。具体来讲，特质–因素理论的前提应包括以下几个方面：

1. 每个人都有自己的个性特征，并且可以对其进行客观而有效的测量。
2. 每个人的个性特征又与特定的职业相关联。
3. 为了取得成功，不同职业需要配备具有不同个性特征的人员。
4. 个人的个性特征与工作要求之间配合得越紧密，职业成功的可能性就越大。

特征–因素理论符合逻辑，注重科学合理性，其指导方法非常具体，易于学习和操作。特质–因素理论也重视职业信息的重要性，强调个体必须对职业有正确的态度和认识，这样才能作出正确的职业选择。它提出的为个人提供就业信息服务的观念，确实可以增强就业指导的功能。

特质–因素理论以个人的个性特征和工作的性质是固定的为前提，将个人与工作相匹配。而事实上，个人的个性特征和工作的性质并不是一成不变的。所以从发展的角度来看，特质–因素理论存在一定的缺陷。另外，特质–因素理论更加侧重心理测试工具的使用，但心理测试工具本身可能缺少一定的可信度和有效性，因此这是特质–因素理论的另一个缺陷。还有，特质-因素理论强调理性契合，忽略了情绪对决策的影响。

特质-因素理论强调个人的个性特征与职业所需的素质和技能（要素）的协调和匹配。为了理解和掌握个人的个性特征，特质-因素理论重视人才评价的作用，这也可以理解为，特质-因素理论以对个人个性特征的评价为基本前提。特质-因素理论提出的职业决策中人职匹配的思想奠定了人才评价的理论基础，促进了人才评价在专业选择和职业指导方面的应用和发展。

（三）人格特质理论

特质-因素理论是建立在人格特质理论基础上的。人格特质理论认为，人格可以分为几个特征，每个特征对所有人来说都是相同的，但是不同的人在同一特征中的强度和水平是不同的。关于人格特征的划分，下面介绍两种影响较大的理论。

1. 阿尔波特人格论

美国著名社会心理学家和人格心理学家阿尔波特（G. Allport）的人格论，将人格的特性分为支配、自我拓展、坚持、外向、能够自我批评、自炫、合群、利他、社会智力水平、对伦理的兴趣、对经济的兴趣、对艺术的兴趣、对政治的兴趣、对宗教的兴趣等14项一般人格特性，并与人的生理心理7个基础特征合并成21个项目，制成心理图示评定量表，量表的每一项都划分出11个等级。

2. 卡特尔的16种特性论

美国心理学家卡特尔（R. B. Cattell）的特性论发展了阿尔波特的人格论，将人格特征分为表面特征和根源特征。表面特征是从个人的外部行为能直接观察到的特征。根源特征是相当稳定和持久的人格基本特征，包括乐群性、聪慧性、情绪稳定性、恃强性、兴奋性、有恒性、敢为性、敏感性、怀疑性、幻想性、世故性、焦虑性、激进性、独立性、自律性、紧张性等16个项目，这就是卡特尔"16PF学说"。根据一个人在这些项目上的不同水平，可以判断这个人的整体人格特征。

二、人格类型理论

20世纪60年代，美国心理学家霍兰德（Holland）以自己的职业咨询经验为基础提出了一种关于职业选择的人格类型理论（personality typology theory）。这是一种在特质-因素理论基础上发展起来的人格与职业类型相匹配的理论。

（一）人格类型理论的观点

1. 职业选择是个人人格的反映和延伸，人格包括价值观、动机和需要等，是决定一个人选择职业的重要因素。

2. 人格类型可以大致归为六种，分别为现实型（realistic）、研究型（investigative）、艺术型（artistic）、社会型（social）、企业型（entrepreneurial）、常规型（conventional）。

3. 现实中同时也存在与上述人格类型相对应的六种性质工作，分别为现实性的、调查研究性的、艺术性的、社会性的、开拓性的以及常规性的工作。

4. 人格类型理论的实质在于择业者的人格特点与职业类型的适应。适宜的职业环境中个人可以充分施展自己的技能和能力，表达自己的态度和价值观，并且完成那些令人愉快的使命。

（二）人格类型与职业类型的匹配

霍兰德认为，同一类型的劳动者与职业互相结合，便能够达到适应状态，其结果是劳动者找到了适宜的职业岗位，职业岗位得到了合适的人才，劳动者的才能与积极性得以更好地发挥。人格类型与职业类型的匹配具体如表1-2所示。

表 1-2　　　　　　　　　人格类型与职业类型的匹配

人格类型	人格特点	匹配的职业类型
现实型（R）	1. 愿意使用工具从事操作性强的工作 2. 动手能力强，做事手脚灵活，动作协调 3. 不善言辞，不善交际	1. 主要指各类工程技术工作、农业工作，通常需要一定体力，需要运用工具或操作机械 2. 主要职业有工程师、技术员、机械操作工人、维修安装工人、木工、电工、鞋匠等，司机、测绘员、描图员、农民、牧民、渔民等
研究型（I）	1. 抽象能力强，求知欲强，肯动脑筋，善思考，不愿动手 2. 喜欢独立和富有创造性的工作 3. 知识渊博，有学识才能，不善于领导	1. 主要指科学研究和科学实验工作 2. 主要职业有自然科学和社会科学方面的研究人员、专家，化学、冶金、电子、无线电、电视、飞机等方面的工程师、技术人员，飞行驾驶员、计算机操作人员等
艺术型（A）	1. 喜欢以各种艺术形式的创作来表现自己的才能，实现自身价值 2. 具有特殊艺术才能和个性 3. 乐于创造新颖的、与众不同的艺术成果，渴望表现自己的个性	1. 主要指各种艺术创造工作 2. 主要职业有音乐、舞蹈、戏剧等方面的演员，艺术编导、教师，文学、艺术方面的评论员，广播节目的主持人、编辑、作者，绘图、书法、摄影人员，艺术、家具、珠宝、房屋装饰等行业的设计师
社会型（S）	1. 喜欢从事为他人服务和教育他人的工作 2. 喜欢参与解决人们共同关心的社会问题，渴望发挥自己的社会作用 3. 比较看重社会义务和社会道德	1. 主要指各种直接为他人服务的工作，如医疗服务、教育服务、生活服务等 2. 主要职业有教师、保育员、行政人员、医护人员、衣食住行服务行业管理人员和服务人员、志愿者等
企业型（E）	1. 精力充沛、自信、善交际，有领导才能 2. 喜欢竞争，敢冒风险 3. 喜欢权力、地位和物质财富	1. 主要指那些组织他人共同完成组织目标的工作 2. 主要职业有企业经理，政府官员，商人，单位和部门的领导者、管理者等
常规型（C）	1. 喜欢按计划办事，习惯接受他人的指挥和领导，自己不谋求领导职位 2. 不喜欢冒险和竞争 3. 工作踏实，忠诚可靠，遵守纪律	1. 主要指各类与文件档案、数据信息、统计报表、图书资料相关的工作 2. 主要职业有会计、出纳、统计人员、审计人员、人事职员、办公室人员、秘书和文书、图书管理员、保管员等

霍兰德曾编制过霍兰德职业兴趣测试，主要用于确定被测试者的职业兴趣倾向，进而用于指导被测试者选择适合自身职业兴趣的专业发展方向和职业发展方向。

三、社会学习理论

（一）理论应用概述

社会学习理论是由美国心理学家阿尔伯特·班杜拉（Albert Bandura）于20世纪50年代提出的，是揭示人的认知、行为和环境互相作用的一种行为科学理论。该理论认为，人的行为既受遗传因素和生理因素的制约，又受后天经验、环境的影响，而人的观察或模仿学习对其后天行为表现有很重要的影响，有时甚至起到决定性作用。一般而言，社会学习理论具有普遍的适用性。企业可应用该理论对各岗位人员进行激励和管理。根据社会学习理论，人们的观察学习过程主要分为注意、保持、动作再现和动机四个阶段。

1. **注意阶段**

注意阶段是观察学习的起始阶段，只有注意并正确认知示范动作，人们才能通过观察学习来改善自身的行为。

2. **保持阶段**

保持阶段即在示范者不再出现的情况下，通过记忆、表述等方式进行学习保留，以对自身行为产生影响。

3. **动作再现阶段**

动作再现阶段主要是将记忆中的符号和表象转换为适当的行为，即再现所观察到的示范行为。

4. **动机阶段**

再现出示范行为后，若行为结果得到观察学习者的认可，则对其产生强化、激励的作用，使其持续表现出示范行为。

（二）理论应用图示

一般而言，社会学习理论应用如图 1-3 所示。

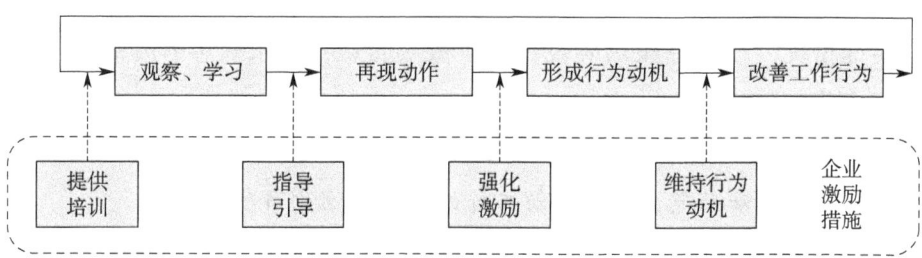

图 1-3 社会学习理论应用图

（三）理论应用示例

下面为某企业应用社会学习理论对员工进行激励的示例，供参考。

方法名称	社会学习理论
应用示例	
××企业为一家汽车零部件生产企业。由于产能扩大，企业近期通过校园招聘渠道招聘了一批新员工。然而，由于新员工职业素养尚未完全形成，工作技能不高，导致其工作不规范、效率偏低。为了改变这一状况，提高新员工的主动性和积极性，确保其工作的规范性和效率，经总经理同意，人力资源部经理决定应用社会学习理论对新员工进行激励和管理。 一、理论应用分析 根据社会学习理论，若对新员工进行适当的示范、引导和激励，促使其通过观察学习来调整和改善自己的行为，可有效提高其工作的积极性、规范性和效率。 通过对新员工的调查了解，人力资源部经理发现新员工有着很强	

烈的生存和安全需求，若对新员工良好行为给予发放奖金和荣誉证书等方式的激励，则可强化激励效果。

二、员工激励工作

在社会学习理论的指导下，人力资源部经理根据企业和新员工的实际情况，制定并组织实施了以下激励措施，力求改善新员工行为，提高其工作积极性。

1. 组织进行新员工强化培训，安排优秀员工对新员工进行现场指导、演练和示范，认真讲解工作的要点和注意事项。

2. 鼓励新员工在学习和记忆示范动作的基础上，进行动作再现，反复练习示范行为。

3. 强化培训结束后，对新员工的动作行为进行考核，并积极肯定和表扬其再现示范行为。

4. 根据考核结果，评选出10名优秀学员，奖励现金300元，颁发荣誉证书，进一步引导、强化和激励新员工的规范行为，促使其形成良好的行为动机。

三、应用效果评估

在应用社会学习理论进行新员工激励一段时间后，人力资源部经理会同生产部经理等相关人员对激励效果进行评估分析。评估发现，新员工的工作规范性和标准性有了明显的改善，工作效率也有较大提高，并表现出较强的工作主动性和积极性。这充分说明社会学习理论的应用取得了良好效果。

四、择业动机理论

美国心理学家佛隆（Victor H. Vroom）通过对个体择业行为的研究，认为个体行为动机的强度取决于效价的大小和期望值的高低，动机强度与效价及期望值成正比，即$F=V\times E$。其中，F为动机强度，是指积极性的激发程度，表明个体为实现一定目标而努力的程度；V为效价，是指个体对一定目标重要性的主观评价；E 为期望值，是指个体对实现目标可能性大小的评估，即目标实现概率。

佛隆将这一期望理论用来解释个人的职业选择行为，并具体化为择业动机理论。择业动机是指择业者对目标职业的追求程度，或者对某项职业选择意向的大小。

$$择业动机 = 职业效价 \times 职业概率$$

（一）职业效价

职业效价是指择业者对某项职业价值的评价，取决于以下两个因素：

1. 择业者的职业价值观。
2. 择业者对某项具体职业要求，如兴趣、劳动条件、工资、职业声望等的评估。

$$职业效价 = 职业价值观 \times 职业要素评估$$

（二）职业概率

职业概率是指择业者获得某项职业可能性的大小，通常取决于以下四个条件：

1. 某项职业的需求量，在其他条件一定的情况下，职业概率同职业需求量呈正相关。
2. 择业者的竞争能力，即择业者自身工作能力和求职就业能力，竞争力越强，获得职业的可能性越大。
3. 竞争系数，指谋求同一种职业的劳动者人数的多少。在其他条件一定的情况下，竞争系数越大，职业概率越小。
4. 其他随机因素。

$$职业概率 = 职业需求量 \times 竞争能力 \times 竞争系数 \times 随机性$$

择业动机公式表明，对择业者来讲，某种职业的效价越高，获取该职业的可能性越大，择业者选择该职业的意向或者倾向越大；反之，某种职业对择业者而言其效价越低，获得该职业的可能性越小，择业者选择该职业的倾向也就越小。

佛隆的择业动机理论可以帮助求职者权衡各种动机的优先级，反复比较利弊，评估自身的社会价值。帮助求职者确定择业的主导动机，使其能够顺利引导自己的行为，是职业指导咨询和职业指导教育的重要组成部分。

在实际生活中，职业需要是多种多样的，并且处在不断地发展和变化过程中，因此，在同一时间内往往存在几种不同的择业动机，甚至是彼此冲突的择业动机，构成择业动机体系。在这个体系中，那种最强烈而稳定的择业动机称为优势择业动机或主导择业动机。一个人准备、选择与确定职业的过程都是由主导择业动机所支配的。而各种择业动机之间往往存在矛盾和斗争。

职业需要有不同的层次，而择业动机也同样具有不同的水平。择业动机决定了一个人实现其职业目标的方式。佛隆的择业动机理论表明，当择业动机水平过低，主体会没有足够的精力去从事应该进行的活动；当动机水平过高时，由于主体处于高度紧张状态，正常的认识和思维会受到干扰，进而使行为效果受到影响。只有保持适度的动机水平，行为才是最有效的。心理学家发现，动机水平和行为效果之间的关系与活动的复杂程度有关。简单的活动往往由于动机水平的提高而提高行为效果，而复杂的活动则随着动机水平的提高而降低行为效果。除了受个人职业需求的强度和动机性质的影响外，择业动机的水平还受到职业目标的影响。择业动机引导职业目标的发展，在发展的过程中不同择业动机的水平此消彼长，并逐渐形成左右职业目标的主导择业动机。

择业动机和职业目标是两个既有区别又有联系的概念。在简单的情况下，两者通常是相同的，可以统一为职业目标；但在更多情况下，择业动机和职业目标是不一致的。同一职业目标可能有不同的择业动机，择业动机相同也可以表现出不同的职业目标。职业目标之间往往存在矛盾，这些矛盾得不到及时解决往往导致心理冲突。正确地选择职业目标是解决冲突的方法。

职业目标矛盾引起的心理冲突有三种类型：一是双趋式冲突，是指个体在同时面临两个具有同等吸引力的目标进行选择时所产生的冲突；

二是双避式冲突，是指个体在同时面临两个具有同等强度的否定性目标进行选择时所产生的冲突；三是趋避式冲突，是指当某一目标对个体既有吸引力又有排斥力时个体所产生的冲突。

要解决求职者职业目标的冲突，首先必须树立正确的择业动机。择业动机斗争是使人在不同职业目标之间游离的原因。其次，帮助求职者在面对现实时权衡利弊，分析自我认识、能力水平、体质、目标等主客观因素。择业动机有三个功能：第一，始发功能，它可以触发一个人产生某种职业选择行为；第二，指向和选择功能，它使人们的职业选择行为朝着一个特定的方向发展；第三，加强和维护功能，正确的职业选择行为会增强择业动机，而不正确的职业选择行为会削弱择业动机。择业动机对职业选择行为的影响取决于择业动机的强度，但这并不是说动机越强就越好。

五、心理动力理论

美国心理学家爱德华·鲍亭（Edward Bordin）等人以弗洛伊德的个性心理分析为基础，吸取特质-因素理论和心理咨询理论的一些概念和技术，经过对职业团体进行的大量研究，于20世纪60年代后期提出了一种以强调个人内在动力和需要等动机因素在个人职业选择过程中的重要性的职业选择与职业指导理论，被称为心理动力理论（psychodynamic approach）。

心理动力理论认为，社会上所有职业都能归入代表心理分析需要的、分属以下范围的职业群：养育的、操作的、感觉的、探究的、流动的、抑制的、显示的、有节奏的运动等，并认为这一理论适用于由于文化水平和经济因素而无法自由选择职业的人之外的所有人。

心理动力理论注重从个人职业发展的观点以及个人内在因素来探索职业选择，强调通过重建当事人个人人格来进行职业选择，重视当事人在职业选择中的自主作用。但是，该理论过于强调个人内在因素，忽视了社会环境方面的因素。

第三节　职业生涯发展阶段理论

一、舒伯生涯发展五阶段理论

美国著名职业心理学家舒伯（E. Super）根据布尔赫勒（Buehler）的生命周期理论和列文基斯特（Lavighurst）的发展阶段论，发展出一个诠释职业生涯发展的概念模型。在概念模型中，他提出 12 个基本主张。

1. 职业是一种连续不断、循序渐进并不可逆转的过程。
2. 职业发展是一种有秩序、有固定形态，而且可以预测的过程。
3. 职业发展是一种动态的过程。
4. 自我观念在青春期就开始产生和发展，并于成年期转化为职业概念。
5. 自青少年至成人期，随着时间及年龄的渐长，现实因素（如人格特质）及社会因素对个人职业的选择愈加重要。
6. 父母的认同会影响个人角色的发展和各个角色间的一致及协调，以及对职业计划及结果的解释。
7. 职业升迁的方向及速度与个人的聪明才智，父母的社会地位，本人的地位需求、价值观、兴趣、人际关系等情况有关。
8. 个人的兴趣、价值观、需求，父母的认同，社会资源的利用，个人的学历以及所处社会的职业结构、就业趋势等均会影响个人的职业选择。
9. 虽然每种职业均有特定的能力、兴趣、人格特质要求，但具有弹性，所以允许不同类型的人从事相同的职业，或一个人从事多种不同类型的工作。
10. 工作满意度视个人能力、兴趣、价值观等个人特质是否能在工作中得到发挥而定。
11. 工作满意度与个人在工作中实现自我观念的程度有关。
12. 对大部分人而言，工作及职业是个人人生的重心。

舒伯从人的终身发展的角度出发，结合职业发展形态，把人的生涯发展划分为成长（growth）、探索（exploration）、建立（establishment）、维持（maintenance）、衰退（decline）五个阶段，每个阶段有自己的次阶段，具体如表1-3所示。

表1-3　　　　　　　舒伯生涯发展五阶段及其主要任务

阶段	年龄		主要任务
成长阶段	出生～14岁		认同并建立起自我概念，对职业的好奇占主导地位，并逐步有意识地培养职业能力
	次阶段	幻想期（4～10岁）	需求占决定性因素，角色扮演在此阶段很重要
		兴趣期（11～12岁）	以兴趣为中心，理解、评价职业，开始做职业选择
		能力期（13～14岁）	能力占的比重较大，也会考虑工作要求的条件
探索阶段	15～24岁		主要通过学校学习进行自我考察、角色鉴定和职业探索，完成择业及初步就业
	次阶段	试验期（15～17岁）	综合考虑自己的需要、兴趣、能力、价值观和机会，并通过讨论、课程、工作等尝试作试探性的选择
		过渡期（18～21岁）	正式进入职业，或者进行专门的职业培训，明确某种职业倾向
		尝试期（22～24岁）	选定工作领域，开始从事某种职业，对职业发展目标的可行性进行实验
建立阶段	25～44岁		获取一个合适的工作领域，并谋求发展。这一阶段是大多数人职业生涯周期的核心部分
	次阶段	尝试期（25～30岁）	原本以为适合的工作，后来发现不太令人满意，于是会有一些改变。此阶段是定向后的尝试，不同于探索阶段的尝试
		稳定期（31～44岁）	个人在所选的职业中安顿下来，重点是寻求职业及生活上的稳定
维持阶段	45～64岁		开发新的技能，维护已获得的成就和社会地位，维持家庭和工作两者之间的和谐关系，寻找接替人选

续表

阶段	年龄		主要任务
衰退阶段	65 岁及以上		体力与心理能力逐渐衰退时,工作活动将会改变,也必须发展出新的角色,先是变成选择性的参与者,然后成为完全的观察者
	次阶段	减速期（60～70 岁）	工作速度减慢,工作责任或职业性质发生变化,以适应逐渐衰退的体力和心理能力,许多人也会找一份兼职工作代替全职
		退休期（71 岁及以上）	有些人能很愉快地适应完全停止工作的境况,有些人则适应困难

二、施恩职业流动三模式理论

1971 年,美国著名职业心理学家埃德加.H.施恩提出个人在特定组织内的三种流动模式,以实现组织对个人职业生涯的帮助和管理。三种不同的流动模式包括横向流动模式、向核心地位流动模式和纵向流动模式。

（一）横向流动模式

横向流动模式是组织内部个人的工作或职务沿着职能部门或技术部门的同一等级进行发展变动。例如,市场部的主管去营销部担任同一等级的职务。进行这种变动的目的包括培养掌管全局的管理人员,为以后的纵向发展做准备;工作丰富化的需要,部门之间人员的平衡和调剂。

（二）向核心地位流动模式

向核心地位流动模式是由组织外围逐步向组织内中心方向变动。当发生这类变动时,成员对组织情况了解得更多,承担的责任也更为重大,并且经常会参加重大问题的讨论和决策。采取这种模式的原因一方面是由于个人的能力和努力得到组织的认可,但目前还不适合提升到组织的更高等级;另一方面是准备让个人沿纵向上行,但暂时无法提供相应的职位。

（三）纵向流动模式

纵向流动模式是指组织内部的个人工作等级职位的升降。在一般的观念中，只有纵向的上行流动，才是得到发展和肯定。正常的向上流动在提升的同时向组织的核心靠拢。如果某个人的职位等级得到提高，但仍然没有列入组织重要的核心活动或决策之列，则可能意味着"明升暗降"或是一种待遇而已。

在这个三维模式中，纵向的变动是一种上下升降的圆锥体；横向变动是围绕圆锥体周围，从一个部门向另一个部门变动；向核心地位变动则是从圆锥体的外围向圆锥体的中心方向变动。实际中的流动安排是这三种模式的有机结合。

三、格林豪斯职业生涯发展五阶段理论

美国职业生涯专家格林豪斯通过对人生不同年龄段职业发展所面临的主要任务的研究，提出职业生涯发展五阶段理论。该理论的具体内容如表1-4所示。

表1-4　　　格林豪斯职业生涯发展五阶段及其主要任务

阶段	年龄	主要任务
职业准备阶段	0~18岁	发展职业想象力，培养对职业的兴趣和能力，对职业进行评估和选择，接受必需的职业教育和培训，主要目的是确立起个人职业的最初方向
进入组织阶段	18~25岁	在一个理想的组织中获得一份工作；在获取足量信息的基础上，尽量选择一种合适的、较为满意的职业
职业生涯早期	25~40岁	学习职业技术，提高工作能力；了解、学习组织纪律和规范，接受组织文化；逐步适应职业工作，适应和融入组织；为未来职业成功做好准备
职业生涯中期	40~55岁	对早期职业生涯重新评估，强化或转变自己的职业理想；选定职业，努力工作，有所成就
职业生涯后期	55岁~退休	继续维持已有的职业成就；成为一名良师；维护自尊，准备退休

四、金斯伯格职业生涯发展三阶段理论

美国著名的职业指导专家金斯伯格（Eli Ginzberg）是职业生涯发展理论的典型代表人物之一，也是职业生涯发展理论的先驱者。他主要研究从童年到青少年阶段的职业心理发展过程，并将职业生涯的发展分为幻想期、尝试期和现实期三个阶段。

（一）幻想期（11岁以前）

儿童们对于他们所看到或接触到的各类职业工作者，充满了新奇。此时期职业需求的特点是：单纯凭自己的兴趣爱好，不考虑自身的条件、能力水平和社会需要与机遇，完全处于幻想之中。

（二）尝试期（11~17岁）

尝试期处于少年向青年过渡的时期。此时，人的心理和生理在迅速成长发育和变化，有独立的意识，价值观念开始形成，知识增加，能力显著增强，初步懂得社会生活的经验。此时期在职业需求上呈现出的特点是：有职业兴趣，开始客观地审视自身各方面的条件和能力，并注意职业角色的社会地位、社会意义，以及社会对该职业的需要。

金斯伯格按照年轻人考虑择业因素的顺序，把尝试期又分为以下四个阶段。

1. 兴趣阶段（11~12岁）

他们开始觉察社会不同职业间的一些重要差异因素，并对自己较为关注的职业产生兴趣，自觉培养自己的职业兴趣。

2. 能力阶段（13~14岁）

他们开始以能力为核心考虑职业问题，衡量并测验自己的能力，然后将能力表现在各种职业相关活动上。

3. 价值观阶段（15~16岁）

他们逐渐了解职业的社会价值，并运用这些价值观审视自己的职业兴趣和能力，以便进行职业选择。

4. 综合阶段（17 岁）

将前三个阶段进行综合考虑，并综合相关的职业选择信息，以此来正确了解未来的发展方向。

（三）现实期（17 岁以后）

17 岁以后是青年即将步入社会劳动的年龄段，此时，他们能够客观的把自己的职业愿望或要求，同自己的主观条件、能力，以及社会现实的职业需要紧密联系和协调起来，寻找适合自己的职业角色。他们对职业的认识不再模糊不清，已有了具体的、现实的职业目标，表现出的最大特点是客观性和现实性。

金斯伯格按职业行为心理的发展顺序将现实期又分为以下三个阶段。

1. 试探阶段

对尝试期初步确定的职业方向进行各种职业的试探活动，了解职业发展方向和就业机会。

2. 具体化阶段

对职业试探活动中的某些结果，结合自己的情况进行比较分析，再一次缩小职业选择范围，使自己的职业方向选择更加具体化。

3. 专业化阶段

依据自我选择的目标，对自己职业发展的专业方向进行确认。

五、加里·德斯勒职业生涯五阶段理论

美国著名人力资源管理专家加里·德斯勒（Gary Dessler）在其代表作《人力资源管理》一书中，综合其他专家的研究成果，将职业生涯划分为五个阶段。

（一）成长阶段（出生~14 岁）

在这一阶段，个人逐步建立起自我的概念，并基本了解自己的兴趣和能力。到这一阶段结束时，进入青春期的青少年开始对某种可选择的职业进行现实性的思考。

（二）探索阶段（15~24岁）

在这一阶段，个人将认真探索各种可能的职业选择。他们试图将自己的职业选择与他们对职业的了解以及通过学校教育、休闲活动和业余工作等途径获得的个人兴趣和能力匹配起来。在这一阶段开始时，他们往往作出一些带有实验性质的、较为宽泛的职业选择。随着个人对所选择的职业以及自我的进一步了解，他们的这种最初选择往往会被重新界定。

（三）确立阶段（25~44岁）

这是大多数人职业生涯中的核心部分。人们通常希望在这一阶段的早期能够找到合适的职业，并随之全力以赴地投入到有助于自己在此职业取得永久发展的各项活动中。然而，多数情况下，在此阶段人们仍然在不断尝试与自己最初的职业选择所不同的各种能力和理想。

确立阶段本身又由以下三个子阶段构成。

1. 尝试子阶段（25~30岁）

在这一阶段，个人确定当前所选择的职业是否适合自己，如果不适合，就会更改自己的选择。

2. 稳定子阶段（30~40岁）

在这一阶段，人们往往已经定下较为坚定的职业目标，并制订较为明确的职业计划来确定自己晋升的潜力、工作调换的必要性以及为实现这些目标需要开展哪些学习活动等。

3. 职业中期危机阶段（30多岁~40多岁的某个阶段）

在30多岁到40多岁之间的某个阶段上，人们可能会进入职业中期危机阶段。在这一阶段，人们往往会根据自己最初的理想和目标对自己的职业发展状况做一次重要的重新评价。

（四）维持阶段（45~65岁）

在这一阶段，人们一般都已经在自己的工作领域中为自己创立了一席之地，因而人们的大多数精力主要放在维持这一位置上。

（五）下降阶段（临近退休）

当临近退休的时候，就意味着到了职业生涯的下降阶段。在这一阶段，许多人都不得不面临着这样一种前景，接受权力和责任减少的事实，学会接受一种新的角色，学会成为年轻人的良师益友。退休后，人们所面临的选择就是如何去打发原来用在工作上的时间。

六、职业生涯发展阶段理论的共同点

上述各理论对职业生涯发展的阶段划分并不完全一致，但其出发点和基本思路大体相同，主要表现为以下三个方面。

1. 都假设生命的发展阶段和职业的发展阶段是高度相关的，所以都是以年龄作为划分职业生涯发展阶段的一个重要依据。

2. 都认为个人的职业心理在童年逐步产生，随着年龄的增长、受教育程度的提高、经验的积累和社会环境的变化，人们的职业心理也会发生变化。

3. 职业生涯的发展常常随着年龄的增长而变化，不同的人在相同的年龄段往往表现出大致相同的职业特征、职业需求和职业发展任务，据此可以将一个人的职业生涯划分为不同的阶段。

4. 认识职业生涯发展的不同阶段有哪些任务和发展趋势，可以帮助个人有效地管理自己的职业生涯，也可以帮助组织管理和开发人力资源。

本章自测题

1. 如何理解职业生涯规划？
2. 格林豪斯职业生涯管理模型的假设条件有哪些？
3. 简述职业生涯规划的原则。
4. 社会学习理论认为个人在各种因素的影响下，会产生哪些关于职业发展的结果？
5. 如何理解择业动机的公式？
6. 格林豪斯职业生涯发展五阶段理论的内容有哪些？

第二章　自我认知

 学习目标

➢ 了解自我认知的内容
➢ 掌握职业能力倾向的测量方法
➢ 了解职业兴趣测验的方法

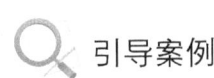 引导案例

孙丽，大学本科二年级，会计学专业。她出生于知识分子家庭，从小就是班上的佼佼者，成绩一直非常优异，后来如愿考上了某大学会计学专业。

随着学习的深入，她发现自己越来越不喜欢会计专业，将来也不想从事会计职业。她说："我妈妈是一家大公司的会计，她认为会计这个职业很稳定，适合女生，收入也比较可观，而且年纪大了也不会被淘汰，属于'越老越吃香'的职业。当时，我对专业不是很了解，所以就听了妈妈的意见。"

但是随着对专业内容学习和研究的深入以及对未来就业方向

和职业发展道路的了解，孙丽越来越发现，从事会计专业的工作不是自己想要的生活。这个专业的职业道路似乎局限于财务、审计、会计等工作。想到这里，她开始焦虑起来，一种强烈的转行愿望在她头脑中弥漫开来。

经过沟通了解，发现孙丽是一个比较外向的女孩，她的职业兴趣偏向社会型和企业型，喜欢与人打交道，喜欢变化和创新，喜欢在快速成长、变化的环境中从事创造性和开拓性的工作，对重复性和细节性的工作则缺乏兴趣和耐心。很明显，会计学和财务工作多偏向与数据、图表、公式打交道，属于事务型（常规型），与孙丽的兴趣类型正好相反。所以，孙丽不喜欢她的专业，也不想从事会计和财务工作。

1. 孙丽应该如何改变目前这种情况？
2. 你是不是像孙丽一样，在考大学填报志愿时也缺乏自我认知呢？

第一节　自我认知的内容

一、自我认知的含义和作用

员工的职业生涯设计要从员工的自我认知和周边认知开始，只有充分地进行自我认知和周边认知才能保证为自己设计出切实可行的职业生涯目标，并编制实现目标的合理行动方案。

（一）自我认知的含义

自我认知是指员工个人对自己的了解和认识，其中包括认识自己的长处和缺点，意识并调整自己的情绪、意向、动机、个性和欲望，并对自己的行为进行反省等。在求职之前，清楚的自我认知，能够使员工了解自己的职业价值观、兴趣、爱好、能力特长、人格特征以及弱点和不足，以便作出明智的职业选择，找到一份真正适合自己的工作。

在转换工作时，个人通过对自己的总结、盘点，找到成功和失败的原因，从中汲取经验和教训，可以促使自己的职业生涯成功。

（二）自我认知的作用

充分认识自己，能够帮助员工最大限度发挥个人潜能。很多初入职场的员工往往高估自己的能力，盲目规划自己的职业生涯，使自己在现实中失去了许多机会。个人的职业生涯规划应该建立在对自己客观的评价和认识之上，并为自己制定贴合实际的发展目标和职业设想，在职业活动中不断发挥自己的潜能，逐步提升自己的成就感和追求欲望。

（三）自我认知的三个角度

自我认知应从自我分析、个人分析和事业分析三个角度展开，具体内容如表 2-1 所示。

表 2-1　　　　　　　　　　自我认知的三个角度

自我认知三角度	具体内容
自我分析	自我分析从个人、事业、家庭三个方面进行，其中，家庭分析包括个人的生活品质、家庭关系和家人的健康
个人分析	个人的性格、职业兴趣、职业能力、职业倾向以及个人的健康情况和休闲情况等
事业分析	个人的财富情况、所属的社会阶层、自我实现情况

二、兴趣

兴趣就是人积极探究某种事物的倾向。人对有兴趣的事物往往会特别注意，积极探究，并带有积极的情绪和向往的心情。兴趣是以一定的素质为前提，在实践中逐步发展起来的，它在人们的职业活动中具有重要的意义。

尽管兴趣是价值观的反映，但它还必须与具体的任务或活动连在一起。不难理解，人们所从事的职业或活动与其职业兴趣越是趋于一致，他们的工作满意度就会越高，工作态度就会越积极。

一个人对某职业或专业的兴趣如何，在选择职业或专业时是首要的，因为一个人如果从事着自己感兴趣的工作，就有可能发挥主观积极性，努力将工作做好，而且可以从工作中得到满足，感到很愉快。

如果一个人从事了一种他很不喜欢的工作，他就不可能积极主动地去做，有时还会不自觉地表现出被动消极的工作态度，因而不太可能得到领导和同事们的赞扬，还容易与他们在工作上产生矛盾，进而加剧对工作的厌烦和抑郁不快的心情。

兴趣影响个人的职业定向和职业选择。求职时个人常常考虑自己对工作是否感兴趣。兴趣一般包括有趣、乐趣、志趣三个发展阶段。即一开始为有趣，逐渐产生乐趣，然后与奋斗目标结合，发展为志趣，表现出方向性和意志性特点，如坚定地追求某种职业，并为之尽心竭力。

不同职业需要的兴趣特征也不同，比如，让擅长技能操作的人从事理论知识研究工作，他（或她）会感到很茫然。如果一个人选择了自己一点也不感兴趣的工作，工作根本就激发不了他（或她）的求知欲和探索热情，无法充分调动整个身心的积极性，无法施展个人的才华和发挥个人的潜力，从事这份工作不可能取得成功。

七种兴趣类型及匹配职业，如表 2-2 所示。

表 2-2　　　　　　　　　兴趣类型及匹配职业

兴趣类型	兴趣倾向	匹配职业
从事领导和组织工作	喜欢掌管一些事情，受人尊敬和获得声望，他们在企事业单位中起着重要作用	行政人员，企业管理人员，学校领导、辅导员等
从事研究人的行为工作	对人的行为举止和心理状态感兴趣，喜欢讨论人的问题	心理学、政治学、思想政治教育研究，教育及行为管理工作等
从事科学技术工作	对分析、推理、测试等活动感兴趣，擅长理论分析，喜欢独立地解决问题	生物、化学、工程学、物理学、地质学等工作

续表

兴趣类型	兴趣倾向	匹配职业
从事有规律的工作	喜欢常规的、有规则的活动，习惯于在预先安排好的程序下工作	邮件分类、图书管理、档案管理、打字、统计等工作
从事抽象和创造性的工作	对需要想象力和创造力的工作感兴趣，大都喜欢独立的工作，对自己的学识和才能颇为自信，乐于解决抽象的问题，而且急于了解周围的世界	社会调查、经济分析、科学研究、新产品研发等工作
从事具体的工作	希望能很快看到自己的劳动成果，喜欢制作能看得见、摸得着的产品，并从已完成的产品中得到满足	室内装饰、园林、美容美发、机械维修、烹饪等相关工作
从事操作机器的技术工作	对运用一定技术操作各种机械、制造新产品或完成其他任务感兴趣，喜欢使用工具，特别是大型的、马力强的先进机器，喜欢具体的东西	飞行员、驾驶员和机械制造、建筑、煤炭开采等相关工作

三、人格

人格一词源于希腊语"persona"，美国心理学家阿尔波特将人格定义为，人格是个体内在心理物理系统中的动力组织，它决定一个人对环境独特的适应性。英国心理学家艾森克（Eysenck）对人格的定义为，人格是个人的性格、气质、智力和体格相对稳定而持久的组织，它决定着个人适应环境的独特性。

（一）人格的特点

我们认为，人格指的是个体在行为上的内部表现，是个体在适应环境中的感情、能力、气质、价值观等方面的综合表现。人格可以离开人的肉体和人所处的物质生活条件而独立存在于人类的精神文化维度里。人格一般具有整体性、稳定性和可变性、共同性和独特性、生物性和社会性等特点。

1. **整体性**

人格是一个有机整体，组成人格的各个方面不是孤立的，人格中的各因素是相互联系的，任何因素的改变都会引起其他因素的变化。

2. **稳定性和可变性**

人格具有稳定性，具体表现为人格特征有跨时间的持续性和跨情境的一致性。跨时间的持续性是指人格具有相对的稳定性，它不会在短时间内有很大变化。跨情境的一致性指同一个人的人格特征在不同的情境下，在一定程度上会保持不变。人格的稳定性是相对的，人格的特征会随环境和时间的变化而变化，这使得人格具有可变性。

3. **共同性和独特性**

人格也具有共同性，它是某一群体、某个阶层或某个民族在特定的群体环境、社会环境和自然环境中形成的共同心理特征。人格还具有独特性，每个人都有与他人相区别的人格特征，世上没有两个人的人格完全相同。人格的独特性表现为人们在需求、动机、价值观、能力、气质、性格等方面的差异性。

4. **生物性和社会性**

人格是在人的自然生物特性的基础上发展起来的，这是人格的生物性，生物性对于人格发展的道路和方式有影响。人格的生物性不能对人格的发展方向起决定性作用，而个体的社会历史文化背景对人格发展起决定性作用，这是人格的社会性。

（二）人格的理论

从心理学的角度，人格理论是用来描述或解释人格结构、人格发展动力、人格发展条件及阶段的一套正规的假设系统或框架。现代人格理论主要包括人格特质理论、人格类型理论和人格整合理论。

1. **人格特质理论**

特质是一个人的人格维度，它是依据人们在某一特征上所表现出的程度进行分类的。人格特质理论是以人格特征具有跨情境的一致性和跨时间的持续性为研究假设的，认为人格存在一些特质维度，且人们之间的差异就在于这些维度的不同表现程度,强调人的个体差异和个体的整体功能。特质研究者主要研究对人格的描述和预测行为,侧重于预测测评结果,个人有什么典型行为表现,而不是解释个体为什么会有这样的行为表现。

特质理论一般包括阿尔波特的人格理论、卡特尔的16种特性理论、艾森克的三因素模型、大五人格理论等。

2. **人格类型理论**

人格类型理论是群体间人格差异的描述指标,可通过人的行为直接观察到。该理论认为人格可以划分为几种不同的类型,且各类型之间相互独立、相互分离,如外向和内向类型。人格类型理论一般包括单一类型理论、对立类型理论、多元类型理论等。

单一类型理论认为人格类型是依据一群人是否具有某一特殊人格来确定的,如美国心理学家弗兰克·法利提出来的T型人格理论。对立类型理论认为人格类型包含了某一人格纬度中的两个相反方向,如内向型人格-外向型人格。多元类型理论认为人格类型是由几种不同质的人格特性构成的,如气质类型学说、性格类型学说等。

3. **人格整合理论**

人格特质理论和人格类型理论分别从不同的角度描述了人格结构,艾森克于1967年提出了人格结构的四层次理论,将人格类型理论和人格特质理论进行整合,具体分为类型水平、特质水平、习惯反应水平和特殊反应水平,还用内向、外向与神经质倾向两个维度来描述人格。

四、品德

(一)品德的定义

品德是指个体言行中表现出来的某些稳固的特征,是个体在思想、政治、道德、法律、个性心理等方面所表现出的稳定的行为特征与倾向之总和。品德是一个耗散结构系统,具有内外统一性、稳定性和差异性等特征。

(二)品德的结构类型

品德的结构类型包括态度型、意志型、情绪型和理智型四种,具体表现如表 2-3 所示。

表 2-3　　　　　　　　　　品德的结构类型

类型	正向表现	反向表现
态度型	诚实、积极、勤劳、谦虚	圆滑、虚伪、消极、懒惰、骄傲
意志型	独立性、自制力、坚持性、果断性、努力、刻苦	盲从、冲动、动摇、优柔寡断
情绪型	热情、乐观、幽默、乐于助人	冷漠、悲观、抑郁、孤僻
理智型	深思熟虑、善于分析、善于比较	轻率、武断、主观、自以为是

(三)品德的特性

品德的特性包括三个方面,即稳定性和客观性、差异性、可测量性。

1. 稳定性和客观性,即品德测评对象客观存在,并可以被人认识与把握。

2. 差异性,即品德测评对象的质与量具有大小、强弱与多少上的程度差异和数量差异。

3. 可测量性,即品德测评对象质与量的差异可以通过比较进行确定与报告。

五、能力

这里所说的能力是指职业能力,它是人们从事某种职业的多种能力的综合。如第一章所述,职业能力可以分为一般能力、专业能力和特殊能力。

一般能力主要是指观察能力、学习能力、文字和语言运用能力、记忆能力、逻辑思维能力、想象能力、操作能力等。专业能力主要是指从事某一特定职业的能力。特殊能力只在特殊活动领域内发生作用,是完成相关工作必不可少的能力,例如数学能力、音乐能力、绘画能力、文书能力等特殊能力。

个体能力是职业生涯管理中的一个重要组成部分,它反映了一个人能做什么或通过适当培训后能做什么。能力意味着一个人在工作中表现出来的技能、经验和知识,它能够使一个人的工作显得出色,因此在进行职业生涯决策时,考虑清楚自身的能力非常关键。

但是,很多人在择业时并没有选择那些能够最大限度地发挥其能力优势的职业,甚至还经常去选择自己不能胜任或不能发挥已有优势的职业或工作,使自己在今后的发展中显得很被动。

英国职业顾问处的心理学家们根据一项为期三年的研究,制定出了一套衡量个性特点的试题以求科学地解答每个人所适合的工作。这种测试将现代职业分为四大类,即人、程序与系统、交际与艺术、科学与工程,每一大类又可进一步分为若干项。试题的具体内容如下。

英国职业顾问处制定的衡量个性特点的试题

说明:本套试题共有64个具体问题,每个问题后都有两个可供选择的答案,如果这个问题与你本人的情况相符,在"是"列中的字母上画圈;如果不符,在"否"列中的字母上画圈。最后按画圈的字母多少计分。要仔细阅读,每一条只选一个答案。

问题答完后,将所选定的A与B的画圈数量分别填入每类最后得分栏的( )中,C只表示你对某一类工作缺乏兴趣,不计入得分。

四大类共有四个总分:0~4分表明对某一类工作兴趣不大;5~12分表明居中;13分以上表明兴趣很浓。四大类中总分最高的,说明这一类工作最适合你,能满足你的个性要求。

第一类 人		
选择"是"或者"否"	是	否
1. 我在作出决定前常考虑别人的意见	A	C
2. 我愿意处理统计数据	C	A
3. 我总是毫不犹豫地帮助别人解决家庭问题	A	C

续表

4. 我常常忘记东西放在哪里	B	C
5. 我很少能通过讨论说服别人	C	B
6. 大多数人认为我可以忍辱负重	C	A
7. 在陌生人中我常感到不安	C	B
8. 我很少吹嘘自己的成就	A	C
9. 我对世事感到厌倦	B	C
10. 我参加一项活动的主要目的就是取胜	C	A
11. 我容易被大多数人所动摇	C	B
12. 我作出选择后就会按照我的办法去做	C	A
13. 我的工作成就对我很重要	B	C
14. 我喜欢既需要大量体力又需要大量脑力的工作	A	C
15. 我常问自己的感受如何	A	C
16. 我相信那些使我心烦意乱的人自己心里清楚	C	B

得分（不计算答案C）：A得分（　　）照料人；B得分（　　）受人影响；A和B总分（　　）人

第二类　程序与系统

17. 我喜欢整洁	A	C
18. 我对大多数事情都能迅速得出结论	C	A
19. 受过检验和运用过的决议最值得遵循	A	C
20. 我对别人的问题不感兴趣	B	C
21. 我很少对别人的话提出疑问	C	B
22. 我并不总是能遵守时间约定	C	A
23. 我在各种社交场合下都很从容	C	B
24. 我做事总是愿意先考虑后果	A	C
25. 在限定的时间内急迫地完成一件事很有趣	B	C
26. 我喜欢接受紧张的新任务	C	A
27. 我的论点通常可信	C	B
28. 我不善于查对细节	C	A

	续表	
29. 明确、独到的见解对我是很重要的	B	C
30. 别人会约束我的自我表达	A	C
31. 我总是努力完成开始的事情	A	C
32. 大自然的美使我震惊	C	B
得分（不计算答案C）：A得分（　　）言语；B得分（　　）财经/数据处理；A和B总分（　　）程序与系统		
第三类　交际与艺术		
33. 我喜欢在电视节目中扮演角色	A	C
34. 我有时难于表达自己的想法	C	A
35. 我觉得我能写短篇故事	A	C
36. 我能为新的设计提供蓝图	B	C
37. 关于艺术我所知甚少	C	B
38. 我愿意做实际事情，而不愿意读书或写作	C	A
39. 我很少留意服装设计	C	B
40. 我喜欢同别人谈自己的见解	A	C
41. 我满脑子的独创思想	B	C
42. 我发现大多数小说很无聊	C	A
43. 我特别不具备创造力	C	B
44. 我是个实实在在的人	C	A
45. 我愿意将我的照片、图画给别人看	B	C
46. 我能设计有直观效果的东西	B	C
47. 我喜欢翻译外文	A	C
48. 总是标新立异的人使我感到很不舒适	C	B
得分（不计算答案C）：A得分（　　）文学、语言、传导；B得分（　　）可视艺术与设计；A和B总分（　　）交际与艺术		
第四类　科学与工程		
49. 辩论中，我善于抓住别人的弱点	C	A
50. 我几乎总是自由地作出决定	C	A

续表

51. 想个新主意对我来说不是问题	A	C
52. 我不善于令别人相信	B	C
53. 我喜欢提前将事情准备好	C	B
54. 我觉得抽象地想象有助于解决问题	C	A
55. 我不善于修修补补	C	B
56. 我喜欢谈不可能发生的事	A	C
57. 别人对我的议论不会使我难受	B	C
58. 我主要是靠直觉和个人感情解决问题	C	A
59. 我办事有时半途而废	C	A
60. 我不隐瞒自己的情绪	C	A
61. 我发现解决实际问题很容易	B	C
62. 我觉得传统方法通常是解决问题最好的方法	B	C
63. 我珍惜我的独立性	A	C
64. 我喜欢读古典文学作品	C	B

得分（不计算答案C）：A 得分（　　）研究；B 得分（　　）实际；A 和 B 总分（　　）科学与工程

六、价值观

价值观是支配个体行为的总指挥，是个人行为和态度的基础，在同等条件下，不同价值观的人会表现出不同的行为和态度。通过职业价值观测试，可以了解自己的职业价值观倾向，这对个人职业选择、个人能力提升等有重要的作用，可以使个人在处理问题上更加成熟、理智和客观。

价值观的类型有不同的划分。美国社会心理学家罗克奇（Rokeach）提出目的性价值观和工具性价值观两类价值系统。德国教育学家斯普兰格（E. Spranger）认为，人的价值观有理论型、经济型、审美型、社会型、权力型和宗教型六种类型。其他的价值观理论还包括格雷夫斯的七等级价值观、日本学者的九类职业价值观等。

（一）罗克奇的两类价值系统

1. 目的性价值观（terminal values）

目的性价值观是指个体存在的最终目的，包括个人价值和社会价值，如个体存在的最终价值是为了得到真挚的友情，是为了创造和谐社会。目的性价值观是用来表示个体存在的理想化终极状态和结果。

2. 工具性价值观（instrumental values）

工具性价值观指达到目的性价值观的手段或行为模式，主要包括道德和能力两个方面。

（二）斯普兰格的六类型价值观

1. 理论型

表现为能冷静客观地观察事物，具有实验的、理性的和批判的爱好，对于实用和功利缺乏兴趣，如大多数的理论家、哲学家。

2. 经济型

表现为强调事物的实用性，凡事以有效和实用为尺度进行评价，如大多数的实业家。

3. 审美型

表现为以美为最高人生意义，喜欢从优雅、优美、对称等角度评价事物的价值，如艺术家。

4. 社会型

表现为利他与仁慈，该类型的人在生活中表现出关爱、宽容、富有同情心、无私等品德，如教育工作者、慈善工作者。

5. 权力型

该类型的人重视个人权力、影响力和声望，有支配和命令别人的欲望，不愿被人所控制。

6. 宗教型

该类型的人是理想信念主义者，如神学家。

第二节 自我认知的方法

一、职业能力倾向及其测试

能力倾向是一种潜在的与特殊的能力，它与经过学习训练而获得的才能是有区别的，它本身是一种尚未接受教育训练前就存在的潜能。职业能力倾向主要是指与个体成功地从事某种工作有关的能力因素。职业能力倾向测试包括一般能力倾向测试和特殊能力倾向测试。

（一）一般能力倾向测试

一般能力倾向测试（GATB）是由美国劳工部就业保险局设计的综合性职业倾向测试。本套测试由15个分测试构成，其中11个是笔试，另外4个是操作测试。全套测试可以测量9种能力倾向。

1. GATB 的项目

表2-4列出了 GATB 的15个分测试项目及其测试要求、测试目的，以及每项测试的时间限制。

2. 一般能力倾向与职业类型的匹配

GATB 不仅是一套能力倾向测试题，它还在测试基础上判定了15种与职业能力倾向相匹配的职业类型，具体如表2-5所示。

（二）特殊能力倾向测试

特殊能力倾向测试包括文书能力测试、机械能力测试、创造力倾向测试、音乐能力测试等。下面主要介绍前两种测试。

1. 文书能力测试

文书能力主要强调知觉反应的速度和动作的敏捷性，但实际工作除了需要这两种能力外，还需要言语表达能力和数字能力。

表 2-4　GATB 的具体项目、测试目的及时间限制

形式	测试项目	测试要求	得分标准	测试目的	时间限制
笔试	工具匹配测试	要求判断 4 个图形中哪一个与呈现的图形一致	答对得分	空间判断能力（S）形状知觉能力（P）	1 分 3 秒
	名词比较测试	比较、判定左右一对名词或数字的异同	答对得分	言语能力（V）	3 分
	画纵线（H）测试	在 15 秒内不要碰到 H 两侧的线，尽量多地画短线	正确画出短线，即得分	运动协调能力（K）	15 秒
	计算测试	进行加减乘除的计算	答对得分	数理能力（N）	3 分 30 秒
	平面图判断测试	判断改变上（左）框中图像的位置能构成选项中的哪一个图形	答对得分	空间判断能力（S）数理能力（N）	2 分
	打点速度测试	在连续排列的四方框中，用铅笔在框中尽快地打 3 个点，所打点合计数为得分	答对得分	运动协调能力（K）	30 秒
	立体图判断测试	判断将上（左）框中展开的图形折叠能构成选项中的哪一个图形	答对得分	智能即一般学习能力（G）数理能力（N）	1 分 30 秒
	算术应用测试	解答算术应用题	答对得分	书写知觉能力（Q）智能即一般学习能力（G）	3 分 30 秒
	词义测试	主要是词义辨析	答对得分	言语能力（V）智能即一般学习能力（G）	2 分
	打记号测试	在四方形框中，尽快地写入某记号	写入记号的数目为得分	运动协调能力（K）	30 秒

续表

形式	测试项目	测试要求	得分标准	测试目的	时间限制
笔试	形状匹配测试	从一组图形中选出大小和形状与另一组图形一样的各个图形	答对得分	空间判断能力（S）形状知觉能力（P）	2分
操作测试	插入测试	1. 使用手腕作业检查盘（上、下部各有48个孔，盘上部插有48根圆棒） 2. 要求两手同时从盘上部拔出圆棒，并插入盘下部对应的孔中	正确插入的次数为得分	手腕灵活度（M）	15秒（3次）
	调换测试	1. 使用手腕作业检查盘 2. 要求单手拔出一根棒，用一只手将拔出的棒上下翻转，插入原来的孔中	正确插入的次数为得分	手腕灵活度（M）	30秒（3次）
	组装测试	1. 使用手指灵巧检查盘（50个孔，附有金属铆钉和座圈） 2. 要求用一只手从盘上部的孔中拔出圆形铆钉，同时用另一只手从旁边的圆柱中拔出圆形座圈，将其安在铆钉上，仍用第一只手将铆钉插入与盘上部相对应的孔中	正确插入的次数为得分	手指灵活度（F）	1分30秒
	分解测试	1. 使用手指灵巧检查盘 2. 要求从盘下部的孔中拔出铆钉，将座圈取出，用一只手将座圈安在旁边的圆柱上，用另一只手将铆钉插入与盘下部拔出位置相对应的盘上部的孔中	正确插入的次数为得分	手指灵活度（F）	1分

注：表中提到的具体图形省略。

表 2-5　GATB 所判定的职业能力倾向与职业类型匹配表

序号	职业能力倾向	职业类型
1	G-V-N	人文系统的专门职业
2	G-V-Q	特别需要言语能力的事务性职业
3	G-N-Q	自然科学系统的专门职业
4	G-N-Q	需要数理能力的一般事务性职业
5	G-Q-K	处理机械事务的职业
6	G-Q-M	机械装置的操纵、运转及警备、保安职业
7	G-Q	需要一般性判断能力的职业
8	G-S-P	美术作业相关职业
9	N-S-M	设计、制图及电气职业
10	Q-P-F	制版、描图职业
11	Q-P	检查分类职业
12	S-P-F	造型、手指作业相关职业
13	S-P-M	造型、手臂作业相关职业
14	P-M	手臂作业相关职业
15	K-F-M	目视作业、身体性作业相关职业

（1）明尼苏达文书能力测试。该测试主要用于选拔和测评办公室人员、检验员等要求知觉能力的专业人员。测试分两部分，即数字比较和姓名比较，要求测试对象检查 200 对数字和 200 对姓名的异同。测试结果以正确题目数减去错误题目数计分。下面是其中某些试题的范例。

如果同一组的两个数或名称完全相同，则在中间的线上打"√"。

① 66273894——66273984；② 527384578——527384578；③ New York World——New York World；④ Cargilll GrainCo——Cargilll GrainCo。

（2）一般文书能力测试。一般文书能力测试是综合性文书能力测试，包括 9 个部分，按 3 种不同的能力分 3 组计分。该测试时间约为 50 分钟，测试结果为 3 个组的分数总和。表 2-6 列出了 3 种能力对应的分测试。

表 2-6　一般文书能力测试明细表

所测的能力	具体分测试	测试目的
文书速度和准确程度	校对排列测试	测试一般的文书能力
	字母排列测试	

续表

所测的能力	具体分测试	测试目的
数字能力	简单计算测试	测试潜在的算术能力
	指出错误测试	
	算术推理测试	
言语流畅能力	拼字测试	测试语言流利方面的能力
	阅读理解测试	
	字词和方法测试	

（3）计算机操作能力测试。随着计算机在办公自动化中的作用越来越重要，文书人员被要求具有熟练的计算机操作能力。

计算机操作能力测试包括三个分测试，分别是序列再认测试、格式检查测试（检查字母和数字遵从的特定格式）、逻辑思维测试，主要用来评价在学习计算机操作方面的重要能力倾向。

2. 机械能力测试

机械能力测试起源于工业或军事测试中的特殊能力倾向测试。经研究发现，在机械能力方面一般存在着性别差异，男性通常在空间和机械理解方面占优势，而女性则在手部灵巧度与知觉辨别方面占优势，且这种差异与年龄成正比，与文化也有一定关联。美国明尼苏达大学的帕特森（D. G. Paterson）及其同事对机械能力作了严格的分析，编制出以下三个测试。

（1）明尼苏达机械合并测试。空间知觉是机械能力中非常重要的因素，这种因素主要用于衡量人们的立体知觉及空间操作能力。该测试要求被测人员拼排随机排放的机械物体，目的在于衡量人们动作的敏捷性、空间知觉及机械理解能力。

（2）明尼苏达空间关系测试。这套测试包括A、B、C、D四块板，两套几何形状的木块，要求被测人员将一套几何形状的木块插在A板和B板的凹陷处，另一套插在C板和D板的凹陷处。测试开始时，这些木块都是零散摆放的，被测人员的任务是捡起木块并尽快地放入板中凹陷处。

插完所有木块所需时间为 10~20 分钟，成绩按时间标准和错误次数记分。

（3）明尼苏达书面形式拼板测试。此测试属于明尼苏达空间关系测试的笔试。题目采用多选形式，每题包括一个分解的几何图案和五个选项图案，要求被测人员从五个选项图案中选择一个图案填补到分解的几何图案中，使其拼凑成一个完整的几何图形。研究表明，在测量三维空间的立体视觉和操作能力方面，这个测试是既有效又有用的工具之一，信度系数为 0.80~0.89。

二、人格测试

常用的人格测试工具包括自陈量表和投射测试。

（一）自陈量表

常见的人格测试大部分都采用自陈量表的形式，即让被测者通过回答一系列的问题来提供关于个人人格特征的报告。自陈量表具有题量较大、记分规则简单、测试方便、测试分数容易解释等优点。常用的人格测试自陈量表主要有卡特尔 16 种性格因素测评量表、艾森克人格测试问卷和 DISC 个性测评量表。

1. 卡特尔 16 种性格因素测评量表（16PF 量表）

16PF 量表是有关性格的自测量表之一，主要用于教育及教育辅导、心理障碍、身心疾病的预防、诊断、治疗，以及人才的选拔和培养。在实际工作中，16PF 量表中的 16 种因素可以分开使用，也可以合并应用。表 2-7 详细列出了 16 种性格因素，并描述了高、低分者的人格特征、职业倾向。

2. 艾森克人格测试问卷（EPQ）

EPQ 由英国的艾森克夫妇编制，主要用来测量人们在内外倾向、神经质（情绪性）、心理变态（精神质）这三个方面的表现程度。采用是非题的形式，被测者的回答与所述情形一致记 1 分，否则记 0 分。EPQ 有四个分量表，分别为 P、E、N、L 量表。P、E、N 分别代表三个维度，L 是后加的效度量表，测量说谎和掩饰性。表 2-8 列出了各个量表的高、低分特征。

表2-7　16种性格因素详细列表

因素	名称	作用	低分者特征	职业倾向	高分者特征	职业倾向
A	乐群性	测试被测者与外界环境间的适应性、交流情况	缄默、孤独、冷漠	创造性的工作，如科学家、音乐家、作家等	外向、热情、乐群	社会性的工作，如管理、公关、营销等工作
B	聪慧性	测试被测者的智力及其可发展情况	思想迟钝、学识浅薄，抽象思维能力差	简单劳动	聪慧，富有才识，善于抽象思考	复杂的脑力劳动
C	稳定性	测试被测者的情绪特征，情绪控制能力	情绪容易激动，易烦躁	富有变化的工作，如艺术、创作等工作	情绪稳定而成熟，能够面对现实	技术性、管理性工作，如技术员、管理者、医护人员等
E	恃强性	测试被测者的恃强、倔强性情况	谦逊、服从、恭顺	教育、医疗、服务性工作	好强、固执、独立、积极	政治、军事、管理等方面的领导工作及富有挑战性的工作
F	兴奋性	测试被测者的兴奋特质	严肃、审慎、冷静、少言	会计、行政人员、工程师、科研人员等	轻松、易兴备、随遇而安	运动员、商人、飞行员、空姐等
G	有恒性	测试被测者做事时一般是权衡利弊、敷衍还是有恒、尽责	权衡利弊、敷衍，不信守始终如一	艺术、文化、演艺、社交等自由度大的工作	有恒、做事尽职尽责	财务工作者、图书管理员、档案资料和图书资料管理等工作
H	敢为性	测试被测者是否有冒险敢为的人格特征	畏怯、懦弱、缺乏自信	编辑、档案资料和图书资料管理工作	冒险、敢为、少有顾虑	商人、企业中高层管理人员等
I	敏感性	测试被测者对外界的敏感程度	理智、注重现实	销售经理、工程师、技师等	敏感、感情用事	演员、作家、艺术工作者等

续表

因素	名称	作用	低分者特征	职业倾向	高分者特征	职业倾向
L	怀疑性	测试被测者的处世怀疑态度	随和、易与人相处	会计、飞行人员、基层管理人员等	多疑、刚愎自用、固执己见	艺术家、中高层管理人员、创造性科研人员等
M	幻想性	测试被测者的幻想力、想象力	现实、合乎常规、力求妥善合理	务实、规范、有章可循、重复性强的工作	爱幻想、狂妄、任性	富有变化性、挑战性的工作
N	世故性	测试被测者在为人处世方面的世故、老练情况	坦白、直率、天真	艺术家、普通工人等	精明、能干、世故	企业家、商人、服务人员等
O	忧虑性	测试被测者是否有忧郁状况	沉着、自信、坦然、易适应环境、有时自命不凡	行政人员、机械师、工程师等	忧愁、抑郁、自寻烦恼	艺术家等
Q_1	实验性	测试被测者对环境的批评性特征	保守、服从传统观念和行为标准	商人、家政人员等	自由、激进、不拘泥于现实	作家、工程师、发明家等
Q_2	独立性	测试被测者的独立能力	依赖、附和、随群	厨师、保姆、护士、社会工作者等	自立、当机立断	工程师、科研人员、教授、作家、中高层管理人员等
Q_3	自律性	测试被测者处世时的自律、自觉情况	易与他人发生矛盾冲突、不识大体	艺术家、演员等	识大体、自律严谨	行政领导、飞行员、机械师、科学家等
Q_4	紧张性	测试被测者的焦虑、紧张情况	心平气和、闲散宁静	空姐、飞行员、海员等	紧张、困扰、激动	记者、作家、演艺人员等

表 2-8　　　　　EPQ 各分量表的高分者与低分者特征

量表名称	简称	低分者特征	高分者特征
内外倾向量表	E	内向，喜静、内省，对人比较冷淡，不喜欢刺激，喜欢有秩序的生活	外向，喜好交际，渴望刺激和冒险，易冲动
神经质（情绪性）量表	N	情绪稳定、性情温和，善于自我控制，不易焦虑	易焦虑、担忧，情绪不稳定，甚至有强烈的情绪反应，以致出现不理智的行为
心理变态（精神质）量表	P	乐群、乐于关心他人，容易适应新环境，为人处世温和、善解人意	孤独、倔强、固执、粗暴、强横，不关心他人，难以适应外部环境，不近人情，感觉迟钝，与他人关系不佳，喜寻衅闹事
效度量表	L	表示朴实、单纯、幼稚	表示老成、圆滑

3. DISC 个性测评量表

DISC 个性测评包括若干组描述个性特征的形容词，被测者要根据自己的第一感觉，从中选出最适合自己和最不适合自己的形容词。由于这个量表所考查的维度与管理绩效相关，所以常用于对企业管理人员素质的测评。DISC 四个维度分别为支配性（dominance）、影响性（influence）、稳定性（steadiness）、服从性（compliance），其具体内容如图 2-1 所示。

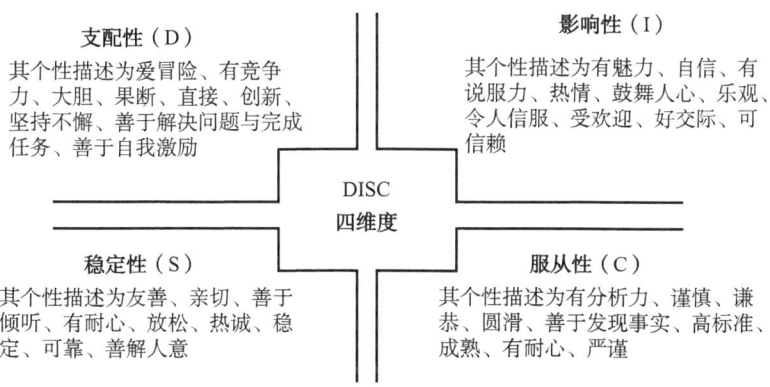

图 2-1　DISC 四维度

（二）投射测试

投射是指个人把自己的思想、态度、愿望、情绪、性格等个性特征，不自觉地反应于外界事物或他人的一种心理作用过程。投射测试是指向被测人员提供一些未经组织的刺激情境，让其在不受限制的情境下，自由地表现出反应，通过分析反应的结果，就可以推断其人格特征。

投射测试主要用于对人格、动机等内容的测评，要求被测人员对一些模棱两可或模糊不清、结构不明确的刺激作出描述或反应，通过对这些描述或反应的分析来推断被测人员的内在心理特点。

1. 罗夏墨迹测试

罗夏墨迹测试有两个实施阶段，一是自由联想阶段，要求被测人员根据所看到的说出所想，测评人员根据其反应进行记录；二是询问阶段，由测评人员按图片的顺序逐一询问被测人员。

2. 主题统觉测试法

此方法要求被测人员根据所呈现的图片自由联想编造故事，解释图形中是什么情景，图中情景发生的原因，说明演变下去是什么结果以及对情景的感想。

3. 完成句子测试法

完成句子测试法包括40个未完成的句子，根据被测人员的反应，可将其情感、态度、观念等投射出来，如我喜欢（　　）、我恨（　　）、大部分女孩子（　　）等。一般来说，被测人员的反应分为三种，一是C（conflict）反应，代表冲突或不健康的反应；二是P（positive）反应，代表积极或健康的反应；三是N（neutral）反应，代表缺乏情调的中性反应，凡不属于C、P的反应都属于N反应。

三、品德测评

品德测评是指一种建立在对品德特征信息"测"与"量"基础上的分析与判断活动。品德测评主要由三部分构成，即个体行为空间、同态映射和测评向量空间。个体行为空间就是评价被测评者某一时期品德行为的总和。同态映射是个体行为空间与测评向量空间之间的对应关系。测评向量空间是品德测评结果可能选择的空间。

（一）FRC 品德测评法

FRC 品德测评法是指事实报告计算机辅助分析的考核性品德测评方法。该方法的主要思想是借助计算机分析技术从个体品德结构要素中确定一些基本要素，再从基本要素中选择一些表征行为或事实，然后要求被测评者就是否具备这些表征行为与事实予以报告。报告的方式可以是个别谈话，也可以是集体问卷。

每个人员所表征的行为经过光电信息处理后，即储存于个人品行信息库中，然后计算机根据专家仿真系统对被测评人员报告的表征行为进行分析，作出定性或定量的评定。

FRC 品德测评法的操作流程如图 2-2 所示。

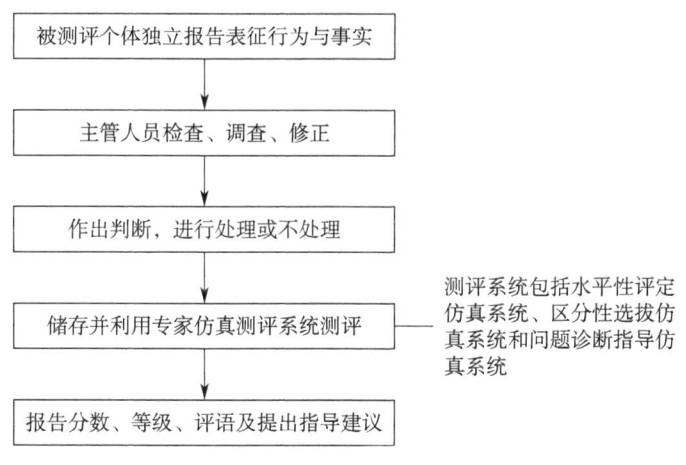

图 2-2　FRC 品德测评法的操作流程

（二）OSL 品德测评法

OSL 品德测评法是一种以品德素质开发为目的的行为测评方法，或者称为开发性品德测评，是发挥测评开发作用的一种实体建构模式。其中，O 代表 on（做到），S 代表 short（稍差），L 代表 long（较差需努力）。

OSL 品德测评法在实际执行过程中，为了避免实际打分或评语给被测评人员带来的刺激，这里使用折中的方法，将测评结果划分成"做到""稍差""较差需努力"三种情况，并代以 O、S、L 的符号，使记录简便又避免了刺激。

OSL 品德测评法中，通常会以下列公式计算总分：

$$P=(3/2) \times m_1 + m_2 + (1/2) \times m_3 \quad 或 \quad P=(1/2) \times (3m_1 + 2m_2 + m_3)$$

其中，m_1 为 O 的个数，m_2 为 S 的个数，m_3 为 L 的个数，P 为总分。

分数仅作比较使用，报告时采用优秀、良好、中等、尚可、需努力等词语，$P \geq 85$ 为优秀，$85 > P \geq 75$ 为良好，$75 > P \geq 65$ 为中等，$65 > P \geq 55$ 为尚可，$P < 55$ 为需努力。对于被测人员的个性特征、突出事例，还要辅以文字描述。

四、职业兴趣测试

职业兴趣测试的方法有很多，总体说来主要有兴趣表达法、行为观察法、能力测试和兴趣问卷四种。

（一）兴趣表达法

兴趣表达法即直接要求被测人员回答自己的职业兴趣是什么，但由于有些人的自我认知不清晰，有些人根本不清楚自己的兴趣是什么，所以这种直接表达兴趣的方法有时不是很准确。

（二）行为观察法

行为观察法即通过观察被测人员参与活动的种类、数量、倾向和在各种情境中的行为来了解其职业兴趣。这种方法与事实记录法类似，一般情况下这种方法费时较长，不适宜用于大规模的人员测评。

（三）能力测试

能力测试即通过测试被测人员掌握某种职业的词汇及相关知识的多少来推断其对某职业的兴趣高低。这种方法对于职业词汇及相关知识的设计要求较高，比较适用于选拔性测评。

（四）兴趣问卷

兴趣问卷即通过纸笔测试的形式来测量被测人员的职业兴趣倾向。这种方法节约成本和时间，适用于对群体施测，且其信度和效度比较容易保证，在选拔性测评和配置性测评中的运用广泛。如霍兰德职业兴趣测试量表、斯特朗－坎贝尔个人兴趣问卷等。

五、其他自我认知方法

（一）内省法

内省法（introspection）又称"自我观察法"，是由美国心理学家乔治·凯利（George Kelly）所研究出来的一种方法，属其个性形成理论的一部分。

内省法主要有以下两种方式：

1. 个人凭着非感官的知觉审视其自身的某些状态和活动以认识自己。

2. 要求被测者把自己的心理活动报告出来，然后通过分析报告资料得出某种心理学结论。

通过内省法对培训效果进行评估，能够使个人清楚地了解到自己的观念，让个人可以用一面镜子找出自己对某类事物的看法。因此，内省法能够预测到被测者对事物认识的变化，可以评估培训效果。为了保证这一效果，内省法的运用应按照图2-3所示的程序进行。

（二）记录成长经历法

每个人的成长都是有积累的，将这些成长过程整理、记录下来，也是自我认知的一种方法。例如，可以采取日记记录、拍照记录、录音记录、录像记录、总结记录等方式。

1 决定分析主题阶段
内省法的分析主题应确保与培训的目标相关，如好的培训讲师和差的培训讲师的区别是什么？

2 分析工具准备阶段
准备6张50毫米×50毫米的小纸片或卡片，并制作一份内省法打分表。

3 人员准备阶段
（1）根据分析主题选择6名人员（也可选择8名或10名，但边际效益是递减的），要求对每个人员有充分的了解，并能够详细说出他们的工作表现情况。
（2）根据6名人员水平的差异，将其分为三组：最有能力的两人一组，较有能力的两人一组，最没有能力的两人一组。
（3）每张卡片上写一个人的名字（要求是假名，以确保评估的效果），将卡片顺序打乱，再用A~F 6个字母分别给6张卡片做上标记。

4 全面实施阶段
（1）内省法打分表中每一行都有3个星号，其中第一行的星号在A、B、C三栏，从6张卡片中挑出标有A、B、C的卡片。
（2）1) 把卡片A、B、C并放在一起；2) 考虑这3个人所做的与内省法主题相关的事情，找出其中两人共有的行为（找出一个能表明两人特征的可观察到的行为，填入第一行左边第一格内），该行为把他们与第三个人区分开来；3) 找出第三个人与另外两人在行为上的区别，并将这一区别描述出来，填入第一行右边第一格内。
（3）将卡片A、B、C放回，并以相同的方法依次分析以下各行。

5 排序计分阶段
（1）对内省法打分表内的第一行进行编号排序：1) 将6张卡片在面前摆开。2) 6人中与左边第一格描述最接近的编号为1，与右边第一格描述最接近的编号为6；与左边第一格描述第二接近的编号为2，与右边第一格描述第二接近的编号为5，依次类推，直到第一行编号完毕。3) 将编号填入内省法打分表内第一行相应的表格中。
（2）依照同样的方法，依次对内省法打分表内的其他行进行编号排名。
（3）对内省法打分表内的最后一行进行编号排序：将测评者主观认为最有效的编号为1，最无效的编号为6；主观认为第二有效的编号为2，第二无效的编号为5；依次类推，直到编号完毕。将编号填入内省法打分表内最后一行相应的表格中。
（4）将最后一行的编号与第一行进行对比，在每一栏内将较小的数字从较大的数字中减去，然后把所有的差相加，再将相加所得的总数圈起来，填入表中最后一格内。
（5）以同样的方法，依次将最后一行的编号与其他各行进行对比，直至完成。
（6）看画圈的分数列，若数值大于或等于12分，表明该行左侧的行为对整体效果排序不重要，应作出相应处理：把该行排名反过来，即1变成6，2变成5等；再将该行与最后一行重新进行对比计算。
（7）看画圈的分数列，将4分（包括4分）以上的行为舍弃，剩余的行为则是测评者认为的与整体排序效果密切相关的指标，体现了测评者自己的主观看法。

图 2-3　内省法的运用程序

（三）他人评价法

内省法和记录成长经历法都是从自我的角度进行自我认知，但仅从自我角度认知自己，有时候会存在盲点，而通过他人评价法可以消除盲点，更准确地进行自我认知。

他人评价法就是通过他人对自己的态度和行为方式的评价来了解自己。他人评价法能够得出较客观的定位。他人评价法一般是通过同事、朋友和上级进行评价。

本章自测题

1. 自我认知的三个角度分别是什么？
2. 品德有哪些结构类型？
3. FRC 品德测评法的操作流程有哪些？

课程实训

下面给出霍兰德职业兴趣测试题，可尝试测试分析个人匹配的职业类型。

霍兰德职业兴趣测试

本测试将帮助你发现和确定自己的职业兴趣和能力特长，从而更好地作出求职择业的决策。如果你已经考虑好或选择好了自己的职业，本测试将使你的考虑或选择具有理论基础，或向你展示其他合适的职业；如果你至今尚未确定职业方向，本测试将帮助你根据自己的情况选择一个恰当的职业目标。

本测试共有 7 个部分，每部分测试都没有时间限制，但请你尽快按要求完成。

第1部分　你心目中的理想职业（专业）

对于未来的职业（或升学进修的专业）你也许早有考虑，它可能很抽象、很模糊，也可能很具体、很清晰。不管是哪种情况，现在都请你把最想从事的三种职业或最想读的三种专业，按顺序写下来。

1. _____
2. _____
3. _____

好，第1部分已完成。现在请继续做第2部分。

第2部分　你所感兴趣的活动

下面列举了一些十分具体的活动。这些活动无所谓好坏，如果你喜欢去参加（包括过去、现在或将来），就请在相应题号上画个"√"，如果不喜欢就请画"×"。注意，这一部分测试主要想确定你的职业兴趣，而不是让你选择工作，你喜欢某种活动并不意味着你一定要从事这方面的工作。答题时不必考虑过去是否做过和是否擅长这种活动，只根据你的兴趣直接判断即可。请务必做完每一题目。

一、R型（现实型活动）

你喜欢做下列事情吗？

1. 装配、修理电器。
2. 修理自行车。
3. 拼装机器或机器零件。
4. 做木工活。
5. 驾驶卡车或拖拉机。
6. 操作机床。
7. 驾驶摩托车。
8. 上金属工艺课。
9. 上机械制图课。
10. 上木工手艺课。
11. 上电气自动化技术课。

选择"√"的总数：_____

二、I 型（研究型活动）

你喜欢做下列事情吗？

1. 阅读科技书刊。

2. 在实验室工作。

3. 研究某个科研项目。

4. 制作飞机、汽车模型。

5. 做化学实验。

6. 阅读专业性论文。

7. 解一道数学或棋艺难题。

8. 上物理课。

9. 上化学课。

10. 上几何课。

11. 上生物课。

选择"√"的总数：_____

三、A 型（艺术型活动）

你喜欢做下列事情吗？

1. 素描、制图或绘画。

2. 表演戏剧、小品或相声节目。

3. 设计家具或房屋。

4. 在舞台上演唱或跳舞。

5. 演奏一种乐器。

6. 阅读流行小说。

7. 听音乐会。

8. 从事摄影创作。

9. 阅读电影、电视剧本。

10. 读诗、写诗。

11. 上书法美术课。

选择"√"的总数：_____

四、S型（社会型活动）

你喜欢做下列事情吗？

1. 给朋友们写信。
2. 参加学校、单位组织的正式活动。
3. 加入某个社会团体或俱乐部。
4. 帮助别人解决困难。
5. 照看小孩。
6. 参加宴会、茶话会或联欢晚会。
7. 跳交谊舞。
8. 参加讨论会或辩论会。
9. 观看运动会或体育比赛。
10. 寻亲访友。
11. 阅读与人际交往有关的书刊。

选择"√"的总数：_____

五、E型（企业型活动）

你喜欢做下列事情吗？

1. 对他人做劝说工作。
2. 买东西与人讨价还价。
3. 讨论政治问题。
4. 从事个体或独立的经营活动。
5. 出席正式会议。
6. 做演讲。
7. 在社会团体中做一名理事。
8. 检查与评价别人的工作。
9. 结识名流。
10. 带领一群人去完成某项任务。
11. 参与政治活动。

选择"√"的总数：_____

六、C 型（常规型活动）

你喜欢做下列事情吗？

1. 保持桌子和房间整洁。

2. 抄写文章或信件。

3. 开发票、写收据或打回条。

4. 用算盘或计算机计算。

5. 记流水账或备忘录。

6. 上打字课或学速记法。

7. 上会计课。

8. 上商业统计课。

9. 将文件、报告、记录分类与归档。

10. 为领导写公务信函与报告。

11. 检查个人收支情况。

选择"√"的总数：_____

好，第 2 部分已完成，现在请继续做第 3 部分。

第 3 部分　你所擅长或胜任的活动

下面从 6 个方面分别列举了一些十分具体的活动，以确定你具备哪一方面的工作特长。回答时，只需考虑你过去或现在对所列活动是否擅长、胜任，不必考虑你是否喜欢这种活动。如果你认为自己擅长从事某一活动，就请在相应题号上画"√"，如果不擅长，就请画"×"。注意，你如果从未从事过某一活动，那就请考虑你将来是否会擅长从事该项活动。请务必做完每一题目。

一、R 型（现实型能力）

你擅长做或能够胜任下列事情吗？

1. 使用锯子、钳子、车床、砂轮等工具。

2. 使用万能电表。

3. 给自行车或机器加油，使它们正常运转。

4. 使用钻床、研磨机、缝纫机等。

5. 修整木器、家具表面。

6. 看机械、建筑设计图纸。

7. 修理结构简单的家用电器。

8. 制作简单的家具。

9. 绘制机械设计图纸。

10. 修理收录音机的简单部件。

11. 疏通、修理自来水管或下水道。

选择"√"的总数：_____

二、I 型（研究型能力）

你擅长做或能够胜任下列事情吗？

1. 了解真空管的工作原理。

2. 知道三种以上蛋白质含量高的食物。

3. 知道一种放射性元素的"半衰期"。

4. 使用对数表。

5. 使用计算器或计算尺。

6. 使用显微镜。

7. 辨认三个星座。

8. 说明白细胞的功能。

9. 解释简单的化学分子式。

10. 理解人造卫星不会落地的原理。

11. 参加科技竞赛或科研成果交流会。

选择"√"的总数：_____

三、A 型（艺术型能力）

你擅长做或能够胜任下列事情吗？

1. 演奏一种乐器。

2. 参加二重唱或四重唱表演。

3. 独奏或独唱。

4. 扮演剧中角色。

5. 说书或讲故事。

6. 表演现代舞或芭蕾舞。

7. 进行人物素描。

8. 进行油画或雕塑创作。

9. 制作陶器、捏泥塑或剪纸。

10. 设计服装、海报或家具。

11. 写得一手好文章。

选择"√"的总数：_____

四、S型（社会型能力）

你擅长做或能够胜任下列事情吗？

1. 善于向别人解释问题。

2. 参加慰问或救济活动。

3. 善于与人合作并配合默契。

4. 殷勤待客。

5. 能深入浅出地教育儿童。

6. 为一次宴会安排娱乐活动。

7. 帮助他人解决困难。

8. 帮助护理病人或伤员。

9. 安排学校或社团组织的各种集体事务。

10. 善察人心或善于判断人的性格。

11. 善与年长者相处。

选择"√"的总数：_____

五、E型（企业型能力）

你擅长做或能够胜任下列事情吗？

1. 在学校里当过班干部并且干得不错。

2. 善于督促他人工作。

3. 善于使他人按你的习惯做事。

4. 做事具有超常的精力和热情。

5. 能做一个称职的推销员。

6. 代表某个团体向有关部门提出建议或反映意见。

7. 担任领导期间获过奖或受到表扬。
8. 说服别人加入你所在的团体（俱乐部、运动队、工作或研究组等）。
9. 创办一家商店或企业。
10. 知道如何做一名成功的领导人。
11. 有很好的口才。

选择"√"的总数：_____

六、C 型（常规型能力）

你擅长做或能够胜任下列事情吗？

1. 一天能誊抄近一万字。
2. 能熟练地使用算盘或计算器。
3. 能够熟练地使用中文打字机。
4. 善于将书信、文件迅速归档。
5. 做过办公室职员工作且干得不错。
6. 核对数据或文章时既快又准确。
7. 会使用外文打字机或复印机。
8. 善于在短时间内分类和处理大量文件。
9. 记账或开发票时既快又准确。
10. 善于为自己或集体作财务预算（表）。
11. 能迅速誊清贷方和借方的账目。

选择"√"的总数：_____

好，第 3 部分已完成，现在请继续做第 4 部分。

第 4 部分　你所喜欢的职业

下面列举了许多职业，对这些职业的基本情况你或多或少都有所了解，并在此基础上形成了自己的评价态度。如果你喜欢某个职业的话，请在相应题号上打"√"，如果不喜欢则打"×"。这一部分测试也要求每题必做。

一、R 型（现实型职业）

你喜欢下列职业吗？

1. 飞行机械技术人员。

2. 鱼类和野生动物专家。

3. 自动化工程技术人员。

4. 木工。

5. 机床安装工或钳工。

6. 电工。

7. 无线电报务员。

8. 长途汽车司机。

9. 火车司机。

10. 机械师。

11. 测绘、水文技术人员。

选择"√"的总数：_____

二、I 型（研究型职业）

你喜欢下列职业吗？

1. 气象研究人员。

2. 生物学研究人员。

3. 天文学研究人员。

4. 药剂师。

5. 人类学研究人员。

6. 化学研究人员。

7. 科学杂志编辑。

8. 植物学研究人员。

9. 物理学研究人员。

10. 科普工作者。

11. 地质学研究人员。

选择"√"的总数：_____

三、A型（艺术型职业）

你喜欢下列职业吗?

1. 诗人。

2. 文学艺术评论家。

3. 作家。

4. 记者。

5. 歌唱家。

6. 作曲家。

7. 剧本写作人员。

8. 画家。

9. 相声演员。

10. 乐团指挥。

11. 电影演员。

选择"√"的总数：_____

四、S型（社会型职业）

你喜欢下列职业吗?

1. 街道、工会或妇联负责人。

2. 中学教师。

3. 青少年犯罪问题专家。

4. 中学校长。

5. 心理咨询人员。

6. 精神病医生。

7. 职业介绍所工作人员。

8. 导游。

9. 青年团负责人。

10. 福利机构负责人。

11. 婚姻介绍所工作人员。

选择"√"的总数：_____

五、E型（企业型职业）

你喜欢下列职业吗？

1. 供销科长。
2. 推销员。
3. 旅馆经理。
4. 商店管理人员。
5. 厂长。
6. 律师或法官。
7. 电视剧制作人。
8. 餐饮店经理。
9. 代理人。
10. 服装批发商。
11. 企业管理咨询人员。

选择"√"的总数：_____

六、C型（常规型职业）

你喜欢下列职业吗？

1. 簿记员。
2. 会计师。
3. 银行出纳员。
4. 法庭书记员。
5. 人口普查登记员。
6. 成本核算员。
7. 税务工作者。
8. 校对员。
9. 打字员。
10. 办公室秘书。
11. 质量检查员。

选择"√"的总数：_____

好，第4部分已完成。现在请继续做第5部分。

第5部分　你的能力类型简评

表1和表2是你在6个职业能力方面的自我评分表。你可以先与同龄人比较一下自己在每一方面的能力，然后经斟酌以后对自己的能力作出评价。评分时请在表中适当的数字上画圈。数字越大表示你的能力越强。

注意，请勿全部圈画同样的数字，因为人的每项能力不可能完全一样。

表1　　　　　　　　　　职业能力自评表（A）

	R型 机械操作能力	I型 科学研究能力	A型 艺术创造能力	S型 解释表达能力	E型 商业洽谈能力	C型 事务执行能力
高 中 低	7 6 5 4 3 2 1	7 6 5 4 3 2 1	7 6 5 4 3 2 1	7 6 5 4 3 2 1	7 6 5 4 3 2 1	7 6 5 4 3 2 1

表2　　　　　　　　　　职业能力自评表（B）

	R型 体力技能	I型 数学技能	A型 音乐技能	S型 交际技能	E型 领导技能	C型 办公技能
高 中 低	7 6 5 4 3 2 1	7 6 5 4 3 2 1	7 6 5 4 3 2 1	7 6 5 4 3 2 1	7 6 5 4 3 2 1	7 6 5 4 3 2 1

好，第5部分已完成，请继续做第6部分。

第6部分 统计和确定你的职业倾向

请将第2部分至第5部分的全部测试分数按前面已统计好的6种职业倾向（R型、I型、A型、S型、E型和C型）得分填入表3，并作纵向相加。

表3　　　　　　　　　　职业兴趣测试得分表

测试	R型	I型	A型	S型	E型	C型
第2部分						
第3部分						
第4部分						
第5部分（A）						
第5部分（B）						
总分						

请将表3中的6种职业倾向总分按大小顺序依次从左到右重新排列：
_____型、_____型、_____型、_____型、_____型、_____型
最高分 ⟵ 你的职业倾向性得分 ⟶ 最低分

得分最高的职业类型意味着最适合你的职业。假如你在I型上得分最高，说明你适合做自然科学方面的研究工作，如气象学研究、生物学研究、天文学研究等，或科学杂志编辑，其余以此类推。

如果最适合你的职业和你在第1部分所写的理想职业不太一致，或者在各种类型的职业上你的能力和兴趣不相匹配，那么请参照第7部分——职业价值观来作出最佳选择。比方说，假如第2部分你在I型上得分最高，但第3部分你在A型上得分最高，那么请参考你最看重的因素：假如你最看重"8.能充分发挥自己的能力特长"或"2.工作环境（物质方面）舒适"，那么A型职业最适合你；假如你最看重"10.能从事自己感兴趣的工作"或"4.工作稳定有保障"，那么I型职业最适合你；假如你最看重的是其他因素，那么请向A型职业方面的专家咨询，选择和你的职业价值观最接近的工作。

第7部分　你所看重的东西——职业价值观

这一部分测试列出了人们在选择工作时通常会考虑的10项要素（见附1工作价值标准）。现在请你在其中选出对你最重要的两项因素，以及最不重要的两项因素，并将序号填入下面相应横线上。

最　重　要：_____

最不重要：_____

次　重　要：_____

次不重要：_____

附1　工作价值标准

1. 工资高、福利好。
2. 工作环境（物质方面）舒适。
3. 人际关系良好。
4. 工作稳定有保障。
5. 能提供较好的受教育机会。
6. 有较高的社会地位。
7. 工作不太紧张、外部压力小。
8. 能充分发挥自己的能力特长。
9. 社会需要与社会贡献较大。
10. 能从事自己感兴趣的工作。

以上全部测试完毕。

现在，将你测试得分居第一位的职业类型找出来，根据附2职业索引判断一下适合自己的职业类型。

附2　职业索引——职业兴趣代号与其相应的职业对照

R（现实型）：喜欢技艺性或机械性的工作，如机械维修、木工、烹饪、电气技术等，也称体能取向、机械取向。这类人通常具有机械技能和较好的体力，喜欢户外工作，乐于使用各种工具和机器设备。他们喜欢同事务而不是同人打交道的工作。他们真诚、谦逊、敏感、务实、朴素、节俭、腼腆。

对应的职业：木匠、农民、操作X光的技师、工程师、飞机机械师、鱼类和野生动物专家、自动化技师、机械工（车工、钳工等）、电工、无线电报务员、火车司机、长途公共汽车司机、机械制图员、修理工、电器师等。

I（研究型）：喜欢各种研究性工作。这类人通常具有较高的数学和科学研究能力，喜欢独立工作，喜欢解决问题；喜欢同观念而不是同人或事务打交道。他们逻辑性强、好奇心强、聪明、仔细、独立、简朴。

对应的职业：气象学家、生物学家、天文学家、药剂师、动物学家、化学家、地质学家、植物学家、物理学家、数学家、科学报刊编辑、实验员、科研人员等。

A（艺术型）：喜欢艺术性工作，如音乐、唱歌、跳舞等。这类人往往具有某些艺术技能，喜欢创造性的工作，富有想象力。他们通常喜欢同观念而不是同事务打交道。他们较开放、想象力丰富、独立、有创造性。

对应的职业：室内装饰设计师、图书管理员、摄影师、音乐教师、作家、演员、记者、诗人、作曲家、编剧、雕刻家、漫画家等。

S（社会型）：喜欢社会交往性的工作。这类人通常喜欢周围有别人存在，对别人的事很感兴趣，乐于帮助别人解决难题。他们喜欢与人而不是与事务打交道。他们助人为乐、有责任心、热情、善于合作、友好、善良、慷慨、耐心。

对应的职业：社会学家、导游、福利机构工作者、咨询人员、社会工作者、社会科学教师、学校领导、公共保健护士等。

E（企业型）：喜欢诸如推销、服务、管理类型的工作。这类人通常具有领导才能，口才好，对金钱和权力感兴趣，喜欢影响、控制别人。他们喜欢同人和观念而不是同事务打交道。他们热爱户外交际、冒险、精力充沛、乐观、和蔼、细心、抱负心强。

对应的职业：推销员、进货员、商品批发员、旅馆经理、饭店经理、广告宣传员、调度员、律师、政治家、零售商等。

C（常规型）：喜欢传统的工作。这类人有很好的计算能力，喜欢室内工作，乐于整理、安排事务。他们往往喜欢同文字、数字打交道，比较务实、细心、节俭、做事利索、有条理、有耐心。

对应的职业：记账员、会计、银行出纳、速记员、成本估算员、税务员、核算员、打字员、办公室职员、统计员、计算机操作员等。

下面介绍与你三个代号的职业兴趣类型一致的职业表，对照的方法如下：首先根据你的职业兴趣代号，在下面找出相应的职业，例如你的职业兴趣代号是RIA，那么牙科技术人员、陶工等是适合你兴趣的职业；然后寻找与你职业兴趣代号相近的职业，如你的职业兴趣代号是RIA，那么，其他由这三个字母组合成的编号（如IRA、IAR、ARI等）对应的职业，也比较适合你。

RIA：口腔卫生技师、陶工、建筑设计师、模型工、细木工、链条制作员等。

RIS：厨师、林务员、跳水运动员、潜水员、染色员、电器修理工、眼镜加工师、电工、纺织机器装配工、服务员、玻璃安装工、焊接工等。

RIE：工程技术人员（如建筑和桥梁工程、环境工程、航空工程、公路工程、电力工程、信号工程、电话工程、一般机械工程、自动工程、矿业工程、海洋工程、交通工程等技术人员）、制图员、家政经纪人员、计量员、农民、农场工人、农业机器操作员、清洁工、无线电修理工、汽车修理工、手表修理工、管道工、线路装配工、仓库管理员等。

RIC：船员、接待员、保管员、牙医助手、制帽工、磨坊工、石匠、机器制造工、机车（火车头）制造工、农业机器装配工、汽车装配工、缝纫机装配工、钟表装配和检验员、电动器具装配工、鞋匠、锁匠、货物检验员、电梯维修工、托儿所所长、钢琴调音师、印刷工、建筑和钢铁工人、卡车司机等。

RAI：手工雕刻工、玻璃雕刻工、模型制作工、家具木工、皮革品制作工、手工绣花工、手工钩针编织工、排字工、印刷工、图画雕刻工、装订工等。

RSE：消防员、警察、门卫、理发师、清洁工、屠宰工、锻工、矿井开掘工、管道安装工、出租汽车司机、搬运工、送报员、勘探员、娱乐场所服务员、起卸机械操作工等。

RSI：纺织工、编织工、农业学校教师、职业课程教师（如艺术、商业、技术、工艺课程）、雨衣上胶工等。

REC：抄表员、保姆、实验室动物饲养员、动物管理员等。

REI：轮船船长、航海领航员、大副、试管实验员等。

RES：旅馆服务员、家畜饲养员、渔民、渔网修补工、水手长、收割机操作工、搬运行李工、救生员、登山导游、火车工程技术员、建筑工人、铺轨工人等。

RCI：测量员、勘测员、仪表操作工、农业工程技师、化学工程技师、民用工程技师、石油工程技师、资料室管理员、探矿工、煅烧工、烧窑工、矿工、保养工、磨床工、取样工、样品检验员、纺纱工、炮手、漂洗工、电焊工、锯木工、刨床工、制帽工、手工缝纫工、油漆工、染色工、按摩师、木匠、农民、建筑工人、电影放映员、勘测员助手等。

RCS：公交车司机、水手、游泳池服务员、裁缝、建筑工人、石匠、烟囱修建工、混凝土工、电话修理工、爆破手、邮递员、矿工、裱糊工、纺纱工等。

RCE：打井工、吊车司机、农场工人、邮件分类员、铲车司机、拖拉机司机等。

IAS：经济学家、心理学家、哲学家、内科医生、数学家等。

IAR：人类学家、天文学家、化学家、物理学家、医药病理学家、动物标本剥制人员、化石修复人员、艺术品管理员等。

ISE：营养学家、消防监督检查员、邮件快件安检员等。

ISC：侦察员、电视播音室修理工、电视修理工、验尸员、目录编辑、医学实验室技师、调查研究者人员等。

ISR：生物学家、配镜师、视力矫正师、牙科医生、骨科医生等。

ISA：心理学家、目录学家、皮肤病学家、精神病学家、妇产科医生、眼科医生、五官科医生、医学实验室技术人员、航空医务人员、护士等。

IES：细菌学家、生理学家、化学家、地质学家、地理物理学家、纺织技术人员、药剂师、药房营业员等。

IEC：档案保管员、保险统计员等。

ICR：质量检验技术人员、地质工程师、工程师、法官、图书馆技术员、计算机操作员、医院听诊员、家禽检查员等。

IRA：地理学家、地质学家、水文学家、矿物学家、古生物学家、石油学家、声学物理学家、原子和分子物理学家、电学和磁学物理学家、气象学家、设计审核员、人口统计学家、数学统计学家、外科医生、城市规划师等。

IRS：流体物理学家、物理海洋学家、等离子体物理学家、农业科学家、动物学家、食品科学家、园艺学家、植物学家、细菌学家、解剖学家、动物病理学家、植物病理学家、药物学家、生物化学家、生物物理学家、细胞生物学家、临床化学家、遗传学家、分子生物学家、质量控制工程师、地质学家、兽医、放射治疗师等。

IRE：化验员、化学工程师、纺织工程师、渔业资源开发利用技术人员、材料和测试工程师、电气工程师、土木工程师、航空工程师、行政官员、冶金工程师、原子核工程师、陶瓷工程师、地质工程师、电力工程师、口腔科医生等。

IRC：领航员、飞行员、物理实验室技术员、文献检查员、农业技术人员、动植物技术人员、生物技术人员、油管检查员、商业规划师、煤矿安全检查员、纺织品检验员、照相机修理工、工程技术人员、程序员、工业设计师、仪器维修工等。

CRI：簿记员、会计、计时员、铸造机操作工、打字员等。

CRS：仓库保管员、档案管理员、缝纫工、讲解员、收银员等。

CRE：标价员、实验室工作人员、广告师、电动机装配工、缝纫工等。

CIS：记账员、服务员、报刊发行员、土地测量员、保险公司职员、会计、估价员、邮件快件安检员、验货员等。

CIE：打字员、统计员、出纳员、订货员、校对员、办公室文员等。

CIR：校对员、工程部职员、海底电报员、检修计划员、发报员等。

CSE：接待员、通信员、电话接线员、售票员、旅馆服务员、私人助理、商学教师、旅游专员等。

CSR：货运代理人员、铁路职员、交通检查员、通信员、簿记员、出纳员、银行职员等。

CSA：秘书、图书管理员、办公室文员等。

CER：邮递员、数据处理员、航空邮件检查员等。

CEI：推销员、经济分析家等。

CES：记账员、秘书、速记员、司法辅助人员等。

ECl：银行行长、审记员、信用管理员、房地产管理员、商业管理员等。

ECS：信用管理员、保险公司职员、进货员、售货员、采购员、会计等。

ERI：建筑物管理员、工业工程师、农场管理员、护士长、农业经理人等。

ERS：仓库管理员、房屋管理员、仓库监管员等。

ERC：邮政局局长、渔船船长、机械操作工领班、木工领班、瓦工领班、司机领班等。

EIR：科学、技术和有关周期出版物管理员等。

EIC：专利代理人、鉴定人、运输检查员、安全检查员、废品回收员等。

EIS：警察、侦察员、车辆查验员、安全咨询员、合同管理员、商人等。

EAS：法官、律师、公证人等。

FAR：展览室管理员、舞台管理员、播音员、驯兽员等。

ESC：理发师、裁判员、行政管理员、财政管理员、工程管理员、售货员、商务经理、办公室主任、人事负责人、调度员等。

ESR：家具销售员、书店销售员、公共汽车驾驶员、日用品销售员、护士长、自然科学和工程行政领导等。

ESI：博物馆管理员、图书馆管理员、文物管理员、餐饮经理、安全服务管理员、技术服务咨询员、超市管理员、零售商店店员、批发商、出租汽车服务站调度员等。

ESA：博物馆馆长、报刊管理员、乐器销售员、广告商、字画销售员、导游、（轮船或班机）事务长、航空服务员、船员、法官、律师等。

ASE：戏剧导演、舞蹈教师、广告撰稿人、报刊专栏作者、记者、演员、英语翻译等。

ASI：音乐教师、美术教师、管弦乐指挥、合唱队指挥、歌手、演奏家、哲学家、作家、广告经理、模特等。

AER：新闻摄影记者、电视摄像师、艺术指导、录音指导、丑角演员、魔术师、木偶戏演员、跳水运动员等。

AEI：音乐指挥、舞台指导、电影导演等。

AES：歌手、舞蹈演员、电影导演、广播节目主持人、舞蹈教师、口技演员、喜剧演员、模特等。

AIS：画家、剧作家、编辑、评论家、艺术家、新闻摄影记者、演员、文学家等。

AIE：花匠、服装设计师、工业产品设计师、剪影艺术家、复制雕刻师等。

AIR：建筑师、画家、摄影师、绘图员、环境美化工、雕刻家、包装设计师、陶器设计师、绣花工等。

SEC：社会活动家、退伍军人服务人员、工商会事务代表、教育咨询人员、宿舍管理员、旅馆经理、餐饮服务管理员等。

SER：体育教练、游泳指导等。

SEI：大学校长、学院院长、医院行政管理人员、历史学家、经济学家、职业学校教师、资料员等。

SEA：娱乐活动管理员、国外服务办事员、助理社会工作师、一般咨询人员、宗教教育人员等。

SCE：部长助理、福利机构职员、生产协调人员、环境卫生管理人员、餐饮经理、售票员等。

SRI：外科医师助理、医院服务人员。

SRE：体育教师、职业病医生、体育教练、专业运动员、房管员、儿童家庭教师、警察、引座员、传达员、保姆等。

SRC：护理员、护理助理、医院勤杂工、理发师、学校儿童服务人员等。

SIA：社会学家、心理咨询人员、学校心理辅导员、政治科学家、大学或学院的系主任、大学教师（如教育学、农学、工程和建筑学、法律、数学、医学、物理学、社会科学和生命科学等专业教师）、研究生助教、成人教育教师等。

SIE：营养学家、饮食学家、海关检查员、安全检查员、税务稽查员、校长等。

SIC：描图员、兽医助理、诊所助理、体检员、娱乐指导人员、咨询人员、社会科学教师等。

SIR：理疗员、救护队员、职业助理医师等。

SAC：理发师、美甲师、包装设计师、美容师、整容医生、发型设计师等。

SAE：听觉病治疗人员、演讲矫正人员等。

SAE：图书馆管理员、小学教师、幼儿园教师、中学教师、师范学院教师、特殊教育教师、牙医助手、飞行指导员等。

第三章　了解职业及环境

 学习目标

- 了解职业分类概况
- 了解职业发展变化的趋势
- 了解各类人员职业特点与个性要求
- 掌握有效获取职业信息的渠道和方法
- 了解环境分析的主要内容

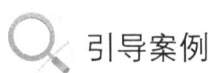 引导案例

乔安娜已经当了7年小学数学教师。在她30岁的时侯，她对这份工作产生了倦怠感，她开始怀疑自己是否选对了职业。

成为一名教师对乔安娜来说似乎是再自然不过的事儿了。作为拥有三个弟弟妹妹的人，她习惯了照顾小孩。她在校时对数学有浓厚的兴趣并成绩优异。乔安娜得到过一些职业建议，而且在高中和大学，她还参加了标准化的职业倾向测试和评估以确定她的特长、兴趣和价值。每一次职业顾问都鼓励她考取教师资格

证，当一名数学教师。

进入公立小学工作一年后，乔安娜不满于学校的科班结构。她不喜欢那些僵化的规章制度。她讨厌提前6周备课，因为这让她不能实时地将学生的兴趣与爱好融合到课堂中，而且她认为标准化的工作课本空洞无物，学校紧张的工作节奏也让她心力交瘁。

同时，在人际交往方面，她感到非常孤独，因为她的同事看起来和她的价值观和兴趣很不相同，她发现自己丧失了与同事一起从事富有挑战性工作的欲望。她也尝试调换年级和学校，但都无济于事。乔安娜再次主动找到职业顾问寻求帮助，与职业顾问交谈后，乔安娜对自己进行了认真的分析。结论是她不适合做小学教师。

不错，她确实具备许多适合做教师的条件，然而，高智力的挑战、提高能力的机会、创新与改革，这些最让她感兴趣的事在小学教师这份工作中无法体现。另外，公立小学刻板细致的工作安排也与她的工作风格相悖。乔安娜决定回到学校继续读书并取得硕士学位以便将来可以继续从事数学教学工作——这一直是她的兴趣所在，但工作地点是高等院校。在那里她可以拥有更弹性的工作时间安排，教更复杂的课程，并处于充满挑战的工作环境之中。

乔安娜获得硕士学位后，得以在一所大学的数学系任教。如今，她在给研究生授课之余，还在攻读哲学博士学位。

第一节　了解职业

一、职业分类概况

中国的职业分类及理论的出现，可以追溯到春秋时期。如《春秋穀梁传》中记载，古者有四民：士民、农民、工民、商民。这就是说，当时社会职业划分士、农、工、商四大类。先秦时期齐国的管仲不仅提出按职业划分士、农、工、商四大社会集团，还提出要按职业集中聚居在固定地区的主张，这就是著名的"四民分业定居论"。那时，职业还有很强的世袭性，一代一代传下去，甚至以自己的职业作为自己的姓氏，如屠、师、桑、陶、贾等，反映了人们有很强的职业归属感。

职业分类就是采用一定的标准和方法，依据一定的分类原则，对从业人员所从事的各种专门化的社会职业进行的全面、系统的划分与归类。它是一个国家形成产业结构概念和进行产业结构、产业组织及产业政策研究的基础，对社会各个行业的发展都有着十分重要的指导意义。职业分类的目的就是将社会上纷繁复杂、数以万计的现行工作类型，划分成类系有别、规范统一、井然有序的层次或类别。职业分类的发展也是职业自身发展的需要。下面简要介绍三种比较有代表性的职业分类。

（一）霍兰德的职业分类

霍兰德把职业分为现实型、研究型、艺术型、社会型、企业型和常规型六大类，有关内容在前面章节已有较为详细的介绍，这里不再赘述。

（二）工作世界地图

工作世界地图（world of work map，见图 3-1），是世界范围内应用广泛的职业分类系统，它由美国大学考试中心（American College Test，ACT）于 1985 年研制出来。ACT 根据数据观念和人群 - 事物两个维度与四个向度区分出四个主要分类象限，从而得到工作世界地图。该图共分

12个区域，共有20个职业群被标定在图中。

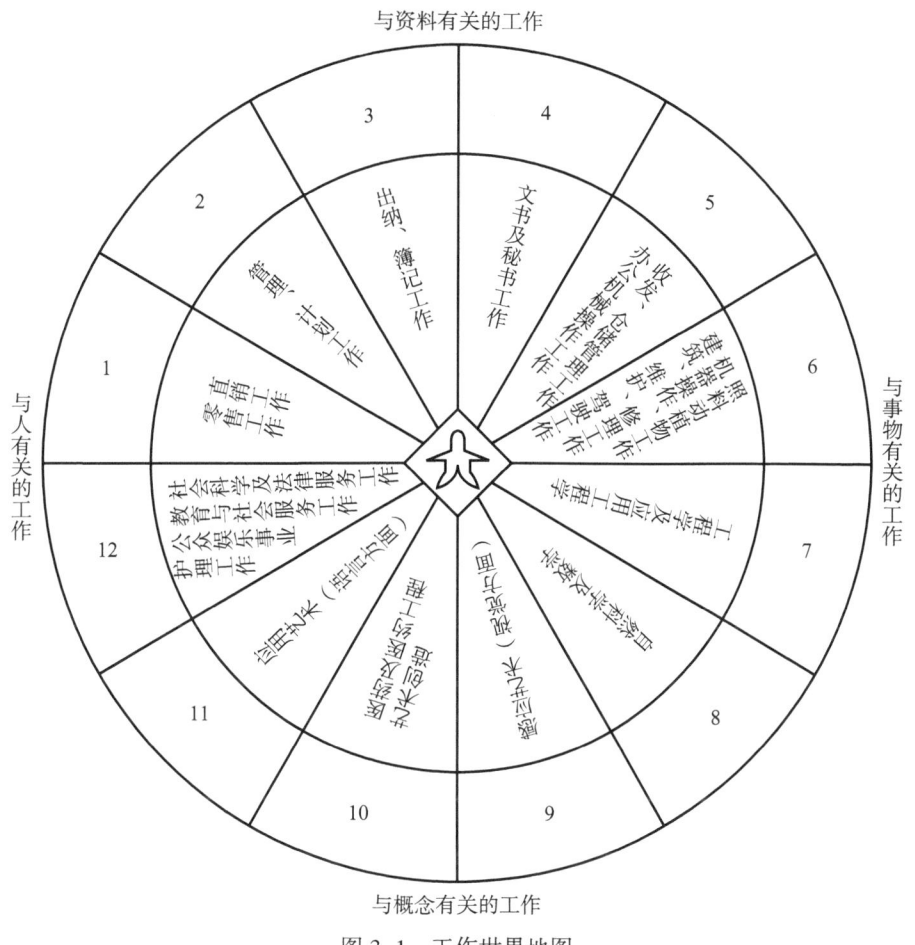

图 3-1 工作世界地图

从工作世界地图中可以得知：与人有关的工作在西，越往西走，越要求与人进行交往；越向东走，物性递增，于是与事物有关的工作居东；用智慧创意的工作位于南，要求喜欢思考和分析；朝北移，创意渐弱，于是管事、理财的工作坐北。大学生可根据自己的兴趣类型定位自己在该图中的位置，通过与不同职业群的远近位置比较，进一步扩展与自己职业兴趣相关的工作搜寻范围。

(三)《中华人民共和国职业分类大典》

《中华人民共和国职业分类大典》是我国对职业进行科学分类的权威性文献。2022年最新版将我国职业归为8个大类，79个中类，450个小类，1 639个细类（职业）。每一大类包含中类、小类和细类（职业）。

8个大类是：

1. 党的机关、国家机关、群众团体和社会组织、企事业单位负责人。
2. 专业技术人员。
3. 办事人员和有关人员。
4. 社会生产服务和生活服务人员。
5. 农、林、牧、渔业生产及辅助人员。
6. 生产制造及有关人员。
7. 军队人员。
8. 不便分类的其他从业人员。

二、职业发展变化的趋势

虽然未来是不确定的，但如果面向未来作职业选择的思考，就不能不对未来的职业变化趋势有一个大概的了解。大学生必须以一种前瞻性的眼光去认识和分析社会的最新需求，预测未来职业发展的趋向和未来职业的基本要求，并结合自身条件，用冷静、客观的态度和科学的方法进行抉择。目前职业的发展变化有如下五方面趋势。

（一）职业种类越来越多，分工不断趋于精细，许多新职业应运而生

随着社会分工的发展和职业的分化，职业的分工越来越细，职业的种类越来越多。据有关资料介绍，大约在20世纪70年代，世界职业种类就已超过42 000种，目前则更多。分工细化必然使职业的专业化程度越来越高，若大学生不具备一定的专业能力，达不到职业的要求，是无

法胜任工作的。另外，职业的标准化也在提高，逐步与国际职业发展接轨。比如，以前的供销员改称为市场营销员；企业和公司负责人也不再笼统地称为厂长或经理，而演变出不同层级，如董事长、总经理、部门经理、项目经理等。

社会的变化性特征决定了社会职业结构的动态性，不同职业的供给量不断变化，而且新职业不断产生，落后职业则逐渐被淘汰。如随着全球网络技术的迅猛发展，在IT业涌现出许多新的工作岗位：网络工程师、电子商务工程师、网络分析师、网络安全专家、网络维护人员、网络编辑、网络教育工作者等。

新职业的产生，深刻反映了劳动力市场的需求方向，对促进就业具有不容置疑的牵引或导向作用。

（二）未来职业的专业性、技术性、功能性特点越来越强

世界范围内新技术革命的深入发展和信息产业的迅猛崛起，对未来人才的综合性知识结构提出了更高的要求：不仅要成为领域内具有专业知识和技能的专业化人员，还要能够突破专业限制，成为掌握多种知识和技能的高素质复合型人才。

职业与职业之间出现了越来越多的交叉重叠，没有了绝对的界限区分。以往每种职业相对固定的范围和界限被打破，不断向多元化、综合化方向发展。在这样一个知识大爆炸时代，大学生必须坚持终身学习的理念，及时补充、更新相关知识，提高从业素质，以适应时代和职业发展的要求。

（三）脑力劳动类职位在社会职位总额中所占比例越来越大

未来职业中，体力劳动类职业与各种职业中的体力成分将大大降低，而逐渐被脑力劳动或创意性工作所代替。新技术、新产品、新工艺的研究开发与应用，必然导致部分职业的新旧更替。科技的发展使脑力劳动类职业发展的速度越来越快，体力劳动类职业将越来越少，信息时代社会产业结构的变化将不断加剧这一现象。这使得一部分职业兴旺，而另

一部分职业被淘汰的现象大大增加，也使得人们在职业间的流动频率增加，结构性失业问题逐渐加剧。

（四）第三产业的职业迅速发展

随着科学技术水平的提高，产业结构的调整，第三产业包括交通运输业、邮电通信业、商业、服务业、金融保险业及卫生、体育、教育和文化艺术事业等在国民经济发展中所起的作用越来越大。第三产业在美国、日本、欧洲等发达国家与地区发展得非常迅速，其就业者占就业总量的大部分。而我国统计局2022年数据显示，第三产业（服务业）增加值占国内生产总值（GDP）的比重为52.8%。第三产业集中表现在其服务行业的属性，都是与提高和改善居民生活水平息息相关的，发展空间巨大。比如，我国人口老龄化加剧，截至2022年末，我国60周岁及以上老年人口已达到2.8亿人，占人口总数的19.8%。到2050年，我国将进入重度老龄化阶段，届时，我国人口每三个人中，便有一位老人。仅一个老龄化问题就给第三产业提出了更高更快发展的要求。另外是信息产业的潜力更为巨大，国外有人把它称为第四产业。这些新兴产业的出现和兴起，将为社会提供更多的就业岗位。同时，由于新技术、新成果的不断推广应用，也为第一、第二产业等传统产业提供了新的发展机遇。例如，由于新技术的应用、新的生产方法和发展思路，给农业这一传统产业也带来前所未有的职业选择机会。

第三产业具有行业多、范围广、就业容量大的特点。它可以用较少的资金安排较多的劳动力就业。未来第三产业将受到前所未有的重视，其就业人数也将不断增加。

（五）人才类型的规格要求和比例结构发生显著变化

21世纪，我国仍将保持四种人才类型，即学术型、工程型、技术型和技能型（其中后两种人才由职业技术教育培养）。

技术型人才在劳动力结构中所占比重一直在上升，一方面是由于很多技能型人才的工作岗位实现智能化后改由技术型人才担任；另一方面，在信息技术发展后，原来由工程型人才担任的设计、管理等工作也有一部分改由技术型人才担任。

技能型人才可能是变化最大的一类人才。技术工人变换工作岗位的情况将越来越频繁，一部分技术工人的工作将被技术员所代替，如在钢材轧制的自动生产线上，原先的轧钢工人已被操作计算机的技术员所代替；还有不少技术工人转向第三产业或更高的技术岗位，这些变化导致技能型人才的总人数趋于减少。

三、各类人员职业特点与个性要求

（一）技术人员职业特点与个性要求

技术人员的主要工作内容包括完成上级交办的技术方面的相关事项，熟悉了解自身岗位的工作内容、机器设备操作的相关知识，及时处理出现的问题等。所以技术人员一般具有以下职业特点和个性要求。

1. 技术人员的职业特点

技术人员职业特点主要体现在以下三个方面。

（1）工作时间不固定。提供技术支持和技术服务的人员根据工作的轻重缓急往往需要调整工作时间，因此，自主安排工作时间的可能性较小。

（2）注重对问题的预防而非事后控制。技术人员工作的一项重要内容就是确保提供的产品或服务不产生技术问题，因此技术人员需要在事前预见到各类问题并对问题发生的概率进行测定，进而制定有效的预防措施和注意事项。解决已产生的问题即事后控制仅仅是技术工作的一部分。

（3）团队协作能力强。技术开发和应用往往是一个团队集体努力的结果，缺乏团队协作能力的人员很难能在技术工作中得到认可和发展，对于有着丰富经验的技术人员而言，要承担带"新人"的责任，因此，具备团队协作能力是对技术人员的基本能力要求。

2. 技术人员的个性要求

技术人员的个性要求主要体现在两个方面，具体如图3-2所示。

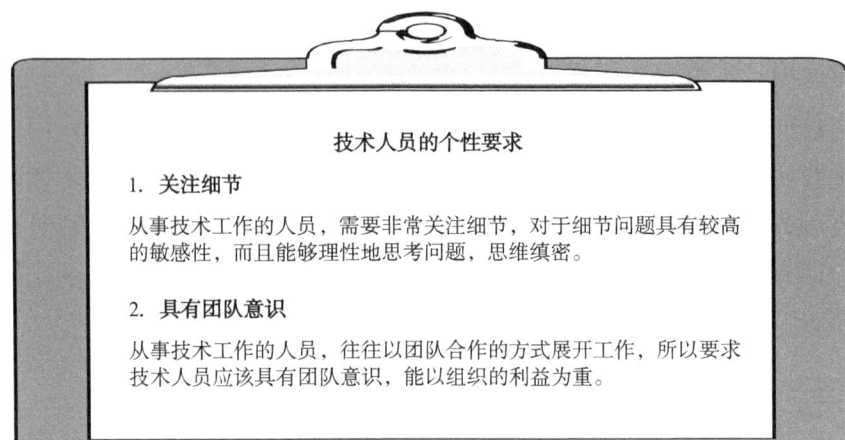

图 3-2 技术人员的个性要求

（二）研发人员职业特点与个性要求

研发人员的工作内容主要包括对新技术、新产品、新服务等的研发，因此研发人员一般具有以下职业特点和个性要求。

1. 研发人员的职业特点

研发人员的职业特点主要体现在以下五个方面。

（1）较高的科技文化素质。从事研发工作的人员大都接受过较高水平的文化教育，具备较高的知识水平、扎实的理论基础。

（2）自主性强。大多数组织对研发人员的管理比较松散，并不执行严格的考勤制度，研发人员可以根据自己的工作状态安排自己的工作时间，以便提高工作效率，激发工作灵感。

（3）工作范围相对封闭。大多数研发人员的主要工作对象是软硬件、机器、设备、仪器等，因此，研发人员日常人际交往范围比较狭小。

（4）替代成本高。组织的自主创新能力部分依赖于研发人员头脑中的知识、技能和不断创新的能力，这是一种无形的资源，是组织无法完全控制的，会随着研发人员的流动而流动。从事研发工作所需具备的专业知识和技能，具有很强的专用性，这些知识和技能有一部分是研发人员入职时就掌握了的，但还有相当一部分是在工作过程中和培训中获得的，也就是由研发人员和组织共同投资得到的。因此，一旦骨干研发人员离职，除了可能给组织带来商业机密和专有技术的流失之外，也会使组织承担较大的招聘和培训成本。

（5）绩效评价周期长、难度大。研发人员的劳动成果往往是新工艺、新产品、新服务，其转化成经济利益需要受制于组织内外的其他资源。例如，产品技术先进并不能保证带来经济利益，而且研发成果转化成经济利益要花较长的时间。因此研发人员绩效考核周期就会较长。同时，由于组织研发活动多采用团队合作形式，组织的创新成果也是团队全体成员共同智慧的结晶，有时难以管控研发人员的工作，更不可能准确测量出每个成员的努力程度和贡献大小，这种信息不对称会造成研发团队中的绩效考核难度大的问题。

2. 研发人员的个性要求

研发人员的个性要求主要体现在以下三个方面。

（1）勇于接受挑战。从事研发工作的人员需要有较强的创新能力，敢于面对研发风险并具备战胜困难的决心和勇气。

（2）具备持之以恒的钻研精神。研发工作是最需要持之以恒的工作，从事研发工作的人员不仅要具备战胜困难的决心和勇气，更要具备刻苦钻研、不怕挫折和失败的精神。

（3）具备良好的心态。由于研发人员工作的特点是较长时间内集中从事某一项工作，并且可能会经常遇到研发工作失败的情况，因此，研发人员需要具备良好的心态。

（三）生产人员职业特点与个性要求

生产人员的主要工作内容包括完成组织的生产任务、生产环境的管理、生产设备的管理等，因此生产人员一般具有以下职业特点和个性要求。

1. 生产人员的职业特点

生产人员的职业特点主要体现在以下三个方面。

（1）具备多种职业技能。由于组织生产多采用流水线形式，生产人员除了掌握本岗位的技能外，还需要对本岗位上下游的岗位技能甚至所在车间所有岗位的技能有所了解。

（2）强调标准和规则。为了保证产品质量，生产人员必须遵守严格的操作规程和工作标准，只有这样才能确保所生产产品的高质量和较低的次品率。

（3）工作结果的确定性大。对于生产人员来说，工作业绩主要取决于自己的能力和努力程度，受外部因素的影响较小。从内部因素来看，生产性工作的知识性较强，相关技能的显性化程度高，可学习性强，生产人员按照最优化的规程开展工作，就可以取得较好业绩。也就是说，影响生产性工作绩效的内部因素简单，外部因素影响程度低。

2. 生产人员的个性要求

生产人员的个性要求主要体现在以下四个方面。

（1）团队协作意识强。生产人员在开展工作的过程中需要形成团队协作的观念，并对团队协作的结果有深刻的认识。

（2）时间观念强。生产人员在开展工作的过程中要求有良好的时间观念。

（3）统筹协调能力强。由于从事生产管理的人员要协调一个生产团队的工作，确保完成生产任务，因此，这些人员需要具备较强的统筹协调能力。

（4）具体解决问题能力强。由于生产人员要解决和处理生产过程中遇到的各类具体问题，因此，需要培养较强的解决问题能力，掌握解决问题的技巧。

（四）营销人员职业特点与个性要求

营销人员的工作内容主要为完成组织的销售目标、开发潜在客户、开辟新市场以及维护客户关系等，因此营销人员一般具有以下职业特点与个性要求。

1. 营销人员的职业特点

营销人员的职业特点主要体现在以下五个方面。

（1）工作环境复杂多变。在组织管理中，生产人员所面对的往往是较简单、稳定的工作环境，工作的程序性和操作性较强，而营销人员面对的是复杂多变的工作环境。为了与客户达成交易，形成良性的长期关系，营销人员必须准确分析内部和外部环境，明确组织及其竞争对手在产品、技术、服务等方面的优势和劣势，以便更好地说服客户。

内外部环境包括宏观的技术、经济、法律、自然资源、政治、人口环境，以及微观的企业自身、竞争对手、客户、供应商、市场环境等。在营销工作中，组织的竞争对手策略和客户需求各异，而且随时会发生变化。

（2）专业技术要求相对较低。营销工作同财务、技术、生产等工作相比，对人员的专业技能、工作经验和学历等的要求相对较低。一般而言，只要身体健康、年龄适当，都可以从事营销工作。

（3）工作压力大。营销工作的考核绝大多数以营销业绩为关键指标，而对个人的工作时间、工作方式、工作态度等相对要求较低。这就需要营销人员无论面对什么样的营销环境和形势都必须想方设法达成营销业绩。因此，营销工作是高压力、高回报的工作。

（4）工作流动性强、稳定性差。营销人员常常要外出开展业务，组织也会根据营销业绩调整营销人员的工作地点，因此，从事营销工作的人员常常难以照顾家庭和亲友。营销人员也可以根据自己的经验和资历在不同行业的相同职位之间流动。

（5）工作结果的不确定性大。

营销人员工作绩效的影响因素多且复杂。从个人的技能和能力、个人在某个时段的努力程度等内部因素，到市场环境、竞争对手反应等外部因素都对营销人员业绩产生较大影响。

2. 营销人员的个性要求

营销人员的个性要求主要体现在四个方面，具体如图3-3所示。

营销人员的个性要求

1. **商务谈判能力**
   营销工作更多的是同客户交流,因此,营销人员一般都需要具备较强的商务谈判能力,能够通过谈判达成业绩目标。
2. **信息分析能力**
   营销人员对于各类信息敏感性较强,能够根据信息迅速抓住机遇,化解风险。
3. **人际沟通能力**
   营销人员从事客户维护工作,必须具备人际沟通技巧,与客户保持良好的合作关系。
4. **问题解决能力**
   营销人员是距离产品市场最近的人,需要密切注意市场的变化,并能够及时、果断地处理各类棘手问题。因此,营销人员都需具备较强的问题解决能力。

图 3-3 营销人员的个性要求

(五)财务人员职业特点与个性要求

财务人员的工作内容主要包括对组织的资金进行核算、审计、分析,了解组织的资金流动和周转情况等,因此财务人员一般具有以下职业特点和个性要求。

1. 财务人员的职业特点

财务人员的职业特点主要体现在以下两个方面。

(1)工作繁杂且责任重大。财务工作比较繁杂,而且不能有丝毫马虎,财务人员要对工作的准确性、合法性、真实性等承担责任。

(2)工作接触范围广。财务人员需要接触各类表单和数据,因此,从财务数据中能够对组织的经营情况进行了解和把握。

2. 财务人员的个性要求

财务人员的个性要求主要体现在以下三个方面。

(1)关注细节。由于财务人员的工作对象是各类数据和表单,因此,财务人员需要非常注重对事务细节的把握,工作过程中要认真细致,避免因工作的疏漏而影响组织资金的使用和周转。

（2）遵守规范和规则。财务人员的职业道德要求财务人员必须严格遵守国家相关法律规定和组织的规定，因此，财务人员强调对于规范和规则的遵守，做到知法守法，在本岗位上杜绝假账，应真实地反映组织货币资金的流入和流出情况，并对货币资金使用进行监督。

（3）客观公正。财务人员在财务实务中，应该实事求是、客观公正。在组织中，一般财务人员的职位不高、权力不大，但其能否实事求是、真实客观地反映货币资金的使用、保管、核算等情况对组织工作至关重要。

（六）人力资源管理人员职业特点与个性要求

人力资源管理人员的主要工作内容包括组织成员的招聘与配置、培训与开发、绩效管理、薪酬管理、劳动关系管理及人力资源规划等，因此人力资源管理人员一般具有以下职业特点与个性要求。

1. 人力资源管理人员的职业特点

（1）组织战略合作伙伴。人力资源管理不是一项凭空的工作，而是必须成为组织的战略合作伙伴，给组织持续带来价值，为组织创造利润。人力资源管理人员的工作范围、工作影响，都具有战略性和全局性。

（2）具备专业技能。人力资源管理人员必须具备招聘、培训、组织设计、薪酬架构设计等专业技能，这些专业技能对人力资源管理人员的自身素质要求很高。例如，新员工培训工作就不仅仅是依靠一些现成的书面材料就能完成的。它要求必须结合组织相应岗位的个性化特点，进行有针对性的培训，使新的组织成员在进入组织的培训过程中，就能够初步了解自身将要面对的岗位挑战，并做好最初的准备。

（3）肩负组织各部门的服务责任。人力资源管理是一项服务性很强的工作，它要为组织成员、管理层各个方面提供相应的服务，包括组织成员的入职、离职、调动、晋升等，还要提供招聘、培训等服务。人力资源管理人员的工作要求与组织的各部门进行接触，需要熟知各部门的岗位设置、职责分工等情况，对每个组织成员的工作提供相应的服务。

（4）平衡组织与组织成员的利益。人力资源管理人员需要平衡组织利益和组织成员的利益。尤其在市场经济条件下，组织成员的利益永远是组织管理中最重要的部分，作为人力资源管理人员要在组织利益与组织成员的利益之间寻求一个适度、恰当的平衡点。

一个组织如果只单纯注重自身的利益，而忽略了对组织成员利益的维护，组织各方面利益主体的关系就会发生失衡，并对组织的形象造成伤害，最终也会伤害到组织的利益。因此，作为人力资源管理人员，在履行各项管理及服务责任时，应特别重视组织与成员利益之间的平衡。

2. 人力资源管理人员的个性要求

人力资源管理人员的个性要求主要体现在以下四个方面。

（1）大局观。人力资源管理人员需要学会站在组织发展战略的高度去履行自身的管理责任。

（2）良好的服务意识。人力资源管理人员需要为组织的各部门成员提供良好的服务。

（3）人际沟通能力。由于人力资源管理人员需要与组织的各部门成员进行沟通和交流，因此需要具备人际沟通能力，掌握沟通技巧，与组织各部门成员保持良好的关系。

（4）良好的关系平衡意识和能力。人力资源管理人员需要成为组织各方利益主体关系的稳定器，对组织和组织成员的利益进行协调和控制，保证双方利益的平衡。

四、有效获取职业信息

大学生在对职业进行了一定的探索后，还需要搜集和分析各类职业前景信息。

（一）根据自我探索形成自己预期的职业库

面对工作世界浩如烟海的信息，很多大学生不知道从何入手，如果能确定一个探索范围，就会容易很多。本教材第二章可以帮助大学生初步形成一个探索的范围。在对兴趣、人格、能力和价值观的探索过程中，相应适合的职业便会出现。此外，每个人都有自己心目中的理想职业，也可以通过头脑风暴把这些职业列出来。这样就获得了一个职业清单，看看这些职业有什么共同点，就可能得到启发找到更多值得探索的职业。结合自身的兴趣、人格、能力和价值观再次从职业清单中进行筛选，最终得到预期的职业库。

研究表明：决策时，太多的信息容易让人迷失，反而拿不定主意；而过少的信息又起不到让当事人了解客观事实的作用。所以，大学生在形成预期职业库的时候，职业库的大小应根据自己的情况进行适当的平衡，通常4~6个职业的调查是比较适中的。另外，在信息探索过程中，抛开自己固有的想法，保持开放的心态，往往会更容易获得客观的信息。

（二）通过学校的就业主管部门获取职业信息

学校的就业主管部门是联系大学生与用人单位的桥梁和纽带，也是大学生获取职业信息的主要渠道。学校的就业主管部门同上级主管部门和有关用人单位保持着广泛而密切的联系，而且经过多年的工作实践及常年合作联系，已形成稳定的网络关系，在大学生和用人单位之间架起了一座信息桥，可以使学生获得许多职业信息。这些信息数量大，针对性、准确性、可靠性都较强。

（三）通过网络、报刊等媒体获取职业信息

通过信息传播的载体网络、书刊、报纸等获取自己所需的职业信息是现代大学生求职的一大特色。很多报刊、广播电台、电视台都开辟了人才招聘和求职信息专栏，还有专门指导劳动就业的报纸杂志。随着互联网的普及，求职和招聘信息已是互联网各类主要门户网站的重要组成部分，更有不少就业信息的专门网站。信息时代的到来，大学生通过互联网、报刊等媒体获得职业信息，进而成功就业的比例越来越高。

大学生可以通过分析收集到的职业信息，了解用人单位的具体要求和具体的职业信息，结合自己的实际情况，从中筛选出适合的单位和职业，以便有针对性地参加竞聘，开始下一步工作。

（四）通过社会关系网络获取职业信息

由自己的家人、亲属、朋友、老师、校友等组成的社会关系网络也是获取职业信息的一种非常好的渠道。大学生主动与关系网络中的亲朋、老师等保持联系，不仅可以获得所需要的职业信息，还可以为自己未来职业生涯的发展获取有益支持和帮助。在大学里，大学生有很多机会去建立自己的关系网络。比如，大一新生可以向高年级的同学请教如何有效学习或参加社团、兼职实习。到了大三、大四阶段，就可以通过这种关系网络了解一些工作单位的真实情况，乃至获得实习、工作的机会。

（五）通过生涯人物访谈获取职业信息

生涯人物是指那些已经从事某种职业较长时间，熟悉该职业的具体情况及发展前景并确定自己将该职业作为长久的职业发展方向的职场人士。大学生可以设法联系这些生涯人物，向他们咨询有关职业方面的问题。

生涯人物访谈是一种非常有效的通过访谈获取职业信息的方法，一方面可以帮助大学生发展人际关系，引导大学生更多地接触某一特定领域中的职业人，了解和获得更多的工作机会；另一方面还可以帮助大学生获取有关知识，掌握求职面试技巧，可以说是一举多得。

但是如何找到生涯人物？他们愿意接受访谈吗？其实，大学生有那么多已经毕业的师哥师姐，还有专业老师，他们都是很好的访谈资源。

在生涯人物访谈中应注意以下问题：

1. 生涯人物访谈的目标是收集能使自己作出明智职业生涯决策的信息，不要利用生涯人物访谈来找工作或开展职业面试。

2. 为避免访谈中的主观影响，应至少访谈两人以上。比如，既与成绩卓然者谈，也与默默无闻者谈，效果会更好。

3. 需要提前设计好访谈内容的提纲，这样有助于访谈的深入进行，取得较高的效率。可以先从诸如业务类型、职务分类、职责描述、工作环境、福利待遇和录用条件等概括性问题问起，然后转入具体的问题。

4. 一次访谈的问题不要太多，一般 5~10 个。问题一定要简洁，不要浪费他人的时间，并且按约定的时间结束。

5. 给访谈对象留出提供其他信息的机会。

6. 为自己准备一个"30秒的广告"，因为在访谈过程中，访谈对象可能会问到你的职业兴趣和目标。

7. 一定要立即发出感谢信（访谈结束后一天之内）。

身处一个资讯发达的时代，除了以上方法，大学生还可以通过假期实习、社会实践、角色扮演等多种途径来获取职业信息。每种收集信息资源的渠道各有特点，大学生要结合自己的实际情况，选择适合自己的信息渠道。

第二节 了解环境

职业环境因素有很多，既有宏观上的，如政治、经济、文化等，又有微观上的，如职业、组织、家庭等。对于职场人士来说，很多职业环境因素虽然无法改变，但是可以选择、利用。进行职业环境分析就是要弄清职业环境对职业生涯规划的影响及作用，如所选择的职业发展前景如何、社会发展趋势对所选职业有什么影响、所选职业对从业者有何要求等。然后对各种影响因素加以衡量、评估，并根据各种因素的变化，对职业生涯规划作出适当的调整，这样才能顺利发展职业生涯。

一、社会环境分析

每一个人都是社会人，无论是职业生涯规划还是人生的整体规划，都受到所处的社会环境的影响。社会环境也就是宏观环境，主要包括经济、法律政策、科技、文化等方面的发展环境。客观分析所处的宏观社会环境，是做好职业生涯规划的基础。

（一）经济环境分析

经济环境是影响一个人职业选择和职业发展的关键因素，经济环境的优劣，会直接影响到求职者求职机会的多寡与求职过程是否顺利。经济环境分析主要包括四个方面。

1. 经济形势

经济形势的变化对职场的影响是非常直接和明显的。当经济处于高速发展阶段时，企业快速扩张，对人才的需求十分旺盛，对职场中的职业选择和职业发展起到很大的促进作用；当经济处于萧条期时，企业效益变差，对人才的需求自然就会锐减，职业发展与职业选择的机会就会减少。

2. 人才市场供需状况

人才市场的供需状况对职业选择和职业发展有着非常显著的影响。如果一类职业的人才供过于求，则职业发展与职业选择的机会和空间将大大减少；反之，如果一类职业的人才供不应求，那么职业发展和职业选择的机会和空间会大大增加。

3. 收入水平

社会对人力资源的需求是一种派生的需求，当人们的收入水平提高时，对商品和服务的需求就会增加，企业会扩大再生产，对人力资源的需求加大，职业选择和职业发展空间也会增大；反之，职业选择和职业发展的机会则会减少。

4. 区域经济发展水平

在经济发展水平高的地区，企业相对较多，规模大、产能高的企业也相对集中，有利于个人的职业发展；相反，经济发展欠发达地区对个人的职业发展和职业选择则会有很大的限制和约束。

（二）法律政策环境分析

大学生在进行职业生涯规划时，要注意国家和地区的法律规定与政策。法律规定与政策包括法律、法规、方针、政策、管理体制、人才培养开发政策、人才流动有关规定等。

法律与政策是一个比较刚性的因素，尤其是法律，其制定和修改都有明确的规定，变动小、影响大，是大学生进行职业生涯规划时必须认真学习和思考的。

以大学生创业为例，为支持大学生创业，国家和各级政府出台了许多优惠政策，涉及融资、开业、税收、创业培训、创业指导等诸多方面。对于打算创业的大学生来说，事先了解这些政策，才能走好创业的第一步。

在行业发展方面，要了解国家提倡、优先发展的产业和行业是什么。另外还有一些关系切身利益的规定，如子女上学、家属就业、社会保障、科研项目经费使用、人才流动政策等，都是需要多加关注的因素。

（三）科学技术环境分析

科学技术环境包括产业结构的调整、高新技术的影响、现代化技术与管理的发展等。科学技术对职业生涯规划的影响是全面的。

科技的发展必然引起产业结构的变化，产业结构的变化必然引起职业模式的变化。目前，变化最大的就是第一、第二产业向第三产业的转移，也就是农业、工业向服务业、信息产业的转移。例如，金融服务、医疗保健、快餐和饭店、运输零售、社会服务、教育、网络经济、通信等行业的岗位需求不断增多。同时，从事第一、第二产业的人在不断减少。

科技发展不仅对职业岗位产生重大影响，对人才素质也提出了新的要求，拥有新知识、高技能的人才更受欢迎。这就要求大学生根据环境的变化不断更新自己的知识结构，以顺应产业结构的调整和社会的发展。如果不及时学习新的知识和技能，就会难以胜任工作。

关注科技环境的变化，关注我国发展的主要领域，特别是与自己所学专业相关的科学技术的发展，是大学生做好职业生涯规划的必要前提。

（四）文化环境分析

文化环境是影响人们行为、观念的重要因素，主要包括教育水平、教育条件和社会文化设施等。在良好的社会文化环境中，个人会受到良好的教育和熏陶，从而使知识和能力水平得到更多的增长和提高，为今后的职业发展打下良好的基础。

文化是一个国家或地区长期积淀形成的,是影响人们价值观、行为和习惯的环境力量。我国历史悠久、幅员广阔的特点决定了社会文化的多元性和复杂性,所以,大学生在决定个人职业选择和职业发展时也要考虑企业所在地的文化因素。如果一个地区的人们崇尚职业的变化和新的职业体验,那么这个地区的人们跳槽频率就高;如果人们追求工作的安全感和稳定性,那么人才在企业间的流动则相对较少。例如我国沿海地区的人们可能更乐意与企业保持灵活的契约关系,而内陆地区的人们则可能更喜欢传统而稳定的雇佣制度。

文化环境说起来很抽象,但它就像空气,虽然看不见,却实实在在影响着职业生涯的规划和发展。大学生在进行职业生涯规划时,要认真分析这种环境对自己的影响,寻找符合自己实际情况的职业,做好相应的职业生涯规划和设计。

二、城市环境分析

俗话说"一方水土养育一方人",每个城市都有其独有的文化与特点,因此,若能找到环境氛围适合自己的城市,日后的工作就能如鱼得水。

在择业的时候,大学生经常会遇到这样的问题:是选择大城市还是小城镇?一直以来,很多大学生都存在着"都市情结","宁要东部一张床,不要西部一套房"的大城市观念根深蒂固。加上我国地区经济差异较大,大量毕业生涌向发达地区,造成了局部性人才过剩,欠发达地区又无人光顾的现象。毫无疑问,大城市在就业机会、发展空间以及创业成功率等方面都具有无可比拟的优势。

然而,大学生在趋之若鹜的同时也必须清醒地认识到,大城市绝不是遍地黄金的梦幻王国。大城市意味着更激烈的市场竞争,意味着要承受背井离乡的游子之苦。而小城镇虽然不及大城市经济发达,却拥有更为适宜的生活环境,相对更轻松的工作和与家人团聚的温馨。因此,大学生在选择目标城市时,应该综合考虑多种因素。

（一）经济结构

每个城市都有自己的经济结构，它决定了这座城市对各类人才的吸纳能力。而且每个城市的经济结构不会轻易改变，比如杭州的旅游业在经济结构中历来处于重心地位，所以对旅游专业人才的需求量相对比较大，那么这类人才在这里的发展机会就比较多。而如果一个重工业专业的毕业生去一个轻工业城市，则很可能会缺少用武之地。

（二）城市文化

一个城市的文化是保守还是开放，直接影响着这座城市对外来者的接纳程度。一个完全开放的城市的各个行业都会对外来人员敞开大门，而相对保守些的城市本土化思想就会多一些，在某些行业的用人上就会倾向于本地人。

（三）城市发展状况

一般来说，一个城市经济越发达，竞争就会越激烈。所以，喜欢挑战、适应能力强的人较适合去发达城市；反之，则去竞争压力较小的中小城市比较好。

（四）城市收入成本差异

一般来说，一个城市经济越发达，其生活成本就越高，例如，在一些小城市，月薪几千元可以用得绰绰有余；而在一些大城市，月薪万元也不一定感到宽裕。因此，大学生在选择目标城市时，也应考虑衣食住行这些基本的生活成本，努力达到"投入"与"产出"的最佳比例。

总之，在择业时，大学生应该在充分考虑城市各影响因素的基础上，选择一个最适合自己发展的城市。

三、劳动力市场分析

（一）什么是劳动力市场

劳动力市场是指在劳动力管理和就业领域中，按照市场规律，自觉运用市场机制调节劳动力供求关系，对劳动力的流动进行合理引导，从而实现对劳动力合理配置的机制。其内容包括劳动者求职、就业、培训、升迁、失业甚至退休的全过程；涉及用人单位招聘，报酬支付，提供劳动者安全、福利待遇，辞退职工等诸多方面；涉及劳动力流动以及劳动力供求的市场机制，劳动合同关系的建立、调整和终止，劳动力市场中介服务，劳动保护，社会保障，劳动立法等各个方面。

（二）我国劳动力市场的基本状况

1. 劳动力的供求关系

中国人民大学劳动人事学院曾湘泉教授以前的一项研究表明，在一定的假设条件下，2006—2020年15~24岁劳动力人口持续下降，2006年为1.2亿人，至2020年仅有0.6亿人左右；但55~64岁的劳动力人口一直在增加，从2006年的0.6亿多人上升至2020年的超过1亿人。总体而言，中国劳动力供给总量仍然巨大，劳动力供大于求的基本态势仍在持续。从产业结构上看，第三产业对劳动力的需求更大；从供求状况来看，当前劳动力市场上对劳动力的需求大部分集中在制造业、批发零售业、餐饮业中；从文化程度上看，市场对较低学历的劳动力仍具有较高的吸收能力，初高中、职高、技校、中专学历的劳动力是劳动力市场的主力军，需求相对较大。另外，不同城市的经济结构不同，对劳动力的需求也不同。

2. 结构性失业问题突出

结构性失业是经济、产业结构变化以及生产形式、规模变化促使劳动力结构进行相应调整而导致的失业。经济结构进行调整，相应的劳动力结构必然要进行同步调整，这不可避免地会造成结构性失业，这就意味着"劳动力供给过剩和短缺并存"。这种失业不是因为缺乏就业机会，而是因为合格的劳动力不足。换一种说法，是劳动者本身的就业能力薄弱、创造价值的能力欠缺。有关调查显示，中国每年培养出约160万名工程师，是美国的9倍。然而其中只有约16万名具备在跨国公司工作所需的实用技能和语言技能。

另有调查显示，大学生的平均就业能力与企业要求相差30%。2009年有关研究曾对中关村地区的企业、高校教师以及大学生进行采访，三方均将"高校毕业生的就业能力与用人单位的实际需要相比存在很大差距"列为大学生就业难的首要长期原因，其他如"高校扩招造成劳动力市场供过于求""就业指导缺乏""就业信息不充分"以及"片面的就业观念"等也是造成大学生就业难的长期原因。

3. 转换工作成为一种惯例

据统计，每个人在一生中平均需要变换3～7次工作，变换工作不仅是变换了公司，还包括工作的类型。另外劳动力在全国范围内迁移也成了一种惯例。地区对人们职业选择有重大影响，通常情况下，内陆城市的劳动力喜欢迁移到沿海城市，二线城市的劳动力喜欢迁移到一线城市，西部及偏远地区则少有人问津。资料显示，我国劳动力市场中城镇就业面临的压力主要来自新增劳动力、农村富余劳动力向城镇的转移和城镇失业人员再就业。

4. 信息化、全球化时代带来国际人才竞争

信息技术的高度发展缩短了全球各个国家的距离，使经济资源在全球范围内进行重新组合和配置。20世纪90年代以来，越来越多的跨国企业进入中国，同时，中国的企业也开始向国外发展。中国的建筑公司开始在国外兴建工程，中国的石油公司开始尝试在国外开采石油。中国也成为世界的代工中心，从世界工厂到中国制造，企业的国际化趋势必然要求具有国际化视角与素质的员工。此外，使用外籍员工也会给本土人才带来更加激烈的竞争压力。因此，大学生在进行职业生涯规划时，也要具有一定的国际化视角，将自己放到更广阔的平台上，这样才有利于长久发展。

四、行业环境分析

行业环境分析包括对目前从事或拟从事的目标行业的环境分析，其内容包括行业的发展状况，国际、国内重大事件对该行业的影响，目前行业的优势与问题，行业发展趋势等。

行业与职业不同，行业是企业的集合。从事同类产品的生产销售企业或提供类似服务的企业达到一定的数量才形成行业。例如，家电行业包括生产电视机、空调、冰箱、洗衣机等不同类型产品的若干家企业。在同一行业内，可以从事不同的职业，如同在保险业，可以做保险业务员，也可以是人力资源部经理。

在分析行业环境时，一定要结合社会大环境的发展趋势。由于科学技术的飞速发展，某些行业成为夕阳行业，逐渐萎缩、消亡；更有许多极具发展前途的朝阳行业不断出现、发展起来。同时还要注意国家政策的影响，要了解国家对某一行业是支持、鼓励和引导，还是限制、控制和制约。要尽量选择那些有前景、发展空间大的行业。一般来说，社会大众的需求是促进行业发展的长远动力，是大学生规划职业生涯和择业时要考虑的重要外在因素。满足大众需求的职业才有发展，才能长远。所以，大学生在进行职业生涯规划和择业时，要多分析行业（职业）在社会中的作用怎样、对大众的生活会有什么样的影响。要注意的是，社会需求总是先于政府导向的，如果一个行业（职业）既有政府的支持，又有社会大众的需求，那么这个行业（职业）的发展趋势一定是很好的。

五、组织环境分析

选择职业的同时就意味着将要进入职场，每个人将要进入的组织（用人单位）所提供的职场环境可以说是千差万别的。大多数人的职业生涯是与具体的组织相联系的。个人需要与组织需要之间必须有效配合才能达到双赢，个人的职业生涯才能得到有效发展。因此，大学生有必要对组织类型及特点、组织文化、组织结构等组织的具体情况进行了解，以结合自己的个人特质情况，来确定自己能否在该组织中找到适合自己的平台。

（一）组织类型及特点

1. 组织类型

常见的组织类型有五种：一是营利性组织，即现代社会中经济活动发生的主要场所，包括规模不同的工业、服务业等企业；二是非营利性组织，包括红十字会、基金会、教育服务中心等机构；三是政府组织，在我国，政府组织包括从中央政府到各个街道办事处的所有政府办事机构；四是准政府组织，即介于政府与非政府组织间的混合型组织；五是各类协会。

虽然这些组织的分类不是固定不变的，但这种分类能够帮助大学生了解一些工作单位的基本类型并迅速了解一些组织的文化特征。

2. 组织实力与经营战略

主要了解该组织在社会中的地位和声望、发展领域、发展前景、战略目标、目前的产品、服务和经营活动范畴、技术力量和设备设施、在本行业中的竞争力情况等。一般来说，实力雄厚的组织为员工提供的职业发展空间相对较大。

3. 组织特点

主要了解该组织的规模、结构、人力资源需求状况、人力资源规划等。这些因素对个人职业生涯发展方向、发展路径及个人职业生涯目标的实现时间等都有重大影响。

4. 组织领导人

主要了解领导人的管理理念和个人能力。组织主要领导人的管理理念及个人能力是企业发展的重要因素，很多成功的大企业都有一位出色的企业家作为掌舵领航人。组织中有一位杰出的领导者，组织成员无论在能力提升还是职业发展方面都会更快。

5. 人力资源管理制度

主要了解包括管理制度、用人制度、培训制度、薪酬制度、员工关系以及将要承担工作的基本能力要求等信息，这些信息决定了新员工入职后能否胜任岗位要求。尤其要注意以下几点：组织用人制度如何，能否提供教育培训机会，提供的条件是什么，自己将来有没有可能担任更高级的职务或担负更大的责任；个人待遇提升的空间有多大，是基于能力还是工作年限；组织的标准工作时间怎样，是固定的还是弹性的；企业提供的薪酬和福利待遇与行业内其他公司之间的差距等。

（二）组织文化

组织文化是组织内部的一种共享价值观体系，是特定价值、信念、情感、态度、行为方式和道德规范的总和，在很大程度上决定了组织成员的行为。从某种角度来说，组织文化折射了企业领导人的抱负。没有优秀的组织文化便不会有卓越的企业。

对大学生来说，自身与组织文化的和谐是至关重要的。因为未来大学生要与组织文化"朝夕与共"，组织文化会渗透并影响工作中的点点滴滴，如工作方式、工作时间的长短、获得的报酬、与同事的关系、工作和生活的平衡、工作或办公的环境、着装习惯等。对大多数人来说，在一种"不合拍"的组织文化环境下工作，是一种沉重的心理负担，这会导致他们生活得很痛苦，并且会阻碍他们潜能的发挥，从而影响事业的发展。因此，大学生有必要认真思考：你认同将要就职的组织的文化吗？其组织文化是否与你的价值观相符？

另外，大学生在考察一个组织的文化时，应特别注意考察一下这个组织是否是学习型组织。美国著名的《财富》杂志曾经报道：20世纪70年代被该杂志列为世界500强的企业，到了20世纪80年代已经有三分之一销声匿迹；自20世纪80年代起，每年都会有30家企业从500强中出列。资料表明，现代企业的平均寿命只有40年。为什么会出现这种现象？据分析，一个汇聚优秀人才的组织并不一定是一个最具竞争力的组织，但肯定是一个学习型组织。学习型组织的真谛在于：学习一方面是为了保证组织的生存，使组织具备不断改进的能力，提高组织竞争力；另一方面更是为了实现个人与工作的真正融合，使人们在工作中实现生命的意义。从个体角度而言，学习型组织更有利于自身的提高和发展。

（三）组织结构

组织结构是企业流程运转、部门设置及职能划分等最基本的结构依据，是组织的全体成员为实现组织目标，在管理工作中进行分工协作，在职务范围、责任、权利方面所形成的动态结构体系。不同的组织具有不同的结构，常见的组织结构形式包括直线制、职能制、直线职能制、矩阵制、事业部制等。

组织结构作为组织环境的一个因素，代表了组织对人、财、物等资源的配置方式。不同类型的组织结构对员工的创新行为有直接的影响，所以大学生在决定入职前，应该了解该组织的组织结构。

通过以上组织环境的分析，大学生应理出一条清晰的线索，来衡量在该组织中自己的职业生涯是否有足够的发展空间，自己的职业目标能否得以实现。

六、家庭环境分析

对于中国大学生而言，家庭对职业生涯规划和择业的影响是巨大的。当前，我国大部分大学生都是独生子女，真正在经济和情感上独立的大学生并不多见。因此，在作职业生涯规划和择业时，大学生一定要考虑家庭实际情况，获得家庭特别是父母的理解和支持。否则，职业和工作状态都会受到影响。

英国教育学家约翰·洛克曾经说过："家庭教育决定孩子一生的命运。"有研究者将父母的家庭教育方式大致分为以下四种类型：民主型、专制型、溺爱型和忽视型。采取不同教育方式的父母对孩子的职业选择会表现出不同的反应。

民主型家庭倾向于高度关怀和中等程度的行为控制，更多给予孩子以支持，当好参谋角色，让孩子自己作出选择；专制型家庭倾向于低度的关怀和高度的控制，孩子会感到自己在家中毫无地位、不被理解，于是很少与父母交流思想，成长于这样家庭的大学生进行职业生涯规划时要么一意孤行，要么根本不做；溺爱型家庭常以一种顺从的方式对待孩子，他们较少对孩子提出要求，孩子具有按照自己意愿行动的自由，其职业生涯规划往往脱离实际，或者完全不予考虑；忽视型家庭对孩子采取放任态度，父母以自己为中心，对孩子没有明确要求，很少与孩子在一起活动，甚至可能对孩子置之不理，对孩子在学校或与朋友一起时的经历也不感兴趣，很少与孩子谈心，因此这种家庭环境下成长的大学生在进行职业生涯规划时很少与家庭沟通，或者好高骛远，或者偏好冒险，这都可能增加职业成功的风险性。

不同家庭教育方式下的大学生不仅在职业生涯规划上有所不同，而且在求职过程中所表现出的职业选择、面试的应激性反应、对未来薪酬的期待值以及就业后的流动等方面也都有较大的差别。

综上所述，大学生在进行职业生涯规划和择业时，绝不能忽视家庭因素的影响。

本章自测题

1. 职业发展变化的趋势是什么？
2. 技术人员的职业特点有哪些？
3. 获取职业信息的渠道和方法有哪些？
4. 社会环境分析主要包括哪些方面？

第四章 员工职业生涯规划

 学习目标

➢ 掌握 SMART 目标管理的概念
➢ 了解职业生涯目标组合的三种方法
➢ 掌握员工职业生涯规划的定义与制定原则
➢ 了解影响职业生涯规划决策的因素以及决策的方法与步骤
➢ 了解常见的职业发展通道有关内容
➢ 掌握员工职业生涯规划评估与调整的主要内容

🔍 引导案例

> 于红在大学里学的是会计专业,她毕业至今已经换过了 4 份工作,做过会计、销售、物流、文秘,现在在一家酒店从事会展策划工作。但她又对现在的工作不满意了,想换工作。浏览各大报纸和招聘网站的招聘信息时,总感觉自己似乎什么工作经验都有,却又很难说达到了职位描述中的要求。面试了几家中意的单位都杳无音信。而有了答复的几家,也都因为公司规模太小或者

在薪酬上双方无法达成共识而作罢。面对这种情况,她不知道怎样才能让自己的职业发展更上一层。

经过专业职业咨询师的分析,认为于红从事过的工作之间缺乏连贯性,零零碎碎,而且有的工作与她本身学的专业相差甚远。也正因如此,造成了她在工作经验上什么都有一些却无一精通的劣势和无奈。职业咨询师对她进行了职业价值观、职业个性以及职业能力等一系列的测评,发现她性格外向、感情细腻,办事注重规则和计划,于是建议她把助理文秘类的职位作为职业的切入点。同时职业咨询师又给了她一些与她的职业发展有关的"充电"建议以及准备简历方面的辅导。在投递了三份简历之后,于红收到了面试邀请,继而职业咨询师又给她做了相应的面试辅导。最后,于红顺利地在一家比较大型的合资公司担任了人事助理一职。

于红说:"我现在正在按照职业咨询师为我规划好的职业发展道路一步一步前进着。假使早些年就有职业生涯规划意识的话,自己的职业发展现在肯定已经步入正轨了,而不至于浪费了这么多年的时间。"

1. 于红对自己的职业定位不够清晰,导致做了很多不相关的工作,那么如何才能对自己有一个准确的职业定位呢?

2. 如何寻找自己职业生涯发展的切入点?如何合理地规划自己的职业生涯?

第一节　员工职业生涯规划概述

一、员工职业生涯目标

如果看不到未来，就把握不了现在；如果没有目标，就永远实现不了自己的愿望。目标设定对于未来至关重要，它是一个人行动的指南，前进的保障。员工职业生涯目标，是指个人在选定的职业领域内所要达到的具体目标，包括短期目标、中期目标和长期目标，一般是在进行个人评估、组织评估和环境评估的基础上，由组织里的部门负责人或人力资源部门负责人与员工个人共同商量设定。

员工职业生涯目标是员工职业生涯规划的最终目的，是进行职业生涯规划前必须首先明确的重要概念。

（一）职业生涯目标的设定

职业生涯目标的设定，是在充分认识自我、对职业机会进行评估后，对职业发展方向作出的抉择。这种抉择是在对主客观条件进行分析的基础上，以个人的专业、性格、气质、价值观、兴趣及社会的发展趋势等信息为依据作出的。职业生涯目标的设定不能简单地等同于职业目标的选择，它不单单是为了找到目标，而且需要管理和使用好这个目标。为了实现这一目的，我们有必要引入SMART目标管理的概念和方法，对职业生涯目标的设定做深入细致的分析。

1. **目标必须是具体的（specific）**

职业生涯目标必须是清晰的、可产生行为导向的。如"我要成为一名优秀的员工"就不是一个具体的目标，但"我要获得今年的一等奖学金"就是一个明确、具体的目标。再比如相比"英语考试过关"，"英语四级考试一次过关"就更加具体。

2. **目标必须是可以衡量的（measurable）**

目标是过程预测的一部分，需要借助一些较为明确的测量尺度和测量方法来衡量。如考试的分值、取得资格认证的级别或其他一些可以比较或量化的指标。如"我要获得今年的一等奖学金"就对应着许多可以量化的指标——学习成绩、参加活动、担任职位等。

3. **目标必须是可以达到的（achievable）**

目标必须具有可完成性，必须是可以达到的，因此应该在能力范围内来确定目标。如"每天背一万个英语单词"这一目标显然是绝大多数人不可能完成的任务。

4. **目标必须是切合实际的（realistic）**

目标必须具有现实性。现实的目标应该建立在对所有可控因素充分认识的基础上，清楚哪些因素是可以通过采用一些手段或者使用一些工具来实现的。比如，依靠个人的努力不可能实现，那么是否能够调动其他社会资源？

5. **目标必须有明确的时间表（time-limited）**

为目标设定一个时间期限，这是制定目标的最后一个环节。在设定目标时，必须确定完成目标的日期，不但要确定最终的目标完成时间，还要设立多个较小时间段上的"时间里程碑"，以便对目标进度进行监控。时间设定得越精确，对目标的控制就会越严格，目标的实现就越有保障。

综合运用上述分析方法和分析结果，细致考察并再次检验自己设定的职业生涯目标，是保证职业生涯目标更加科学和利于实施完成的重要手段。

（二）职业生涯目标的分解

古人云"不积跬步，无以至千里；不积小流，无以成江海"，任何一个目标都无法一步达到，大目标是通过许多小目标的实现来逐步达到的。因此，员工明确了职业生涯目标以后，还要学会将它分解，将职业生涯的长期目标分解成许多相互之间有关联的、清晰具体的小目标。

职业生涯目标分解就是根据观念、知识、能力差距，将职业生涯的最终目标分解为有时间规定的长、中、短期分目标，将目标清晰化、具体化，将目标量化成可操作的实施方案。

目标分解可以帮助员工在现实环境和美好愿望之间建立起可以拾级而上的路径。

员工可以通过两种途径来分解职业生涯目标。

1. 按时间分解

按时间分解是最常用的目标分解方法，也很容易掌握。首先，员工应该明确职业生涯的最终目标。最终目标取决于一个人的价值观、知识储备、能力水平，是对自身条件、社会环境、组织环境等主客观因素进行大量分析之后得到的结果。最终目标只有与自己的价值观相符才是有效的，一经确立就不应再频繁更改。一旦确定了职业生涯的最终目标，员工就要根据个人的经历和所处的环境将最终目标细化为长期、中期和短期目标。不同时期目标的基本特征见表4-1。

表4-1　　　　长、中、短期目标的基本特征

目标类型	长期目标	中期目标	短期目标
特征	1. 目光长远 2. 非常符合自己的价值观 3. 与社会发展需求相结合 4. 富有挑战性 5. 考虑风险 6. 创造性 7. 能够用明确的语言定性地描述 8. 在一定时间范围内可行 9. 一经实现会带来巨大的成就感 10. 易于分解操作	1. 与长期目标一致 2. 全局眼光 3. 基本符合自己的价值观 4. 创新性 5. 灵活性 6. 能够用明确的语言量化地描述 7. 环境支持 8. 有比较明确的时间且可以适当调整	1. 与中期目标、长期目标相一致 2. 适应组织环境需求 3. 灵活简单 4. 未必与自己的价值观相符，但可接受 5. 前瞻眼光 6. 可操作性 7. 切合实际，确能实现 8. 朝向长期目标，以迁为直 9. 有明确具体的完成时间

（1）长期目标。一般来说，长期目标是时间为5年以上的目标，通常比较粗略、不具体，有可能随着各种情况的变化而变化，具有战略性、挑战性和动态性等特点。长期目标为人生指明了方向，可鼓舞斗志。长

期目标需要个人经过长期艰苦努力、不懈奋斗才有可能实现。员工确立长期目标时要立足现实、慎重选择、全面考虑，使之既有现实性又有前瞻性。

（2）中期目标。一般来说，中期目标是时间为 3~5 年的目标和任务，它相对长期目标要具体一些。中期目标有如下特点：通常与长期目标保持一致；需要对目标实现的可能性作出评估；必须结合自己的意向及组织的要求来制定；符合自己的价值观，能增强自己的成就感。比如，本科毕业后找到一份满意的工作或者就读理想的学校和专业的研究生等。

（3）短期目标。一般来说，短期目标是时间为 1~2 年的目标，是中期目标和长期目标的具体化。短期目标有如下特点：要服从和服务于中期目标；明确、具体、切合实际且具有可操作性；明确规定目标完成的具体时间；目标可能是自己选择的，也可能是组织安排、被动接受的；目标可以在切合实际的基础上适当提高一点，经过努力能够达到。

短期目标对于新参加工作的员工来说是非常重要的，短期目标设定是否合理决定着中期目标和长期目标是否可以实现。

2. 按性质分解

美国著名职业心理学家施恩教授把职业生涯分为外职业生涯和内职业生涯。外职业生涯是指所从事职业（由教育开始，经工作期直到退休）的外在因素的组合及其变化过程，这些因素包括工作单位、工作地点、工作内容、工作环境、职务与工资待遇等。外职业生涯的构成因素通常是由别人给予的，也容易被别人收回。有些人一生疲于追求外职业生涯的成功，但内心却极为痛苦，因为他们往往不了解，外职业生涯发展是以内职业生涯发展为基础的。内职业生涯是指从事一种职业所具备的知识、观念、心理素质、能力、内心感受等因素的组合及其变化过程。内职业生涯各项因素要靠自己的主观努力才能获得，别人帮助只是一个助力。而且，内职业生涯的各构成因素一旦获取，就会成为别人拿不走、收不回的个人财富。内职业生涯的发展是外职业生涯发展的前提，内职业生涯发展了，外职业生涯自然提升。因此，在职业生涯的各个阶段，都应该重视内职业生涯的发展。尤其是在职业生涯的早期和中期，内职业生涯的发展比外职业生涯更重要。根据内、外职业生涯的内容，员工还可以把职业生涯目标分解为具体的外职业生涯目标和内职业生涯目标。

（1）外职业生涯目标。外职业生涯目标一般包括以下四方面内容。

1）职务目标。职务目标应当具体明确，一般包括技术职务和行政职务。技术职务，如技术员、工程师、高级工程师；行政职务，如财务经理、工程总监、总经理等。如果某位员工10年的职务目标是担任某大型企业的经营总裁，那么这一职务目标可以分解为供应部经理、销售部经理、生产技术部经理和财务部经理等，因为担任经营总裁需要四方面的工作经验：组织建立原料供应渠道、组织建立市场销售渠道、熟悉生产工艺过程、熟悉财务税收。

2）工作内容目标。在现实生活中，能够达到高层职位的人毕竟是少数，能不能晋升很大程度上并不取决于自己。所以员工应该把职业生涯目标的重点转移到工作内容上来，即把某一阶段的工作内容列出详细的计划并付诸实施。

3）经济目标。经济收入是每个人生存的物质基础，在职业生涯规划中列出收入期望无可非议。员工要注意的是应切合实际和自己的能力素质，大胆地规划一个具体的数目，如30岁之前年收入15万元。这些数字将成为个人今后重要的激励因素，所以不应含糊不清。

4）工作地点和工作环境目标。如果对工作地点和工作环境有特殊要求，就要在职业生涯规划中列出这两项内容。

（2）内职业生涯目标。只追求外职业生涯目标有时会让人遭遇很强的挫折感——怀疑上级对自己不公，或者上班太远太累、工资太低、评优晋级没机会，以至于心情抑郁、缺乏干劲。其实，我们还有一笔重要的财富不可忽略——丰富的知识经验积累、观念的更新和能力的提高以及由此带来的快乐感、成就感，这就是内职业生涯因素。所以，员工在分解和组合自己的职业生涯目标时，外职业生涯目标与内职业生涯目标应该是同时进行的，而且内职业生涯目标是尤其应该重点把握的内容。

内职业生涯目标主要包括以下四方面内容。

1）工作能力目标。工作能力是对处理职业生涯中各种工作问题能力的统称，如策划能力、管理能力、创新能力、与领导沟通的能力、与同事协调合作的能力等。职业生涯发展并非一个直线上升的过程，简单地把职业生涯发展定义为职务和职称的晋升只能让自己陷入痛苦的心灵煎熬中。衡量一个人的职业生涯成功与否，不在于其是否赚到很多钱、晋升到很高的职位这些外在表征，而在于其在工作的过程中，是否创造、实现了富有实际意义的成果。很多时候，职业生涯发展是一个横向伸展的过程，可以是工作内容范围的扩大，也可以是专业领域的深入，这都需要不断提高个人的工作能力，否则，职业生涯将停滞不前。从另一个角度来说，必要的工作能力积累也是达到职务目标和收入目标的前提。所以，员工在制定个人职业生涯规划时，应首先考虑在工作中增长知识、提高能力、提高工作效率等方面，工作能力目标应当优先于职务目标。

2）工作成果目标。在很多组织里，工作成果都是进行绩效考核的一个重要指标，扎实的工作成果可以带来极大的荣誉感和成就感，也铺砌了通往晋升的阶梯。

3）提高心理素质目标。心理素质在当今社会越来越受到人们的重视，每个人在职业生涯发展过程中都会遇到这样那样的困难，心理素质差的人往往会怨天尤人、自暴自弃，而心理素质好的人会正视现实，努力去克服困难，走向卓越。员工为了实现职业生涯规划蓝图，就需要不断通过培训和锻炼来提高心理素质。提高心理素质的目标包括能够经受挫折、包容他议、临危不惧，也包括在暂时的成功面前保持清醒冷静，宠辱不惊。

4）观念目标。观念是对人、对事的态度以及价值观。观念影响着人们的行为，也影响着组织、领导、同事、客户对自己的态度。观念目标是在学习、工作中逐步形成的，随时更新自己的观念，让自己总是站在思想前沿，是员工内职业生涯目标的重要部分。

（三）职业生涯目标的组合

将职业生涯目标进行组合是为了处理好不同目标之间的关系。如果只看到目标之间的排斥性，就只能在不同目标之间作出排他性选择；而如果能看到目标之间的因果关系与互补性，就能够积极进行不同目标的组合。职业生涯目标组合有三种方法：时间组合、功能组合和全方位组合。

1. 时间组合

职业生涯目标在时间上的组合可以分为并进和连续两种情况。

（1）并进。有时候面临多个选择，会出现两个或多个不同方向的职业生涯目标。所谓职业生涯目标的并进，是指同时着手实现两个平行的工作目标或建立和实现与目前工作内容不相关的预备职业生涯目标。这里所说的"同时着手实现两个平行的工作目标"，指的是短期内进行不同性质的工作。例如，高等院校的院长、系主任既可以做一名优秀的管理者，也可以做一名优秀的教师；某员工既可以在校园实践活动中锻炼、提升综合素质，又可以在学习成绩上拔得头筹。"建立和实现与目前工作内容不相关的预备职业生涯目标"多发生在中、青年人身上，意在居安思危、未雨绸缪，需要有较强的时间管理能力和持之以恒的毅力。例如，学校团支部书记为了今后获得更大的发展空间，在做好本职工作的同时，进修 MBA 课程；某员工同时学习计算机专业和管理专业，为将来既能成为一名计算机专业人才，又能成为一名优秀的管理人员做好准备。这两个并不矛盾的目标同时进行就叫作目标的并进。

（2）连续。连续是指用时间坐标做链接，将各个目标前后连接起来，实现一个目标之后再去实现下一个目标。例如，大学一年级担任班级团支部书记并进入院学生会编辑部，规划 1~2 年后担任院学生会编辑部部长，毕业后到新闻传媒机构工作，3~5 年后创立自己的文化传媒公司，各个目标分阶段一个一个地实现，这种目标组合的方法就是连续。

2. 功能组合

很多职业生涯目标在功能上可以存在因果关系或互补关系。

（1）因果关系组合。有些目标之间存在着明显的因果关系，如前面提到的工作能力目标与职务目标和收入目标，前者是因，后者为果，表现为：工作能力提高—职务晋升—收入增加。通常情况下，内职业生涯目标是原因，外职业生涯目标是结果。因此，员工要实现职业生涯目标的因果关系组合，就需要不断更新知识，树立新观念并付诸实践。

（2）互补关系组合。有时，两个目标之间存在互补关系。例如，一名管理人员可以在成为一名优秀的部门经理的同时取得MBA证书，这两个目标之间存在着直接的互补关系：实际管理工作为MBA学习提供实践的机会，而MBA学习又为实际管理工作提供理论支持和方法指导。

3. 全方位组合

全方位组合已超越职业的范畴，它涵盖了人生全部活动。全方位组合指职业生涯、家庭和个人事务的均衡发展，相互促进。事业不是生活的全部，任何一个人都不能离开家庭和休闲娱乐，完美的职业生涯规划不应把生活中的其他内容排斥在外。员工对目标进行全方位组合可以超越狭隘的职业生涯范围，将全部的人生活动联系并协调起来。

（四）职业生涯目标的定向

最开始做职业生涯目标定位的，都是刚刚进入职场的新员工，由于缺乏工作经验，确定一个非常明确的职业生涯目标是比较困难的，那么应该怎样确定自己的职业生涯目标呢？这里介绍一个先定向再定位的职业生涯目标确定方法。

1. 职业生涯目标的定向

职业生涯目标的定向与定位，与个人的价值观、人生观、世界观及个性特征、自我认知、职业理想和对社会的了解程度密切相关。职业个性、知识技能、职业社会需求、家庭社会环境四方面因素的有机协调，是实现职业匹配的关键。

在进行职业生涯目标定向时，员工首先要考虑自身的职业个性因素和知识技能的匹配情况。不符合个性特征的职业匹配，不能算作成功的职业匹配。每个人都有自己的个性特征和不同的知识技能水平，个性特征是影响人职匹配的相对稳定的主要因素，知识技能也是应予以考虑的重要因素。如果自己的个性特征严重阻碍自己在本专业领域的发展，或者是未来该专业领域的工作职位趋于饱和，就可以考虑跨专业作定向匹配。否则，原则上应该考虑在所学专业范围内作定向匹配。

2. 职业生涯目标定向的策略

员工在进行职业生涯目标定向时，往往受到诸多实际问题和不定因素的影响，有时很难作出较为有效的决策，因此可以主动采取各种有效策略来帮助自己作出合理的选择。

（1）试探性策略。当员工对未来的职业选择缺乏信心时，可以运用试探性策略，也就是试验的方法，即通过一段时间的社会实践，来考察这种职业是否适合自己，然后再决定是否选择这种职业作为自己未来从事的工作。

试探性策略只是帮助员工在多种备选职业中选择一份较为理想的工作，它是一种暂时性的试探。员工可以利用假期或空闲时间去兼职，或在某一段时间里临时从事某项工作。通过试探，员工可以了解自己在某一领域或某些方面所能适应的情况和所能取得的成绩，然后根据自己的体验，作出更有远见、更可靠的决定。

（2）弹性策略。员工在进行职业生涯目标定向时，应有相对灵活的余地，职业匹配不可能是绝对的。职业生涯目标定向过程中会有各种各样的变化因素，员工不能僵化地进行定向匹配。如果抱着"一棵树上吊死"的心态，最终只会贻误良机，失去更多、更好的职业匹配机会。

（3）过程性策略。个人和社会都在发展，员工应该对自己有一个开发—认识自己—再开发—再认识自己，不断调适自己适应工作和社会要求的过程。目前的匹配职业可以作为进一步发展的桥梁和更好发展的根基，我们一生的职业生涯就是一个不断匹配的过程。

（4）恒定性策略。职业生涯目标定向是一个相对恒定的过程，总体目标和方向应保持相对的一致性。职业生涯目标定向具有相对的稳定性，经过恰当评估与认真合理匹配出的职业，就要恒定地去实践、调适，以实现人职匹配，通过职业活动发挥自己的潜力，展示自己的才能，实现人生抱负，体现人生价值。

二、员工职业生涯规划制定原则

员工制定职业生涯规划的原则主要有以下四点。

（一）实事求是、准确的自我认识和自我评价

一般从以下四个方面对自己进行全方位的认识和评价：
1. 通过价值取向确定的整个人生之路和生活方式。
2. 个人特质，主要是个人素质、性格、爱好、兴趣和专长等。
3. 自己事业中最渴望的是什么，最有价值的是什么。
4. 技能水平和工作适应性。

（二）切实可行

一方面，个人的职业目标一定要同自己的能力、个人特质相符合，这样的职业生涯规划才有可能实现；另一方面，个人职业目标的确定，要充分考虑周围的客观环境和条件。

（三）个人职业目标与组织目标协调一致

员工借助于在组织中工作来实现自身职业目标，其职业生涯规划在为组织目标奋斗的过程中得以实现。脱离组织目标来谈论个人职业进步是不现实的，有时候甚至难以在组织中立足。因此，员工在制定规划时，应积极主动与组织沟通，获得上级管理者的指导和帮助。

（四）在动态变化中制定和修订员工职业生涯规划

员工应根据个人职业发展阶段的不同任务和个人职业特征，制定不同时期或阶段的员工职业生涯目标、要求和实现途径。规划制定后，还需要依据客观实际情况的变化，不断予以调整、修改和完善。

三、员工职业生涯规划阶段

从员工个人角度出发，其职业生涯发展阶段可分为早期、中期和后期三个不同的阶段。不同的职业生涯阶段有着不同的特点和问题，但不同阶段的职业生涯规划应考虑的因素、步骤及原则基本相同。

（一）员工职业生涯规划阶段设计

1. 职业生涯规划阶段设计考虑的因素

组织在为员工设计职业生涯规划时，需要考虑的因素包括员工的个人情况（性别、年龄、受教育程度、经济状况、健康状况、价值观及所在的地区等）以及个人对自身能力、兴趣、职业生涯需要与追求的评估；组织对员工能力、兴趣和潜力的评估；组织与员工在职业生涯选择、设计与机会方面的沟通。

2. 职业生涯规划阶段设计的原则

（1）利益整合原则。利益整合是指员工利益与组织利益的整顿、协调。这种整合不是牺牲员工的利益，而是处理好员工个人发展和组织发展的关系，寻找个人发展与组织发展的结合点。每个个体都是在一定的组织环境与社会环境中学习发展的，因此，个体必须认可组织的目的和价值观，并把自己的价值观、知识和努力集中于组织的需要和机会上。

（2）公平公开原则。在职业生涯规划阶段设计方面，组织在提供有关职业发展的各种信息，包括教育培训机会、任职机会时，都应当公开其条件标准，保持高透明度。这是员工的人格受到尊重的体现，是维护员工整体积极性的保证。

（3）协作进行原则。协作进行原则，即职业生涯规划的各项活动，都要由组织与员工双方共同制定、共同实施、共同参与完成。职业生涯规划本是好事，应当有利于组织与员工双方，但如果缺乏沟通，就可能造成双方的不理解、不配合以至造成风险。因此，必须在职业生涯开发管理战略开始前和进行中，建立相互信任的上下级关系。建立互信关系的最有效方法就是始终共同参与、共同制定、共同实施职业生涯规划。

（4）动态目标原则。一般来说，组织是不断变化的，组织的职位是动态的，因此组织对员工的职业生涯规划也应当是动态的。在"未来职位"的供给方面，组织除了要用自身的良好成长加以保证外，还要注重员工在成长中所能开拓和创造的岗位。

（5）时间梯度原则。由于人生和职业生涯都具有周期发展的特点，职业生涯规划与管理的内容就必须分解为若干个阶段，并划分到不同的时间段内完成。每一个时间阶段又有"起点"和"终点"，即"开始执行"和"完成目标"两个时间坐标。如果没有明确的时间规定，会使职业生涯规划陷于空谈和失败。

（6）发展创新原则。发挥员工的"创造性"这一点，在设定职业生涯目标时就应得到体现。职业生涯规划和管理工作，并不是指设计一套规章程序，让员工循规蹈矩、按部就班地完成，而是要让员工发挥自己的能力和潜能，达到自我实现并为组织创造效益的目的。还应当看到，一个人职业生涯的成功，不仅仅是职务上的晋升，还包括工作内容的转换或增加、责任范围的扩大、创造性的增强等内在质量的变化。

3. 职业生涯规划阶段设计的步骤

（1）对员工进行分析和定位。这一步骤组织应帮助员工进行比较准确的自我评价，同时还必须对员工所处的相关环境进行深层次的分析，并根据员工自身的特点设计相应的职业发展方向和目标。这一步骤的主要任务是开展员工个人评估、组织对员工进行评估和环境分析三项工作。

（2）帮助员工设定职业生涯目标。职业发展必须有明确的方向与目标，目标的选择是职业发展的关键，因为坚定的目标可以成为追求成功的驱动力。帮助员工设定职业生涯目标，主要包括职业选择和职业生涯发展路线的选择两个方面的内容。

职业的选择是事业发展的起点，选择正确与否，直接关系到事业的成败。因此，组织应开展必要的职业指导活动，通过对员工的分析与组织岗位的分析，为员工选择适合的职业岗位。

职业生涯发展路线是指一个人选定职业后从什么方向上实现自己的职业目标，是向专业技术方向发展，还是向行政管理方向发展，发展方向不同，要求也不同。因此，职业生涯发展路线的选择也是人生发展的重要环节之一。职业生涯发展路线选择的重点是组织通过对职业生涯发展路线选择要素的分析，帮助员工确定职业生涯发展路线并画出职业生涯发展路线图。

值得注意的是，组织帮助员工设定的职业生涯目标应该是多层次、分阶段的，这样既可以使员工保持开放灵活的心境，又可以保持员工的稳定性，提高工作效率，增强组织的核心竞争力。

（3）帮助员工制定职业生涯策略。职业生涯策略是指为实现职业目标而积极采取的各种行动、措施和方式方法。例如，参加公司的各类人力资源开发与培训活动，以构建人际关系网；参加业余时间的课程学习，掌握更多的技能与知识；为平衡职业目标与其他目标而作出的努力等。通过这些行动实现个人在工作中有良好表现与业绩的愿望。

在积极实施员工职业生涯规划的同时，根据员工的不同情况采取不同的职业生涯策略对组织和员工的发展具有十分重要的意义。一般来说，在人生的不同年龄阶段，员工的志趣、价值取向等会有所变化。因此，应采用不同的职业生涯管理方法。

（4）职业生涯设计的调整与评估。由于种种原因，最初组织为员工设定的职业目标往往都是比较抽象的，有时甚至是错误的。经过一定时间的工作以后，有意识地回顾员工的工作表现，检验员工的职业定位与职业方向是否合适，这有利于在实施职业生涯规划的过程中评估现有的职业生涯规划。这样，组织就可以调整对员工的认识与判断，通过评估与调整，纠正最终职业目标与分阶段目标的偏差，增强员工实现职业目标的信心。

（二）员工职业生涯规划阶段管理

有专家学者将员工职业生涯周期划分为三个阶段：早期阶段、中期阶段和后期阶段。不同职业生涯规划阶段有不同的特点，也有不同的管理方法。

1. 员工职业生涯早期阶段

职业生涯早期阶段主要是指入职前的职业选择、职业培训到进入组织这一段时间。这一阶段员工的年龄一般在19~30岁。这是一个人从学校步入社会，由学生成为员工、由青年人到成年人等一系列角色转变的过程，是个人在角色转变过程中与工作单位互相了解、接纳、协调、融合的过程。在这一阶段，个人和工作单位需要共同面对重要的职业生涯管理任务。

（1）职业生涯早期阶段的特点。员工职业生涯早期阶段的特点主要体现在以下四个方面。

1）进取心强，具有积极向上、争强好胜的心态。

2）职业能力不断增强，具有强烈的渴望成功的心理要求。

3）完成向职场人的过渡，开始寻找职业锚。

4）开始组建家庭，逐步学习调适家庭关系的能力，承担家庭责任。

（2）职业生涯早期阶段的常见问题。在员工职业生涯早期阶段，个人对组织了解不深，与上级、同事、团队之间尚不熟悉，处于相互适应期，因此，可能会引起一些矛盾和问题。主要问题包括容易产生职业挫败感、难以得到信任和重用、老员工往往会对新员工心存偏见、个人与企业文化的冲突等。这些问题的存在，有时会造成严重的消极后果，这些后果主要包括以下四个方面。

1）阻碍员工个人职业生涯发展。

2）造成组织人力资源投资的浪费。

3）造成组织人才流失或人才被埋没。

4）破坏组织文化。

（3）职业生涯早期阶段的管理任务。个人接受组织聘用进入组织后，形成劳动关系，逐步由"自由人"向"组织人"转化。个人组织化的途径是组织创造条件和营造氛围，使新员工学会在该组织中如何工作、如何处理人际关系、如何扮好组织中的角色等。

针对该阶段的特点，个人的组织化和个人与组织的相互接纳是个人和组织共同面临的、重要的职业生涯管理任务。

2. 员工职业生涯中期阶段

职业生涯中期阶段是指员工30~50岁这一阶段。这是一个时间跨度较长、富于变化，既有可能获得职业生涯成功（甚至达到顶峰），又有可能出现职业生涯危机的一个职业生涯阶段。可以说，职业生涯中期阶段是一个人在事业发展道路上最为重要的阶段。

（1）职业生涯中期阶段的特点。员工职业生涯中期阶段的特点主要体现在以下五个方面。

1）创造力旺盛，工作业绩实实在在。

2）职业能力逐渐成熟，积累了丰富的工作经验。

3）职业发展轨迹呈现倒"U"型变化。在职业生涯中期的初始阶段，职业发展轨迹呈现由低到高逐步上升的趋势，职业顶峰多出现在职业生涯中期的中间段，跨过辉煌的职业高峰后，职业轨迹就会呈现下降趋势，整个过程呈现为一条倒"U"型曲线的形状。

4）工作与家庭的冲突越来越明显，经济负担越来越重，顾虑越来越多。

5）对年龄的增长越来越敏感，意识到职业机会越来越少。

（2）职业生涯中期阶段的常见问题

1）职业生涯遇到瓶颈。员工步入中年，职业生涯发展机会减少，而个人的发展愿望没有得到满足，公司的组织结构可能成为制约员工发展的主要瓶颈。

2）出现职业生涯危机。职业生涯中期阶段，是个人的关键时期。如果职业生涯不成功，就会导致心理受挫，个人对自己的职业发展产生困惑，形成了所谓的中期职业生涯危机。这些危机主要体现在：现实与职业理想不一致、工作业绩发生急剧转折或下滑，以及缺乏明确的组织认同和个人职业认同等。

3）工作与家庭产生冲突。在职业生涯上升期，家庭也需要投入，从而产生工作和家庭的冲突。工作和家庭的冲突表现为三种基本形式，即时间性冲突、紧张性冲突和行为性冲突。

4）压力大，健康状况不佳。当今社会注重业绩表现，竞争激烈，因此，经过了多年辛勤劳动的中年人，仍然要积极进取，迎接年轻人的挑战，以巩固自己已有的地位，导致压力过大从而引起身体健康问题。

（3）职业生涯中期阶段的管理任务。针对此阶段的主要特点，应该采取的管理措施有以下四种。

1）持积极进取的精神和乐观的态度。

2）零星的职业与职业角色选择决策。

3）成为一名良师，担当起言传身教的责任。

4）维护职业工作、家庭生活和自我发展三者之间的平衡。

3. 员工职业生涯后期阶段

在西方，职业生涯后期通常是指 45~60 岁这一段时间；在我国，职业生涯后期通常是指退休前的 5~10 年时间。此时，大多数人的事业已经达到顶峰，体能、学习能力均开始下降，个人对工作的参与度也逐渐减少，对职业发展的需求降低，开始考虑退休问题，并有意识地进行角色转换，从职业生涯中期的中心主导角色向后期的辅助、指导、咨询角色转变。

（1）职业生涯后期阶段的特点。员工职业生涯后期阶段的特点主要体现在以下四个方面。

1）职业地位下降，产生明显的失落感。

2）具有丰富的工作经验和较强的人际交往能力。

3）临近退休，职业进取心下降，更重视兴趣、健康以及家庭。

4）观念、知识以及技能相对老化，对新生事物的敏感性下降。

（2）职业生涯后期阶段的常见问题。

1）经济上和心理上的不安全感。

2）面临职业生涯的结束，担心不适应退休后的生活。

3）身体机能衰退和老化，抵抗力下降、疾病增多。

（3）职业生涯后期阶段的管理任务。针对此阶段的特点，采取的主要做法有以下两种。

1）充分做好角色转换和职位更替的心理准备。承认自己竞争力和进取心的下降，接受权力、责任和中心地位的下降，学会接受和发展新角色。

2）回顾自己的整个职业生涯，着手准备退休，并为后辈提供经验教训。

第二节 员工职业生涯规划管理

一、员工职业生涯规划的决策

(一)影响决策的因素

"决策"一词的意思就是作出决定或选择。职业生涯规划决策是指员工依据自身特性,并参照外在环境现状与发展趋势,通过合乎逻辑的分析,对自己将要从事的职业作出选择的过程。

职业生涯规划决策是个体一生中必然要面对的重要决策,是整个职业生涯规划最重要的组成部分之一,也是整个职业生涯规划制定和实施中最关键的一环。职业生涯规划本身就是一个不断地进行决策,并对决策加以完善的过程。职业生涯发展是一个漫长而曲折的过程,在这个过程中,人们会面临许多次选择,尤其在选择人生中的第一份职业或重新选择职业时,具有决策能力和决策技术尤为重要。因为第一次职业选择很大程度上决定了未来事业发展的方向,错误的选择会使我们付出巨大的时间成本和机会成本。因此,员工可以把一些理性的方法引入到职业生涯决策中,在职业生涯规划及发展中权衡利弊,选择最佳决策及行动方案。

不是每个人都能够成功作出职业生涯规划,这其中会有很多因素影响职业生涯决策,这些影响因素主要包括以下四个方面的内容。

1. 组织因素

职业生涯规划的组织影响因素主要包括六个方面。

(1) 组织结构与组织规模。主要包括组织的分散化、组织的虚拟化、组织的扁平化、组织的多元化、组织的信息化、组织的全球化程度等。

(2) 组织目标与发展战略。组织目标与发展战略从根本上规定了未来职位的数量和人才使用与引进政策,决定了组织的各条职业生涯发展道路。

（3）组织文化。组织文化是员工能否接受，从而能否在本组织找到发展可能性的条件。

（4）岗位供给情况。岗位供给的评估能够更具体地给员工展示组织结构图和职业生涯发展图。

（5）组织决策者。包括组织决策者的管理哲学、事业心、能力、管理风格等都可能对员工职业生涯规划决策产生影响。

（6）其他因素。如组织经济实力、时间等因素也会影响员工职业生涯规划决策。

2. 个人因素

作出有效决策与自己的身体状况、心理状态、个人经历等个人因素有着很大的关系。

（1）心理特征因素。在职业生涯决策的过程中，个人的自我评估和职业评估、环境评估的内容及结果直接影响着职业决策，其中自我评估主要是对个体心理特征的评估，起着决定性作用。例如，有些员工独立思考能力很强，遇事有主见，会积极思考个人职业生涯的发展道路问题；而有些员工缺乏主见，遇事犹豫不决，或没有规划的习惯，时常抱有"车到山前必有路"的消极思想，因而很难制定出正确的职业生涯规划。

（2）个人背景因素。职业生涯规划的形成和发展是个漫长的过程，从特殊事件和经验的角度而言，每个人的人生是独一无二的，个人经历的差异性会对职业生涯规划产生影响，这体现在不同性别、年龄和教育背景等方面。

（3）进行决策时的即时状态。要作出有效的决策，就必须保证在决策过程中身体、情绪和精神状态都处在最佳状态。在决策过程中，员工会面临诸多障碍，这些障碍会影响即时决策。

（4）职业经历。职业经历是员工了解、体验职业，验证职业选择的一个很好的途径，只有体验过才清楚自己是否喜欢、能否胜任；因为接触过，对职业的情况都熟悉了，所以工作才得心应手。这就是很多员工宁愿选择与专业相关但不喜欢的职业，而不选择喜欢但不熟悉的职业的原因之一。

3. 家庭及成长环境因素

家庭是影响有效决策的另一个因素，这表现在三个方面。

（1）家庭教育方式的不同，造成员工认知世界的方式不同。

（2）父母是员工最早观察模仿的角色，员工必然会受到父母所从事职业的潜移默化的影响，导致其有可能选择与父母相同的职业。例如，某员工父母都是医生，那么他很可能会选择当一名医生。

（3）父母的价值观、态度、行为、人际关系等对员工的职业选择也会起到直接或间接的影响。

另外，朋友、同龄群体的职业价值观、职业态度、行为特点等也不可避免地会影响到员工的职业生涯规划。

4. 社会因素

社会环境中流行的工作价值观、政治经济形势、产业结构的变动等因素，无疑都会在员工职业生涯规划中留下深深的烙印。不同的社会环境给予个人的职业信息是不同的。宏观上，社会、经济、历史和文化因素都能够干扰个人职业生涯规划的制定。

现阶段，我们处于一个知识经济时代，对相关职业信息的搜集、对日新月异的职业环境的了解，都会影响员工对未来职业生涯的规划。同时，用人单位对员工的需求、技能要求、专业在社会中的具体发展状况等，也都是影响员工职业生涯规划的因素。这就要求员工在用人单位的需求和自己的具体情况之间不断地进行评估、预测和调整。

（二）决策的风格

美国职业生涯专家斯科特（Scott）和布鲁斯（Bruce）指出，决策风格是在后天的学习经验中逐渐形成的。他们将决策风格划分为五种类型，即理智型、直觉型、依赖型、回避型和自发型。

1. 理智型

理智型的决策风格以前期周密调查，并对选择进行逻辑性评估为特征。理智型的决策者具备深思熟虑、分析、逻辑的特性。这类决策者会评估决策的长期效用并以事实为基础作出决策。

理智型的决策风格是比较受推崇的决策方式，强调综合全面地收集信息、理智地思考和冷静地分析判断，是其他决策风格的个体需要培养的一种良好的思考习惯。但理智型的决策风格并不是理想的、完美的决策方式，即使采用系统的、逻辑的方式，也会出现因为害怕承担决策的后果而不能整合自己和重视他人观点的困扰。

2. 直觉型

直觉型的决策风格以依赖直觉和感觉为特征，比较关注内心的感受。直觉型的决策者以自我判断为导向，可以根据有限的信息快速作出决策。当发现错误时能迅速改变决策。由于以个人直觉而不是理性分析为基础，这类决策发生错误的可能性较大，因此，易造成决策不确定性，容易使人丧失对直觉型决策者的信心。

3. 依赖型

依赖型的决策风格以寻求他人的指导和建议为特征。依赖型的决策者往往不能够承担自己做决策的责任，允许他人参与决策并共同分享决策成果，会受到他人的正面评价，但也可能因为简单地模仿他人的行为导致负面的反映。依赖型的决策者需要在生活中减少他人对自己的影响程度。

4. 回避型

回避型的决策风格以试图回避决策为特征。回避型决策是一种拖延、不果断的决策方式。面对决策问题会产生焦虑的决策者，往往因为害怕作出错误决策而采取这样的反应。这种类型的决策者不能够承担做决策的责任，倾向于不考虑未来的方向，不去做准备，不知道自己的目标，也不思考，更不寻求他人的帮助。

5. 自发型

自发型的决策风格以渴望即刻、尽快完成决策为特征。自发型的决策者往往不能够容忍决策的不确定性以及由此带来的焦虑情绪，是一种具有强烈即时性，并乐于快速做决策的决策风格。自发型决策者常会基于一时的冲动，在缺乏深思熟虑的情况下作出决策，此类决策者通常会给人果断或过于冲动的感觉。

（三）决策的方法

职业生涯决策是一个复杂的认知过程，员工不仅需要收集有关自我和职业、环境的信息，还要仔细衡量各种可供选择的职业的前景。当员工缺乏必要的关于职业的信息或个人的职业特征信息时，就会导致决策困难。因此，在进行职业生涯决策时，员工应使用一些科学的决策方法。

1. SWOT 分析决策法

SWOT 分析决策法原本来自市场营销领域，通常是市场战略分析家们用来分析企业内外部环境、制定企业最终发展战略的一种实用技术。但是，技术方法本身并不区分使用的专业和领域，员工同样可以借用 SWOT 分析决策法来为个人的职业生涯决策服务。原本对企业内部环境的优势分析和劣势分析在职业生涯决策的过程中就可以转换为对个体自身的优势分析和劣势分析，而所谓的企业外部环境中的机会分析和威胁分析，就相当于对职业环境因素以及各种可供选择的职业前景的分析。综合自身的优势和劣势，认清周围的职业环境和前景，员工就可以降低职业生涯决策的难度，更容易地进行职业选择。因此，SWOT 分析决策法也可以看作是一种有效的职业生涯决策方法。通过这种方法，员工能够更准确地进行自我评估，更清晰地认识自己的生涯机会，从而能就社会就业市场的状况和个人的情况作出最佳的决策。

SWOT 是四个英语单词的缩写，即 strength（优势）、weakness（劣势）、opportunity（机会）和 threat（威胁）。一般来说，优势和劣势属于个人内部因素；而机会和威胁则来自外部环境（包括组织环境和社会环境），是外部因素。SWOT 分析决策矩阵是一个非常有用的职业生涯决策工具，见表 4-2。员工利用 SWOT 分析决策矩阵对自己做个细致的分析，就可以非常明确地知道自己的优势和劣势，并可以评估出自己所感兴趣的职业道路的机会和威胁所在。

使用 SWOT 分析决策矩阵有两个步骤。

（1）评估自己的优势和劣势。每个人都有自己独特的价值观、性格、兴趣和能力。在当今分工非常细化的就业市场上，一个人可能只擅长某一领域。

表 4-2　　　　　　　　SWOT 分析决策矩阵

内部因素	**优势**：指个体可控并可利用的内在积极因素 1. 工作经验 2. 教育背景 3. 丰富的专业知识和技能 4. 特定的可转移技巧（如沟通、团队合作、领导能力等） 5. 人格特质（如职业道德、自我约束、压力承受能力、创造性、心态等） 6. 广泛的个人关系网络 7. 在专业组织中的影响力	**劣势**：个体可控并努力改善的内在消极因素 1. 缺乏工作经验 2. 学习成绩差，专业不对口 3. 缺乏目标，且对自我的认识和对工作的认识都十分不足 4. 缺乏专业知识 5. 较差的领导能力、人际交往能力、沟通能力和团队合作能力 6. 较差的寻找工作的能力 7. 负面的人格特征（职业道德缺失、缺乏自律、缺少工作动机、害羞、情绪化等）
外部因素	**机会**：个体不可控，但可以利用的外部积极因素 1. 就业机会增加 2. 再教育的机会 3. 专业领域急需人才 4. 由于提高自我认识、设立更多具体的工作目标带来的机遇 5. 专业晋升的机会 6. 职业道路选择带来的独特机会 7. 专业发展带来的机会 8. 地理位置的优势 9. 强大的关系网络	**威胁**：个体不可控，但可以使其弱化的外部消极因素 1. 就业机会减少 2. 同专业的大学毕业生带来的竞争 3. 具有丰富技能、经验、知识的竞争者 4. 求职和应聘能力较强的竞争者 5. 名校毕业的竞争者 6. 缺少培训、再学习造成的职业发展障碍 7. 工作晋升机会十分有限或者竞争激烈 8. 专业领域发展有限 9. 公司不再招聘同等学力或专业的员工

有些人不喜欢整天坐在办公桌前，而有些人则一想到不得不与陌生人打交道就惴惴不安。利用SWOT分析决策矩阵可以找出自己不是很喜欢做的事情和自己的劣势。找出劣势与发现优势同等重要，因为你可以基于自己的优势和劣势做两种选择：一是努力去改正你常犯的错误，提高你的技能；二是放弃那些对你不擅长的技能要求很高的职业。列出你认为自己所具备的很重要的优势和对职业选择产生影响的劣势，然后再标出那些你认为对你很重要的优势和劣势。

（2）找出职业机会和威胁。不同的行业（包括这些行业里不同的公司）都面临不同的外部机会和威胁，所以，找出这些外界因素对于帮助你找到一份适合自己的工作是非常重要的，因为这些机会和威胁会影响你的第一份工作和今后的职业发展。如果公司处于一个常受到外界不利因素影响的行业里，很显然，这个公司能提供的职业机会将是很少的，而且缺乏升职的机会；相反，充满了积极的外界因素的行业则能够为求职者提供更广阔的职业前景。

员工在使用SWOT分析决策矩阵时，可以采取多种方法来确定自身的优势与劣势、机会与威胁。目前最常使用的是关键提问法，即连续不断地向自己提问，从答案中进一步了解自己。例如，员工可以通过向自己提出以下一系列问题来逐步确定自己所面对的外在环境机会：我最有希望的前景在哪里？我的专业领域中目前最先进的知识技术是什么？我是否尽了一切努力来让自己朝它靠近？什么样的培训和再教育能够让我增加更多的机会？MBA或其他学历是否能够增加我的优势？在目前工作中我多快能够得到晋升？技术和市场的变化、政府政策的改动以及社会形态、人口状况、人们生活方式的变化是否会给我带来机会……

2. 决策平衡单法

决策平衡单（decision-making balance sheet）经常被应用于问题解决和职业咨询中，用以协助咨询者系统地分析每一个可能的选项，判断各选项的利弊得失，然后依据其在利弊得失上的加权计分确定各个选项的优先顺序，以执行最优先或偏好的选项。员工可以利用决策平衡单来进行职业生涯决策。职业生涯决策平衡单的形式见表4-3。

在使用职业生涯决策平衡单时可参考下列步骤：

（1）建立"职业生涯决策平衡单"。首先需在平衡单中列出有待深入评估的潜在职业选项3~5个。

（2）判断各个职业选项的利弊得失。列出每个职业选项曾经考虑的条件，并考虑每个职业能符合这些条件的得失程度，如从-5~5分给分。主要集中于四个方面的得失：个人物质方面的得失、他人（父母、配偶、师长等）物质方面的得失、个人精神方面的得失、他人（父母、配偶、师长等)精神方面的得失。

(3)设置各项考虑因素的权重。在各个方面的利弊得失之间,身处不同情境会有不同的考量。因此,在详细列出各项考虑因素之后,须再进行加权计分。对每个考虑因素按照自己的情况设置权重,如得分为1~5分,1分表示不看重,5分表示最看重。

(4)计算出各个职业选项的得分。把各因素的权重和利弊得失分数相乘后再累加,计算各个职业选项的总分。

表4-3　　　　　　　　　职业生涯决策平衡单样表

考虑因素		选择项目					
		选择一		选择二		选择三	
		+	-	+	-	+	-
个人物质方面的得失	收入						
	工作的难易程度						
	晋升的机会						
	工作环境的安全						
	休闲的时间						
	生活变化						
	对健康的影响						
	就业机会						
	其他						
他人物质方面的得失	家庭收入						
	家庭地位						
	与家人相处的时间						
	其他						
个人精神方面的得失	生活方式的改变						
	成就感						
	自我实现的程度						

续表

考虑因素		选择项目					
		选择一		选择二		选择三	
		+	-	+	-	+	-
个人精神方面的得失	兴趣的满足						
	挑战性						
	社会声望的提高						
	其他						
他人精神方面的得失	家人的荣耀感						
	家人的认同						
	家人的担心						
	配偶						
	其他						

（5）确定各个职业选项的优先顺序。最后，依据各职业选项在总分上的高低确定优先次序。职业选项的优先次序即可作为员工职业生涯决策的参考依据。

（四）决策的步骤

在进行职业生涯决策时，不仅要考虑职业生涯的影响因素，了解自身的决策类型和风格，还要掌握进行职业生涯决策的流程，以使决策过程更为规范，决策更为有效。通常情况下，在进行职业生涯决策时应遵循以下步骤：明确职业生涯规划的前提条件、排除职业生涯决策的障碍、选择并绘制职业生涯发展路线、实施并反馈问题、评估并完善流程。

1. 明确职业生涯规划的前提条件

为了确保职业生涯决策具有可行性和可执行性，首先应当明确职业生涯规划的前提条件。职业生涯规划的前提条件一般有以下五项。

（1）明确的职业目标。职业目标在职业生涯设计过程中起着导向作用。一个人选择什么样的职业，以及为什么选择这种职业，通常都是以其职业目标为出发点的。任何人的职业目标必然要受到社会环境、社会现实的制约。社会发展的需要是职业目标的客观依据，凡是符合社会发展需要的职业目标都是高尚的、正确的，并具有现实的可行性。

（2）正确进行自我分析和职业分析。一方面，要通过科学的方法和手段，对自己的职业兴趣、气质、性格、能力等进行全面认识，清楚自己的优势与特长、劣势与不足。另一方面，职业具有自身的区域性、行业性、岗位性等特点。要对该职业所在的行业现状和发展前景有比较深入的了解，比如人才供给情况、平均工资状况、行业的非正式团体规范等。如果需要，还应了解该职业所需要的特殊能力。

（3）构建合理的知识结构。知识的积累是职业发展的基础和必要条件，但单纯的知识数量并不足以表明一个人真正的知识水平，人不仅要具有相当数量的知识，还必须形成合理的知识结构，没有合理的知识结构，就无法充分发挥其创造力。

（4）培养职业需要的实践能力。综合能力和知识储备量是用人单位选择人才的依据。一般来说，对于进入岗位的新员工，组织应重点培养其满足社会需要的决策能力、创造能力、社交能力、实际操作能力、组织管理能力、自我发展的终身学习能力、心理调适能力和随机应变能力等。

（5）参加有益的职业训练。职业训练包括职业技能的培训、对自我职业的适应性考核、职业意向的科学测定等。

2. 排除职业生涯决策的障碍

人们进行职业生涯决策时常会遇到一些障碍，为了确保职业生涯决策的成功，应当能够识别这些障碍，以更好地采取措施排除这些障碍。

（1）个人方面的障碍。要作出有效的职业生涯决策，就必须让自己在决策时身体、情绪和精神都处于良好状态，以确保自己能够发挥最好的水平进行决策。如果决策者疲惫不堪、紧张焦虑，或者无法集中精力于决策事件本身，都不能确保作出有效决策。

（2）家庭方面的障碍。无论是年轻人还是老年人，其与家庭成员的关系，都会干扰有效决策的形成。对于年轻人而言，问题可能来自家长；对于稍年长的一些人，问题可能来自配偶、情侣或者孩子。而且那些与家庭成员高度融合或密切相关的人，往往在决策中很难保持自己情绪和心理上的独立。若家庭成员之间无法就义务、经济、责任、价值观等达成共识，就会使个体决策出现问题。

（3）社会方面的障碍。从宏观上看，政治、经济、历史和文化的力量都能够干扰个人的有效决策。例如，年龄歧视、性别歧视等可能损害个体的教育或就业选择，从而使其决策变得更复杂。

3. 选择并绘制职业生涯发展路线

职业生涯发展路线是指一个人选定职业后选择从什么途径去实现自己的职业目标，如是向专业技术方向发展，还是向行政管理方向发展。

（1）职业生涯发展路线的选择。通常职业生涯发展路线的选择须考虑以下三个问题。

1）"我想往哪一职业路线发展？"即通过对自己的价值观、理想、成就动机和兴趣分析，确定自己的目标取向。

2）"我能往哪一职业路线发展？"即通过对自己的性格、特长、经历、学历以及专业的分析，确定自己的能力取向。

3）"我可以往哪一职业路线发展？"即通过对自己所处的社会、经济、政治、组织环境的分析，确定自己的机会取向。

（2）职业生涯发展路线的类型。概括来讲，职业生涯发展的路线主要有以下四种类型。

1）**直线型职业生涯发展路线**。直线型职业生涯发展路线是指一生中就从事一种职业，只在这个职业中发展，不断学习和提高专业技能，积累经验。这种路线只有一个通道，员工只能做垂直运动，职业发展目标就是晋升。其职业生涯的发展需要个人努力，更需要组织栽培。

2）**螺旋型职业生涯发展路线**。螺旋型职业生涯发展路线是指一生中从事两种或两种以上的职业，在不同职业甚至不同行业中寻求发展，不断学习和提高多种技能，培养灵活的就业能力，不断提升人力资本。这种路线的通道不明晰，主要靠员工个人设计与管理，获得心理成就感，运动方式是螺旋式上升。

3）**跳跃型职业生涯发展路线**。跳跃型职业生涯发展路线是指一生中职务等级或职称等级不是依级晋升,而是越级晋升。跳跃型职业发展路线可用较短的时间到达较高的职业高度。但这种路线不是一种普遍适用的路线,它需要特殊的机遇或个人特别的努力。

4)双重型职业生涯发展路线。双重型职业生涯发展路线是指有两个可以相互跨越的职业发展通道,员工可自行决定其职业发展的方向。选择双重型职业生涯发展路线的多为专业技术人员,他们可以从技术生涯路线和管理生涯路线中选择一条最适合自己兴趣和能力的职业生涯发展路线,减少改变职业发展路线的成本。

(3)职业生涯发展路线的绘制。典型的职业生涯发展路线图是一个"V"型图。假如一个人22岁大学毕业参加工作,即V型图的起点是22岁。以起点向上发展,V型图的左侧是行政管理路线,右侧是专业技术路线。在绘制职业生涯发展路线时,可以将路线分成若干等分,每等分表示一个年龄段,并将专业技术的等级、行政职务的等级分别标在路线图上,作为自己的职业生涯目标。

4. 实施并反馈问题

职业生涯决策实施的关键是制订职业生涯决策实施计划。没有实施计划的决策不是成功的决策。这一实施计划包括个体要采取的职业生涯决策实施步骤、时间安排以及实施职业生涯决策可利用的资源。一个好的计划应该预料到可能遇到的困难,虽然没有任何计划能够详细列出所有可能出现的意外情况,但也要尽力把所有成本和风险降到最低。

职业生涯决策实施的另一项核心任务是建立反馈机制。在实施过程中,如果发现问题,应及时反馈,避免该问题影响职业生涯决策的顺利实施。同时,对职业生涯决策中可执行的、有效的内容也应进行整理反馈,为后续职业生涯决策提供指导。

5. 评估并完善流程

由于社会环境的变化和一些不确定性因素的存在,以及人们主观能动性的局限,导致所作出的职业生涯决策总是存在一些问题,对此,就需要在作出职业生涯决策以及实施过程中进行不断的评估和完善。

职业生涯决策评估的主体包括自我、他人和社会。自我评估主要是从自己的气质、性格、特长、兴趣和能力等方面评估职业生涯决策是否符合自身的特质。他人评估的内容一方面包括职业生涯决策是否会危害到他人，另一方面是根据他人的观点检验自我评估是否足够客观。社会评估主要是评估职业生涯决策是否符合当前社会的整体环境。

（五）CASVE 循环

CASVE 循环包括五个阶段，即沟通（communication）、分析（analysis）、综合（synthesis）、评估（value）和执行（execution），CASVE 就是这 5 个词的英文单词首字母。它是一种职业生涯决策技术，可以为整个职业生涯问题解决和进行决策提供指导。CASVE 循环如图 4-1 所示。

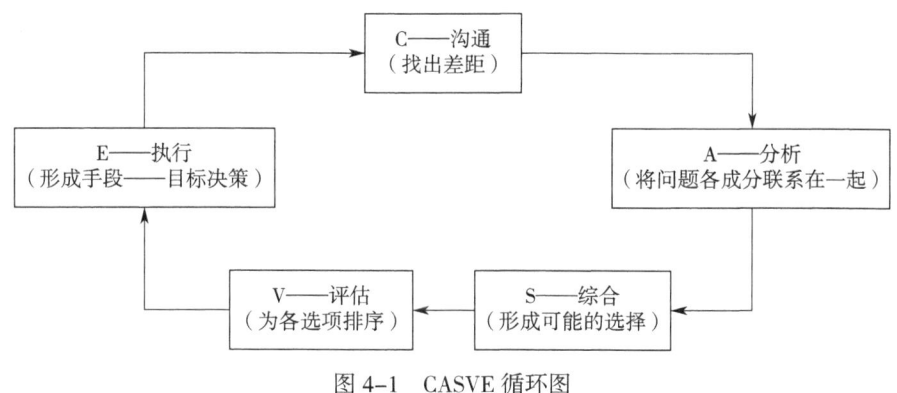

图 4-1　CASVE 循环图

1. 沟通

在沟通阶段，个体会收到关于职业理想与现实之间存在差距的信息。这些信息可能通过内部或外部交流途径传达给个体。内部沟通包括情绪信号（如不满、厌烦、焦虑和失望）、身体信号（如昏昏欲睡、头痛、胃部疾病）等。外部沟通包括父母对自己职业生涯规划的询问，同事、朋友对自己的职业评价，或者是网站、杂志、报纸等媒体上关于自己的专业的文章。

沟通是意识到自己需要作出选择的阶段。在这个阶段，个体通过各种感官和思考充分接触问题，并找出差距。

2. 分析

在分析阶段，需要花时间去思考、观察、研究，从而更充分地了解差距，了解如何有效地解决问题。好的职业生涯决策者不会通过冲动行事来减小沟通阶段的压力或痛苦，因为他们知道，这是无效的，甚至可能令问题恶化。他们清楚要解决这个问题需要了解哪些信息，需要做些什么，为什么自己会有这样的感受，家庭会怎样看待自己的选择等。

分析是了解自己和自己的各种选择的阶段。在这一阶段，职业生涯决策者通常会收集相关信息，不断了解职业世界和家庭需要。简而言之，在分析阶段，职业生涯决策者应尽可能了解造成在第一阶段发现的差距的原因。同时，分析阶段还需要把各种因素和相关知识联系起来，例如，把自我知识和职业选择联系起来，把家庭和个人生活的需要融入职业选择中。

3. 综合

综合主要是加工上一阶段获得的信息，从而制定消除差距的行动方案。其核心任务是确定自己可以做什么来解决问题。

这是一个扩大并缩小选择清单的过程。首先，尽可能多地找到消除差距的方法，发散地思考每一种方法，可以采用头脑风暴法等进行创造思维。然后，确定缩小有效方法的数量，通常缩减到3～5个选项，因为这是人们头脑中最有效的记忆和工作容量。

4. 评估

评估阶段将选择一个职业、工作或大学专业。评估阶段的第一步是评估每一种选择对职业生涯决策者和他人的影响。例如，如果选择了职业A，这一选择将会给自己、配偶、父母、孩子、朋友等带来什么影响？每种选择都要从对自己和对他人的得与失两方面进行评价，并综合物质和精神因素。

评估阶段的第二步就是对综合阶段得出的选项进行排序。此时，职业生涯决策者会选出一个最佳选项，并且作出承诺去实施这一选择。

5. 执行

在执行阶段，职业生涯决策者将把计划转换为行动。执行包括形成手段——与目标联系,以及确定一系列逻辑步骤以达到目标。

CASVE 循环是一个不断重复的过程,在执行阶段之后,职业生涯决策者又回到沟通阶段,以确定自己的选择是不是最好的,是否能最有效地消除理想与现实间的差距。

二、员工职业生涯规划的实施与管理

(一)员工职业生涯规划的实施

职业生涯规划的实施过程有以下三点。

第一,职业生涯发展路线的选择。前面已经介绍过,设定了职业生涯目标之后,员工还应该确定达到这一目标的职业生涯发展路线,也就是向哪一条路线发展,是走行政管理路线、专业技术路线,还是走经营路线;是先走技术,再转向管理,还是两者兼顾。发展路线不同,各方面条件的要求也就不同。因为,即使同一职业也有不同的岗位,有的人适合做行政,可在管理方面大显身手,成为一名卓越的管理人才;有的人适合搞研究,可在某一领域有所突破,成为一名专家学者;有的人适合搞经营,可在商海中建立功勋,成为一名经营人才。如果一个人不具有管理才能,却选择了行政管理路线,就很难成就事业。由此可见,职业生涯发展路线的选择也是员工职业生涯能否成功的重要影响因素之一。

第二,制订行动计划。即根据长期目标、中期目标、短期目标、年度目标、学期目标等制订行动计划。目标的制定应由长期向短期分解。举例来说,假设你是一名刚上大三的学生,学的是人力资源管理专业,希望以后成为一名人力资源管理专业人士,将这个目标倒推:两年后大学毕业时获得一家公司人力资源部门的初级职位;一年后读大四时争取进入一家公司的人力资源部门实习;半年后的下学期开始投递简历,寻求实习机会;本学期,就应当开始准备自己的简历,列出有可能向你提供相关信息的人,并阅读更多课本外的人力资源管理相关书籍。而与目标相对应的行动计划的制订,则是先制订近期计划,然后由近及远,逐步推进。越近期的目标,行动计划就应该越详细,而长期目标的行动计划则可以适当粗略一些。

第三，实施行动计划。有了目标和计划，最重要的就是落实。常听到有些员工说："等我挣了钱，要去环游世界；等我有时间了，就去做想做的事情；等我……"最终却成了思想的巨人，行动的矮子。还有些员工虽然开始了行动，但一遇到挫折就停滞不前，或者没有足够的毅力坚持下去，结果半途而废。实施行动计划，一旦开始行动，就要坚持到底，只要目标没有改变，行动就不能停滞。否则，近期目标没有完成，后续的目标就得改变。这样便会引起一连串的连锁反应，最初制定的阶段性目标，甚至最终目标都会变成虚设和幻想，所谓的员工职业生涯规划就成了纸上谈兵。"不积跬步，无以至千里；不积小流，无以成江海。"不要小看一点点的改变，每天改变一点点，理想才会一步步靠近。

（二）员工职业发展通道

1. 职业发展通道的定义

职业发展通道又叫员工职业发展计划，是指组织为员工设计的成长和晋升的管理方案。职业发展通道设计指明了组织内员工可能的发展方向及发展机会，组织内每一名员工可以沿着本组织的发展通道变换工作岗位。具体来说，职业发展通道是员工在组织中所经历的一系列结构化的职位变换。

对组织来说，职业发展通道设计可以让组织更加了解员工的潜能；对员工来说，它可以让员工更加专注于自身的发展方向并为之努力。

2. 职业发展通道的设计原则

在设计员工职业发展通道时，必须依据一定的原则，才能确保设计的职业发展通道符合组织的实际情况和管理基础。职业发展通道的设计原则主要有三个。

（1）通道层次原则。职业发展通道设计的层次原则是指在设计员工职业发展通道时，既要考虑设计足够的层次，为员工提供较多的职业发展机会和空间，又要避免因层次过多导致的职业发展晋升的激励力度不足，从而无法达到员工职业发展通道设计的目的。

一般来说，职业发展通道的层次设计5~15层较为合适。

（2）通道宽度原则。通道宽度是指设计的职业发展通道总的数量，一般以职业发展序列的数量来衡量。

在设计职业发展通道宽度时，过多过细的通道会导致管理工作量增加，也有可能出现一个通道只适合一两名员工的现象；过少过粗的通道会使得通道内的人员工作岗位、工作性质有较大的差别。

一般来说，组织内部的员工职业发展序列，以3~5种为宜，最多不能超过8种。

（3）不破坏直线职权原则。要严格区别职业发展通道与直线职务、岗位职责之间的关系，所设计的员工职业发展通道不能破坏组织原有的直线职权关系。

员工的职业发展等级得到晋升，只是表明员工的能力得到了提升，员工对组织可能的贡献变大，但是并不意味着员工在组织中的指挥与被指挥关系变化。当然，在工作中，职业发展等级高的员工可以指导等级较低的员工。组织应避免因职业发展通道设计而导致多头领导，破坏统一的指挥和命令关系。

3. 职业发展通道的设计要点

职业发展通道的设计要点主要有四个。

（1）合理设计职类、职等和职级。职类也叫职业发展序列，依据不同的组织性质，职位一般可以划分为管理类、生产类、技术类、营销类、行政辅助类等。

在合理划分职类的基础上，依据组织的实际情况，设计、划分职业发展等级。一般情况下，每一职类可以先划分3~4个职等，例如高级、中级和初级；然后在每一职等内部可以设计相应的职级，如1级、2级、3级。具体的职业等级称谓依据组织和职业发展序列的不同而不同。

（2）设计每一职等相应的内部任职资格。一般情况下，认为员工的能力发生了较大的质的变化，其职业发展应该提升一个职等；而只是有了小的、量的变化，则可以提升一个职级。设计职业发展通道，应该设计出每一职等的任职资格，并且在员工跨职等晋升时进行资格审查，必要时还可进行人数限制，确保较高一个职等的权威性。

（3）设计晋升速度适中的职业发展晋升办法。一般来讲，职级的晋升可依据员工年度综合考核结果来实施，如年度考核结果为"优秀"的员工（占组织总人数的5%左右），可直接晋升两级；年度考核结果为"良好"的员工（占组织总人数的15%左右），直接晋升一级；年度考核结果为"称职"的员工（占组织总人数的75%左右），累计3年可晋升一级；年度考核结果为"不称职"的员工（不设比例），职级降低一级。

（4）设计员工跨序列发展的管理办法。一般来讲，员工在进入组织之初，就应该确定自己的职业发展序列；但为了加强员工培养，往往需要对员工进行跨序列的锻炼。另外，也会有员工因为个人兴趣或者其他的原因，希望调整职业发展序列。因此，必须设计相应的跨序列发展办法。

一般来讲，对于非管理序列间的跨序列发展，组织在保证有关工作正常进行的前提下，尊重员工的个人意愿，允许经审核具备相应任职资格的申请者进入新的序列进行发展。

4. 职业发展通道的设计步骤

（1）收集和梳理现有岗位信息和资料。明确组织现有岗位的数量，每一岗位对知识、技能和态度的具体要求。岗位信息和资料的内容主要包括岗位招聘要求、岗位说明书、岗位考核标准文件、岗位胜任素质模型等。

（2）确定组织关键岗位。根据岗位对组织经营和发展影响程度的不同确定关键岗位和有价值岗位。进行职业发展通道设计必须确保组织关键岗位员工的胜任和稳定。

（3）根据岗位相近性划分岗位簇。按照岗位性质相近性将各个岗位划分为岗位簇，以有效控制岗位晋升和转换成本，并节约培训成本。岗位簇可分为管理类、营销类、行政事务类、技术类等。

（4）调研各岗位簇员工职业发展需求。可采用面谈、调查问卷形式掌握不同岗位簇具体职业发展要求，为制定符合员工实际和适应当前组织发展要求的职业发展通道提供支持。

（5）设计职业发展通道的条件和标准。职业发展通道的条件和标准应明确、可量化或可观察，避免模棱两可；条件和标准符合员工的实际，避免过高或过低。

（6）编制职业发展通道管理制度。有效的职业发展通道设计必须通过制度固定下来，被员工认可和遵守。

5. 职业发展通道的主要类型

（1）纵向职业发展通道。纵向职业发展通道又叫传统职业发展通道，是员工在组织中从一个特定的职位到下一个职位纵向向上发展的一条路径，是一种基于过去员工的实际发展道路而制定出的一种发展模型。

这种模型将员工的发展限制在一个职能部门内或一个单位内，通常是由员工在组织中的工作年限来决定职业地位。它假定每一个当前的职位是下一个较高职位的必要准备。因而，一名员工必须逐步地从一个职位发展到高一级的职位，以获得所需要的经历和准备。

纵向职业发展通道的最大优点是清晰明确、直线向前，员工知道自己向前发展的特定工作职位序列。缺陷是纵向职业发展通道是基于组织过去对员工的需求而设计的，但实际上随着组织的发展，技术的进步、外部环境的变化、组织战略的改变都会影响组织流程和组织结构，进而影响对人力资源的需求，原有职业需求可能已不再适应组织的发展要求。

纵向职业发展通道是一种单一的纵向通道，它假定每一个当前的工作是下一个较高层次工作的必要准备，员工必须逐级从一个工作到下一个工作进行变动。图4-2是某企业销售业务员纵向职业发展通道示例，供参考。

（2）横向职业发展通道。根据传统观点，纵向职业发展通道被视为向组织中较高管理层的升迁之路。但由于组织职位、个人能力的局限，员工不可能一直纵向升迁，这时横向变换成为一种可取的职业发展考虑，如从技术岗位转向管理岗位，鼓励员工迎接新的挑战。虽然没有加薪或晋升，但员工可以增加自身对组织的价值。

在这种思想指导下形成的组织职业发展通道就是横向职业发展通道，它打破了行为职业发展通道设计对员工行为和技能要求的限制和约束，

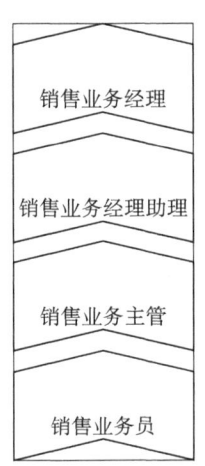

图4-2 某企业销售业务员纵向职业发展通道

实现了员工在组织内更加自由的流动。这种设计一般也是建立在工作行为需求分析基础上的。

此外，横向调动可以给员工提供更广泛的工作经历，通过工作的丰富性来激发员工的工作热情，并使其具有更加宽阔的职业发展选择。

（3）行为职业发展通道。行为职业发展通道是一种建立在对各个工作岗位进行需求分析基础上的职业发展通道设计。它要求组织首先进行工作分析来确定各个岗位上的职业行为需要，然后将具有相同职业行为需要的工作岗位进行归类，最后进行职业生涯设计。

员工除了纵向职业发展通道外，还可以进行职业流动，从而打破了部门对员工职业发展的限制。这种呈网状分布的职业发展通道设计能够给组织和员工带来很大的便利，主要包括以下两点。

1）对员工来讲，这种职业发展通道设计首先为员工带来更多的职业发展机会，尤其是当员工所在部门的职业发展机会较少时，员工可以转换到一个新的工作领域中，开始新的职业生涯。其次，这种职业发展通道设计也便于员工找到适合自己的工作，找到与自己兴趣相符的工作，实现自己的职业生涯目标。

2）对组织来讲，这种职业发展通道设计提高了组织的应变能力。当组织战略发生转移或环境变化时，能够顺利实现人员转岗安排，保持整个组织的稳定性。

（4）网状职业发展通道。网状职业发展通道是纵向职业发展通道和横向职业发展通道的有机结合。网状职业发展通道承认某些等级经验的可替换性，并且认为晋升到较高等级之前需要拓宽本等级的经历。

这种职业发展通道比纵向职业发展通道和横向职业发展通道更现实地代表了员工在组织中的发展机会和成长历程。

图 4-3 是某企业技术人员网状职业发展通道示例，供参考。

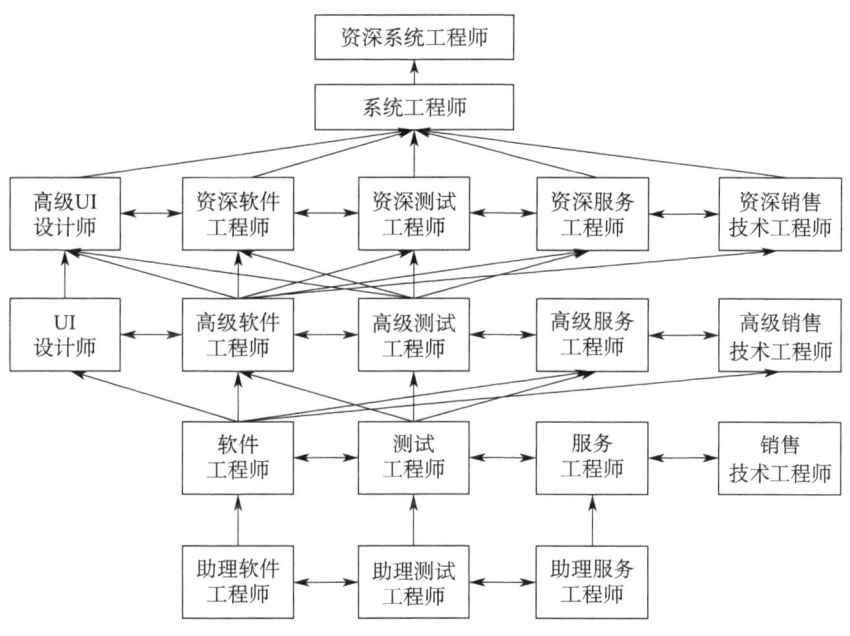

图 4-3　某企业技术人员网状职业发展通道

这种类似职位转换图的职业发展通道，由于过于复杂、过于强调单个职位工作的个性化，因此难以管理和维护，员工也不太清楚自己的职业发展前景。如果某个职位发生变化，那么整个通道也都需要重新规划。因此，这种职业发展通道看似科学、全面，但在实际工作中，可操作性较差。

（5）双重职业发展通道。建立职业生涯发展的双重通道是指组织同时建立管理类、专业类双重路径的职业发展通道。

建立双重职业发展通道有三个方面的原因。

1）基于员工能力和个性的客观差异，不同员工有不同的职业定位和取向。

2）基于管理类、专业类岗位工作特性的根本差异。

3）基于组织的持续发展，需要保留并激励一大批优秀员工。

组织的持续发展不仅需要一批出色的管理人员，而且需要一批优秀的专业人员。成功的组织发展必须确保让所有优秀的员工都得到充分的认同和激励，并实现他们各自的归属感。图4-4是某企业的双重职业发展通道模式示例，供参考。

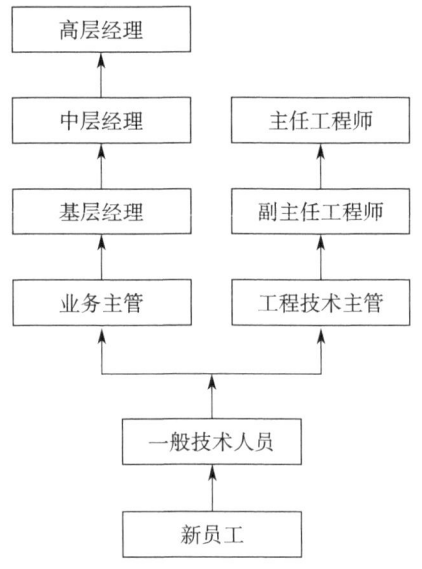

图4-4　某企业双重职业发展通道模式

传统的职业发展通道是组织中向较高管理层的升迁之路，而双重职业发展通道主要用来解决某一领域中具有专业技能，但并不期望或不适合通过正常升迁程序调到管理部门的员工的职业发展问题。

这一职业发展通道设计的思路：专业技术人员没有必要也不可能因为其专业技能的提升而从事管理工作，技术专家能够而且应该被允许为组织贡献技能，而不必成为管理者。他们的贡献是组织需要的，应该得到组织的承认。承认的方式不必是被提拔到管理岗位，而是体现在报酬的调整和地位的提升上。

双重职业发展通道有利于激励在工程、技术、财务、市场等领域中有突出贡献的员工。实行双重职业发展通道能够保证组织既聘请到具有高水平的管理者，又聘请到具有高技能的专业技术人员。专业技术人员实现个人职业生涯发展可以不必走管理层晋升的道路，避免了优秀技术专家变成不称职的管理者这种现象。这无疑有助于专业技术人员在专业方面取得更大的成绩。

（三）员工职业生涯规划的管理

对职业生涯规划的管理，从一定意义上说就是对职业生涯的管理。员工职业生涯管理是指员工通过职业指导人员的协助，在自我认识和了解社会的基础上，确立职业生涯发展目标和发展方向，选择实现既定目标的职业，制定自我发展的总体目标和阶段目标，并进行执行、评估、反馈和调整的动态过程。

员工职业生涯管理包含许多具体内容，结合员工个人所处的职业生涯阶段，职业生涯管理主要应关注以下问题：时间管理、情绪管理、压力管理、行为管理和风险管理。

1. 时间管理

正如培根所言"时间是衡量事业的标准"，时间管理对每个人的人生价值的实现都有着重要的影响。从呱呱落地、学习成长、工作生活到衰老死亡，一个人的整个人生岁月都在时间长河中度过，其人生价值也在时间长河中得以实现并将在时间长河中得以流传。在实际工作和生活中，时间管理的方法一般有以下七种。

（1）列清单法。把一天要做什么事情提前记录下来，然后再一件一件地完成，也可以用备忘录将所做过的事情一件一件记录下来。

（2）日程表法。即事先按日子做一个详细的计划表，然后按照这个计划表有条不紊地逐项办理。

（3）ABC分类法。该方法反映了现代时间管理理念中的重要思想——阐明价值，确定优先，体现了帕累托原则"80/20定律"，即"为获取

80%的工作效果，集中时间于20%的关键事情"。

ABC分类法要求把所有任务按照重要性和紧急性分为A、B、C三类，拟定优先次序，抓住影响大局的工作重点突破。所谓重要性，是指它对于实现总体目标具有重要意义，对工作的成败具有决定性影响；所谓紧急性，是指在时间上刻不容缓，不如期完成就会造成损失、影响全局。重要的事不见得全是最紧急的，最紧急的事也不一定是重要的，只有两者兼而有之，才可以列入A类工作；一般重要和一般紧急的工作列为B类，而那些无关紧要的事列为C类。一般而言，A、B、C三类工作占工作量的比例分别为20%~30%、30%~40%、40%~50%；而对这三类工作的时间分配量应该倒过来，A类投入60%~80%的时间，B类投入20%~40%的时间，C类就尽量少投入甚至不投入时间。ABC分类法根据工作的目标和价值确定排列顺序，强调"效率"，为人们进行有效时间管理作出了重要贡献。但它也有不足的一面，它主要是一种危机管理，维持不了持久的"效能"。

（4）第二方框法。该方法不是把注意力集中在事物和时间上，而是集中在维持、增进关系和取得成果上。其基本思想可以用时间管理矩阵来阐明，如表4-4所示。

在时间管理矩阵的四个方框中，第一方框既紧急又重要，它涉及重要的结果，需要立即加以注意。我们通常把第一方框中的活动称为"危机"或"问题"。而第二方框中为不紧急但重要的事，我们知道需要去做却往往很少抽时间去做，因为它们是不紧急的。

表4-4　　　　　　　　　时间管理矩阵

	紧急		不紧急	
	Ⅰ		Ⅱ	
重要	活动： 1. 危机管理 2. 迫切的问题 3. 限期完成的工作	结果： 1. 压力 2. 精力消耗，健康透支	活动： 1. 准备工作 2. 预防措施 3. 制订计划 4. 发展关系 5. 增进能力	结果： 1. 有远见 2. 有纪律 3. 有控制 4. 平衡 5. 危机少

续表

	紧急		不紧急	
	III		IV	
不重要	活动： 1. 造成干扰的事 2. 一些电话、信件 3. 一些报告、会议 4. 迫在眉睫的事 5. 符合别人期望的事	结果： 1. 牺牲目标的计划 2. 短期行为感到受害，失去控制 3. "变色龙"的名声 4. 肤浅或破碎的关系	活动： 1. 忙碌琐碎的事 2. 一些无关紧要的电话、信件 3. 浪费时间的活动 4. 逃避性的活动	结果： 1. 完全不负责任 2. 依赖他人 3. 无建树和贡献 4. 被解雇

管理大师彼得·德鲁克（Peter F. Drucker）认为，效率高的人不是一个心中挂着问题的人，而是一个一心注意机会的人。德鲁克提出我们应该"喂饱机会，饿死问题"；学会预见性思考；当出现第一方框中的危机和紧急的事情时需要立即去处理，但是其数量相对较小；应集中力量于重要而不紧急但有高度影响力、能提高自己能力的第二方框活动，从而使产出和生产能力保持平衡。由此可见，要想高效管理时间，获得更高的效能，我们应该更多地关注第二方框中的事情。

第二方框法的实施是以价值、成果、贡献为中心，以原则为指导，以周为单位组织安排个人的整个生活。它有四个关键步骤。

第一步，认同角色。写下你的主要角色，指明你希望经常投入时间和精力的各个领域。比如：作为一个人的自我的角色；作为一个家庭成员的角色——儿子或女儿等；在学校中的角色——学生；在某一集体或社团中的角色——班长、委员、社团理事等。

第二步，选择目标。在今后一周的时间里每个角色都应取得的2~3个重要的结果，这就是目标。目标最好是用结果表达，而非单纯的活动，其中至少有些目标应反映第二方框的活动。最理想的是把这些短期目标与参照你的个人使命表（经过自我探索而选择的人生价值及人生大目标）确定的长期目标联结在一起。

第三步，安排日程。为下一周达到这些目标作出时间安排。把每个目标放到一周中的一个具体日子，并把其中有些体现第二方框活动的目标列为周优先事项。

第四步，每日调整。有了第二方框的每周安排后，每日计划就会更多地起到调整每日的活动、安排活动的优先次序和应对未预料到的事项的积极作用。

（5）环境信息法。该方法要求用形象鲜明的格言和警句，营造一种具有强烈时间观念的外部环境，使人们处于一种持续兴奋的状态，逐步增强时间观念，从而培养有效管理时间的行为习惯。

（6）科学运筹法。这是一种统筹兼顾、科学安排组织计划或时间计划的方法。它的中心内容是通过对时间事件网络的分析，明确各项工作在时间上的相互关系，厘清关键事件和关键线路，根据主次缓急加以统筹安排，以便有效地对工作进程加以控制和掌握，从而最有效地实现目标。美国从1956年起就着手研究统筹法，并首次应用于研究"北极星"导弹。据报道，由于使用了这种方法，"北极星"导弹的研制任务比预计提前了两年完成。科学运筹法常被应用于一些复杂的大项目的计划控制，比如国防、航天、建筑等大项目。同时，其原理也可以应用于日常生活、工作和学习。

（7）莫法特休息法。《圣经新约》的翻译者詹姆斯·莫法特的书房有三张桌子：第一张桌子摆着他正在翻译的《圣经》译稿；第二张桌子摆的是他的一篇论文的原稿；第三张桌子摆的是他正在写的一篇侦探小说。莫法特的休息方法就是从一张桌子搬到另一张桌子继续工作。这和农业上常用的一种科学种田的方法"间接套种"有着异曲同工之妙。人的脑力和体力也是这样，如果分时间阶段变换一下工作内容，就会激发新的"优势兴奋灶"，而原来的"优势兴奋灶"得到休息。这样轮换间作，脑力和体力就会得到有效的调剂和放松。

2. 情绪管理

许多优秀的职业人之所以能够获得成功，往往不是因为拥有高智商，而是因为拥有较强的情绪管理能力。情绪是个体对外界刺激的主观的、有意识的体验和感受，具有心理和生理反应的特征。情绪管理就是用对的方法、正确的方式探索并调整自己的情绪。

情绪管理不是要去除或压制情绪，而是在觉察情绪后，调整情绪的表达方式。情绪固然有正面和负面，但真正的关键不在于情绪本身，而在于情绪的表达方式。以适当的方式在适当的情境表达适当的情绪，就是健康的情绪管理之道，比如以乐观的态度、幽默的心态面对生活中的矛盾或困难，及时地缓解紧张的心理状态等。

常用的情绪管理方法有以下六种。

（1）自我暗示法。从心理学角度讲，自我暗示就是个人通过语言、形象、想象等方式对自身施加影响的心理过程。自我暗示分为积极自我暗示与消极自我暗示两种。积极自我暗示可以使我们保持好的心态、乐观的情绪和自信心，从而调动自身的内在因素，发挥主观能动性；而消极自我暗示会强化我们个性中的弱点，唤醒潜藏在心灵深处的自卑、怯懦、嫉妒等，从而影响情绪。因此，员工通过自我暗示法进行情绪管理，一定要选择积极自我暗示。可以利用语言的指导和暗示作用，来调适和放松心理的紧张状态，使不良情绪得到缓解。

（2）注意力转移法。即把注意力从引起不良情绪反应的刺激情境转移到其他事物上去，或者从事其他活动的自我调节法。也就是说，当出现情绪不佳的情况时，可以把注意力转移到使自己感兴趣的事情上去，如外出散步、看电影、看电视、读书、打球、下棋，或找朋友聊天、换个环境等。这样有助于平静情绪，在活动中寻找到新的快乐。这种方法，一方面中止了不良刺激源的影响，防止不良情绪的泛化、蔓延；另一方面可以通过参与新的活动特别是自己感兴趣的活动达到增进积极情绪体验的目的。

（3）适度宣泄法。过分压抑只会使情绪困扰加重，而适度宣泄则可以把不良情绪释放出来，从而使紧张情绪得以缓解。因此，遇有不良情绪时，最简单的办法就是宣泄。比如尽情地向至亲好友倾诉自己的不平和委屈；或是放开手脚，通过体育运动、劳动等方式来发泄；或是到空旷的山林原野放声高呼，发泄胸中怨气。一旦发泄完毕，心情也就随之平静下来。必须指出，在采取宣泄法来调节自己的不良情绪时，必须增强自制力，不要随便发泄不满或者不愉快的情绪，而是要采取正确的方式，选择适当的场合和对象（比如私下里在知心朋友中进行），以免引起意想不到的不良后果。

（4）自我安慰法。自我安慰也就是所谓的"酸葡萄心理"，即当遇到不幸或挫折时，为了避免精神上的痛苦或不安，可以编造一些理由自我安慰，以消除紧张、减轻压力，使自己从不满、不安等消极心理状态中解脱出来，保护自己免受伤害。比如，用"胜败乃兵家常事""塞翁失马，焉知非福""坏事变好事"等词语来进行自我安慰，可以有效摆脱烦恼，缓解矛盾冲突，消除焦虑、抑郁和失望，达到自我激励的目的，有助于保持情绪的安宁和稳定。

（5）交往调节法。某些不良情绪往往是由人际关系矛盾和人际交往障碍引起的，因而在情绪不稳定的时候，与人交谈往往能起到缓和、抚慰、稳定情绪的作用。因此，当员工遇到不顺心、不如意的事情时，主动地找亲朋好友交往、谈心，比一个人独处、胡思乱想、自怨自艾要好得多。另外人际交往还有助于交流思想、沟通情感，增强战胜不良情绪的信心和勇气，使人更理智地对待不良情绪。

（6）情绪升华法。情绪升华是将不为社会所接受的动机和欲望改为符合社会规范和时代要求的动机和欲望，将消极情感引导到对人、对己、对社会都有利的方向上，是对消极情绪的一种高水平的宣泄。比如一位同学因失恋而痛苦万分，但他没有因此而消沉，而是"化悲痛为力量"，发奋学习，立志做生活的强者，证明自己的能力。

如果上述方法都不能有效调节情绪，不要灰心，还可以去找专业的心理医生进行咨询、倾诉，在心理医生的指导、帮助下，克服不良情绪。

3. 压力管理

压力是指个体的需求和满足需求的能力不平衡时所表现出来的身心紧张状态。对于员工来说，压力既可能是威胁，也可能是机遇。压力的大小与好坏就取决于个人如何对它进行管理。压力是无法消除的，所以压力管理的目标应该是控制压力，而不是消除压力。

没有一种压力管理方式会适合所有的人，每个员工都有自己独特的人格特征和外在环境，需要找到适合自己的压力管理方式。下面介绍三种适合员工的压力管理方法。

（1）建立积极的生活观。处于职业生涯早期的员工不够成熟但可塑性很强。而此阶段又是员工提高自身能力、塑造自我以及认识和领悟人生的重要时期。因此，员工要培养积极的人生观，使自己能以乐观的态度面对人生的压力，学会看到事物的两面性，尝试换个角度思考问题，改变容易产生压力的思维模式，形成积极向上的生活态度。

（2）增强自身的抗压能力。首先，员工要培养自己健全的人格，树立正确的人生观、价值观、事业观。这些直接关系到员工管理压力的态度和方式。其次，要培养自己独立分析问题和解决问题的能力，只有不断提高自己的知识和技能水平，才能使自己立于生活的主动地位。最后，员工要培养自己的自信心，相信自己能够战胜一切挫折和挑战。

（3）构建良好的人际关系。员工的人际关系主要包括以下三个方面：同事关系、同学关系以及同学校、其他社会成员之间的关系。沟通是构建良好人际关系中最重要的一部分，是人与人之间传递情感、态度、思想和信念的过程，因此沟通也是员工缓解压力的重要渠道。员工应该加强与周围人的沟通与交流，善于表达自己的情感，积极参加各种社交活动，以真诚、友善、包容的态度与人交往，不断提高自己的人际交往能力，构建自己的社会支持系统。

4. 行为管理

哲学家认为，行为就是人们日常生活中所表现出来的一切活动。随意行事或不按计划行事是规划落实的大敌，彻底改掉身上的这种行为劣习，才能成为有执行力的人。

GTD（getting things done）方法是近年来被许多人所推崇的一种综合行为管理方式，是由美国效率管理专家戴维·艾伦（David Allen）开创的一套完整的个人综合行为管理模式。GTD以非常简单易行的方法，将你发现的一切信息分门别类、清晰明确地保存在一个完整的系统中，系统地进行整理和回顾。你可以很清楚地掌握工作重点，根据所处的环境和时刻采取最高效的行动方案。它主要包括以下内容：

（1）收集一切引起我们注意的事情。

（2）加工处理，确定它们的实质以及下一步行动方案。

（3）整理得出结论，分门别类管理各种提示信息。

（4）回顾和审视，保持系统的更新。

（5）行动。

换一个角度，这种方法的要点是思考和明确：这是一件什么事情？是否需要采取行动？若需要采取行动，则下一步具体行动方案是什么？

方法本身所包含的过程很简单，并且能够形成一套完整的行为模式。一旦能够从行为方式上改善自己的活动，往往会产生事半功倍的效果。

5. 风险管理

对未来的事情作出预先的安排往往可以赢得先机，促进事业的发展与成功，但同时，凡事（尤其是涉及外部因素较多的事务）预先安排会面临着诸如环境改变、人事变动等决策风险。因此，树立风险意识、学会规避风险所造成的损失和危害，是员工职业生涯管理中的另一项必要工作。

风险管理又名危机管理，是指如何在一个肯定有风险的环境里把风险降至最低的管理过程，包括对风险的量度、评估和制定应变策略等。理想的风险管理，是一连串排好优先次序的过程，优先处理可能导致最大损失发生的事情，而相对风险较低的事情则延后处理。但现实情况是，该管理往往很难预先制定，因为风险的重要性和发生的概率并无关联。所以员工要权衡二者的比重，以便作出最恰当的决策。

三、员工职业生涯规划的评估与调整

在现代职业领域中，变化是永恒的主题。大到国家政策的调整、完善，小到一个单位领导的更替、组织制度的调整、产品的更新换代，乃至个人家庭的变化等都会影响到个人职业生涯的发展及职业生涯规划的执行。员工要想适应日新月异、飞跃发展的时代，就要时时注意个人状况和外部环境的变化，不断地审视、调整自我，不断地修正职业生涯策略和目标，以使职业生涯规划切实可行、行之有效，这个修正的过程就是职业生涯规划的评估与反馈。总的来说，职业生涯规划的评估与反馈即对职业生涯目标和决策进行评估和适当调整，以使职业生涯决策更符合自身发展和社会发展的需要。职业生涯规划的评估与反馈确保了个人职业生涯规划的有效性。

（一）员工职业生涯规划的评估

1. 评估的概念

员工职业生涯规划评估是个人对自己不断认识的过程，也是对社会不断认识的过程，可以使职业生涯规划更加规范。职业生涯规划评估通过对自身的能力、兴趣爱好、特长等方面进行分析和评估，以便于及时对职业生涯规划进行调整和修正。

在对员工的职业生涯规划进行设计与实施之后，就要以它为基础进行职业生涯设计的效果评估。它的设计和实施要让员工特别是核心员工满意，要对改善组织的人力资源管理有所帮助，能切实提高员工的能力素质和工作效率，不断提高产品的数量、质量和服务，使组织获得最大的效益和可持续发展。要满足以上要求，就需要在组织里建立评估体系。

一方面，对组织现状进行合乎实际的理性评估，以确定组织发展的阶段和组织调整方向，规划职业的变动，并结合经验，控制职位的薪酬总量；另一方面，需要对员工的业绩、素质、技能等进行评价。业绩的评价，有利于整个组织的绩效管理，也有利于保持员工进行职业生涯规划时的组织绩效导向。对员工的素质和技能的评价，有利于明确现有人力资源的状况，并在此基础上分配合适的人力资源到合适的岗位上。

2. 评估的要素

职业生涯规划评估包括员工个人评估、组织评估和环境分析三个要素。

（1）员工个人评估。职业生涯设计的过程是从员工对自身的能力、兴趣、职业生涯需求及其目标的评估开始的。员工个人评估的重点是分析自身的条件，特别是性格、兴趣、特长、需求和能力。通过自我评估，对自身情况和职业生涯目标进行对比，以及时调整职业生涯规划。

（2）组织评估。组织对员工的评估是为了确定员工的职业生涯目标是否能够实现。组织可以通过招聘筛选时获得的信息对员工进行评估，如员工的兴趣爱好、受教育情况以及工作经历、绩效结果和参加培训情况等。组织的评估可以帮助员工确定可能的发展道路，同时也帮助员工明确自己的优势和劣势，以便更加快速地实现自己的职业生涯目标。

（3）环境分析。人是社会的人，任何一个人都不可能离开群体，必然生活在一定的环境之中，特别是要生活在特定的组织环境之中。环境为每个人提供了活动的空间、发展的条件和成功的机遇。

在这种情况下，员工如果能很好地了解和利用外部的环境，就能更好地确定自身的职业生涯目标。环境分析主要是通过对组织环境、社会环境、经济环境等有关问题的分析与探索，弄清环境对职业发展的作用、影响以及要求，以便及时调整职业生涯规划。

3. 年度评估及表单

职业生涯规划年度评估是周期性地对组织职业生涯规划实施情况进行的评估，它有利于组织检查员工职业生涯发展的效果，发现存在的问题，及时调整职业生涯规划工作，同时也让员工了解相关情况，积极参与并及时作出调整。通过这种方式可以使组织预计的职业生涯管理内容与员工的职业生涯发展相联系。

（1）年度评估的优势和目的。职业生涯规划年度评估的优势和价值在于信息的直接交流：员工获得调整自己的职业生涯规划所必需的信息（别人的评价、职务变动的可能性、教育培训安排等）；上级获得工作计划与人力资源相适应所必需的信息（员工的愿望、反馈等）。

组织通过职业生涯规划年度评估达到以下目的：使员工发现自己的劣势，并促使其改进；满足员工想要知道别人看待其工作的愿望；使员工能够无拘无束地讲述自己的才能、自己所遇到的困难和自己的愿望；消除组织内可能存在的误解等。

（2）年度评估的方式和内容。职业生涯规划年度评估的方式主要包括直接主管评估、直接主管与更上一级主管评估、多人进行的小组评估三种。评估的内容一般包括以下七个方面。

1）本年度员工的工作成绩与失误。
2）员工对下年度工作的期望和计划。
3）员工教育培训的新需求。
4）工作成绩以及失误的原因分析。
5）本年度员工的观念转变与能力变化。
6）本年度员工参加教育培训活动的效果。
7）员工个人与家庭成员身体健康情况。

（3）年度评估表单。表4-5是职业生涯规划年度评估表的示例，供参考。

表4-5　　职业生涯规划年度评估表

姓名		职位名称	
填写日期		任职日期	
员工填写内容	本年度主要的业绩		
	本年度最大的进步		
	成绩及进步原因分析		
	对未来工作内容的需求		
	对工作培训的需求		
	对职业生涯规划调整的要求		
	个人职业生涯的中长期规划		
主管填写内容	对员工工作绩效的评价		
	对员工工作能力的评价		
	员工需改进的内容及改进形式		
	对员工中长期发展目标的建议		

4. 反馈评估及表单

员工所处的环境一直在发生着变化，大的环境变化如社会经济结构的变化、科学技术的发展、国家政策的调整、法律制度的调整等；小的环境变化如所在组织的制度调整、领导更换、产品方向调整以及个人家庭、健康、能力水平的变化等。这些大小环境的变化都可能影响到职业生涯规划的执行过程和结果，所以员工应不断地总结经验和教训，不断进行反馈和评估，及时调整职业生涯规划。

（1）反馈评估的目的。职业生涯规划的反馈评估，应达到下列五个目的。

1）对自身的优势充满自信。

2）对自身的发展机会有清楚的了解。

3）找出自身关键的有待改进之处。

4）为有待改进之处制订详细的行为改变计划。

5）实施计划，确保自身能取得显著的进步和成绩。

（2）反馈评估表单。职业生涯规划反馈评估过程中运用的表单有员工职业生涯规划表和员工职业生涯规划调查表。表4-6和表4-7是两种表的示例，供参考。

表4-6　　　　　　　　员工职业生涯规划表

部门：　　　　　　　　　　　　　　　　填表日期：___年___月___日

姓名		性别		身体状况		出生年月	
学历		专业		现任职务		所属部门	
参加过的培训							
个人优势							
个人劣势							
职业生涯目标	长期目标				完成时间		
	中期目标				完成时间		
	短期目标				完成时间		
职业生涯路线选择							
阶段目标（2~3年）	具体内容与实施		起止时间		需要的支持		
今年计划							
现阶段需要辅导的目标							

表 4-7　　　　　　　　　员工职业生涯规划调查表

填表日期：＿＿＿年＿＿＿月＿＿＿日　　　　　　　　　　　填表人：

姓名		性别		年龄		部门		岗位名称	
教育状况	最高学历			毕业时间			毕业学校		
	已涉足的主要领域								
参加过的培训									
目前具备的技能与能力	技能/能力的类型					证书/简要介绍此技能			

其他单位工作经历简介

单位	部门	职务	对此工作满意的地方	对此工作不满意的地方

最重要的三种需求（打钩）

□弹性的工作时间　□成为管理者　□报酬　□独立　□稳定　□休闲
□和家人在一起的时间　□挑战　□成为专家　□创造

请详细介绍一下自己的专长

请结合自己的需求和专长，说明你对目前的工作是否感兴趣，并详细说明一下原因

请详细介绍自己希望选择哪条晋升通道

请详细介绍自己的短期、中期和长期职业生涯规划

（二）员工职业生涯规划的调整

1. 调整的原因

调整职业生涯规划并不是轻易地放弃自己的追求，而是让自己的规

划更适应社会、更适合自己。

（1）应对外部条件变化。外部条件的变化，既会给员工职业生涯目标的实现带来困难，也会给职业生涯的发展带来新的机遇。因此，员工应该正视现实，抓住机遇，不失时机地对职业生涯规划进行调整，主动适应外部条件的变化。制定规划是为了发展，调整规划也是为了发展。

（2）适应自身素质变化。择业和就业是员工以就业为导向，全面提升自我综合素质的一个过程。员工在实施职业生涯规划的过程中，有必要针对职场环境、用人单位需求和用人标准等因素的变化对规划作出必要的调整。调整职业生涯规划的实质就是要通过对以往成长经验的反省，检视自己的价值，提高自身素质以适应新的变化。

2. 调整的时机

调整职业生涯规划的最佳时机有两个。

（1）学校教育末期。调整职业生涯规划的第一个最佳时机是学校教育末期。这时，有了求职的实践，就可以根据新的职业信息和供需实际，在求职过程中进行调整。

（2）从业初期。调整职业生涯规划的另一个最佳时机是工作3~5年时。这时，完成了从学生到职场人的身份转变，有了从业的实践，就可以根据职业与自身条件的匹配度、周围环境和自身素质的变化，及时进行调整。职业生涯规划的调整，既可以是对近期目标即具体岗位的调整，也可以是对远期目标或职业生涯发展路线的调整。

3. 调整的方法

（1）目标度量法。员工职业生涯目标是职业生涯规划的核心，对员工职业生涯规划的成功具有直接的帮助。职业生涯目标中的短期、中期和长期目标一旦确定，就形成了非常具有操作性的度量标准。在现实目标和职业生涯目标之间纠偏的动态过程，也就是职业生涯规划调整的过程。

（2）局部调整法。从员工职业生涯规划的实施步骤和方法来看，每一个环节存在问题都可能直接影响到职业生涯规划的实施效果。例如，设定的目标不适合自己、长期目标和短期目标脱节、目标缺乏弹性、目标太容易或太难、确立的目标和自我实际情况差距较大、对职业生涯规划机会的把握不准确、对职业的选择把握不好、职业生涯规划路线的选择有问题、制订的具体行动计划可操作性较差等问题。因此，在职业生涯规划的实施过程中，每一个环节都需要针对不同的问题进行局部调整。

（3）重新规划法。有时员工对职业生涯规划的基本概念掌握不够，具体的职业生涯规划的步骤和方法应用不熟练，导致所制定出的规划方案完全脱离了自身实际，这时就需要彻底调整，也就是重新规划。这种方法不建议多次使用，以避免"常立志而不立长志"。

（4）过程评估法。科学地制定职业生涯规划固然重要，然而从人生发展的角度来看，理想在现实中不一定都能够实现。这并不意味着职业生涯规划的失败，制定和实施的过程也同样重要，在此过程中可以加强对自我的全方位了解、对职业环境的深度探索、对决策方法与技巧的掌握、阶段性目标的制定等，这些对员工的长期发展都有着不可估量的价值。因此，可以通过对过程的评估来调整职业生涯规划。

本章自测题

1. 简述职业生涯目标组合的三种方法及其主要内容。
2. 简述员工职业生涯规划的定义与制定原则。
3. 简述影响职业生涯规划决策的因素。
4. 简述职业生涯规划评估的要素。
5. 结合本章引导案例，尝试设计出一份员工职业生涯规划管理手册。

课程实训一

结合第二章至第四章内容的学习，尝试编制个人职业生涯规划书。
实训指导：
下面为员工个人职业生涯规划书示例，供参考。

个人职业生涯规划书

一、个人基本信息

院校：　　　　　　　　　　班级：

姓名：　　　　　　　　　　性别：

年龄：　　　　　　　　　　联系方式：

二、自我分析

职业兴趣		
职业能力		
个人特质		
职业价值观		
胜任能力		
个人经历	教育（培训）经历	
	工作（实习）经历	
	自我分析小结	

三、职业分析

家庭环境分析	
学校环境分析	
社会环境分析	
职业环境分析	1. 行业分析 2. 职业分析 3. 地域分析
职业分析小结	

四、职业定位

（一）个人职业发展内外部环境 SWOT 分析

	优势（S）	劣势（W）
内部环境分析		

续表

外部环境分析	机会（O）	威胁（T）

（二）个人职业发展定位

职业目标	
职业发展策略	
职业发展路径	

五、职业生涯规划实施计划

短期计划	
时间阶段	
主要目标	
细分目标	
主要行动	

中期计划	
时间阶段	
主要目标	
细分目标	
主要行动	

长期计划	
时间阶段	
主要目标	
细分目标	
主要行动	

六、评估调整与备选方案

职业生涯规划是一个动态的过程，必须根据实际的情况以及环境的变化进行及时的评估与调整。发生何种情况个人需要考虑重新选择职业？个人职业发展的备选方案是什么？为什么？

课程实训二

结合本章内容的学习,尝试编制研发人员的职业发展通道。

实训指导:

针对研发人员的工作特点,研发人员的职业发展定位可以选择下表所示的 5 个方面。

职业发展定位			具体描述
企业内部晋升	研发专家路径		定位于这一路径的人员追求所拥有的研发知识、研发成就获得本行业的认同,关注突出的技术成就
	研发管理路径		定位于这一路径的人员希望承担更多的管理责任,发挥人、财、物统筹管理的作用
	其他路径	适用研发基层人员	可以根据个人特长、兴趣爱好转为从事非研发工作,常见的研发人员可以从事的其他岗位包括技术支持、技术服务类岗位以及市场类岗位等
		适用具有一定经验的研发管理人员	可以转为其他部门的相关主管或经理,如研发经理转为技术部门经理或者质量管理部门经理等
不同企业相近职位		适用积累较丰富经验的研发人员	在企业内部缺少发展空间的情况下,可以选择跳槽,寻找能够给个人发展创造空间,并能提供较好薪酬福利体系以及完善的人员管理体系的企业
个人创业		适用具有丰富研发经验和管理经验的研发人员	应当选择研发行业或以研发作为核心竞争力的事业为起点

就企业而言,通常希望研发人员的职业发展同研发工作具有相关性,因此,一般企业较少为研发人员设置完全同研发无关的职业生涯发展路线。主要原因有以下两个方面:一是研发人员招聘和培养成本都较高;二是研发人员由于其职业特点和个性特点从事完全同研发无关的工作的倾向性较低。

下图为研发人员职业生涯发展通道示例,供参考。

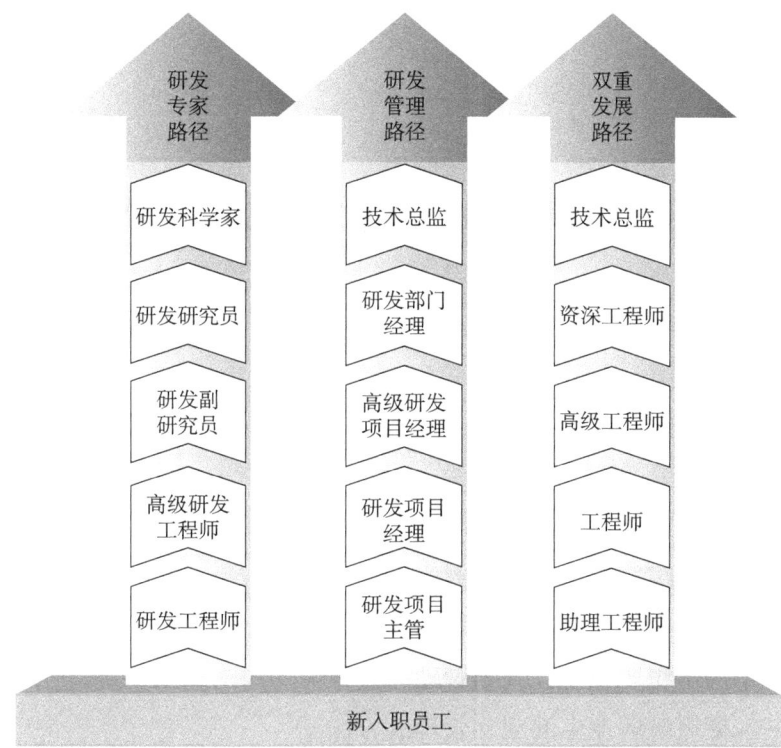

第五章　组织职业生涯规划

学习目标

- 了解组织职业生涯规划的概念和特征
- 掌握组织职业生涯规划的原则
- 了解组织职业生涯规划管理的内涵
- 掌握组织职业生涯规划管理的流程
- 掌握组织职业生涯规划管理的方法

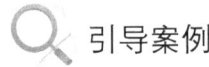
引导案例

　　九校联盟是国内顶尖大学集团，冯林静是其中一所大学的应届毕业生。大学期间，她通过努力取得了英语专业八级证书、高级口译证书，同时也获得了大学生英语辩论比赛的相关证书，英语口语的水平比较高。

　　毕业后，冯林静通过校招进入了一家大型教育培训上市公司，职位是助理讲师，但她对这份工作并不满意。她觉得日复一日地授业讲课有些枯燥乏味，自己不断重复着那些区别不大的内容，感觉不到自己的价值和热情，半年之后她离职了。

通过同学的内部推荐，同时依靠自己过硬的学历和专业能力，冯林静成功入职了HO集团做大中华区副总经理助理，这是一家大型跨国企业，实力雄厚。但是一年后，冯林静又有了换工作的想法。这次的原因很简单，她觉得副总经理助理这个岗位的工作内容太过零碎，自己总是在处理一些杂事，一年下来也没有获得多少成就感，她认为自己得不到能力的提升。

HO集团大中华区人力资源部了解到她的这个想法后，对她进行了约谈。通过组织职业生涯规划咨询服务了解到她的迷茫和困惑，结合她的个人情况对她进行了综合的分析和规划，为她确立了比较合适的职业生涯目标。

经过集团大中华区人力资源部这次职业生涯规划指导后，冯林静比较准确地认识到了自己的职业发展方向，成功从副总经理助理转岗到业务咨询部。她觉得业务咨询专员的工作更适合她，这个岗位充满了挑战性和趣味性，月薪也比较高，达到了她满意的数字。

像冯林静这样的员工，在各个企业中并不少见，从著名大学毕业后在职场摸爬滚打有些年份，工作能力也强，但是总找不到适合自己的位置。他们对自己的职业生涯还不甚明了，不了解自己到底想要什么，究竟适合做什么样的工作。因此企业应该对这样的员工进行职业生涯规划指导，他们如果不能得到及时的指导，一直迷茫地工作，那么这无论是对于员工个人还是对于企业来说都是一个很大的损失。

第一节 组织职业生涯规划概述

一、组织职业生涯规划的概念、内容和目标

（一）组织职业生涯规划的概念

组织职业生涯规划是指组织为其员工设立职业目标，确定职业道路，充分调动员工潜能，使员工贡献最大化，以利于组织目标实现的过程或管理活动。

（二）组织职业生涯规划的内容

组织在了解员工个人职业生涯需求，判明其需求合理性和现实可行性的基础上，根据组织自身发展的需要，以及组织可能提供的帮助和条件，具体策划员工个人职业目标实现的途径，并制订出相应的职业发展通道计划。组织职业生涯规划的主要内容包括以下五个方面。

1. 不同职业发展通道转移或流动的人数、职业发展通道包含的具体工种和职位。
2. 具体实施方案与政策、措施。
3. 员工职业转移或流动预计发生的时间。
4. 发生职业流动或转移的原因。
5. 安置去向。

另外，当职业生涯规划确定后，应制订与其相匹配的教育培训计划，以确保组织职业生涯规划的如期完成。

（三）组织职业生涯规划的目标

组织职业生涯规划的目标主要包括员工组织化、协调组织与员工关系、为员工提供发展机会、促进组织事业发展。

1. 员工组织化

（1）员工组织化是指员工在一个组织中完成其社会化、成为合格员工的过程，包括初期被接纳的过程和合格员工的塑造过程。

（2）在组织化过程中，个人要实现对职业岗位的适应、组织文化的适应和职业心理的转换。

（3）在组织化过程中，组织要把没有职业阅历或者有其他单位阅历的新人招聘进来，塑造成为基本符合本组织需要的员工，即在本组织内部被认可，能够完成本组织的工作，具有与老员工类似特征的员工。

2. 协调组织与员工关系

（1）任何组织都是由从上到下各层级的员工所组成的，组织与员工之间的协调至关重要。

（2）协调组织和员工的关系，一般来说即是承认员工个人的利益和目标，这能够使员工的个人能力和潜能得到较大的发挥，使他们努力为组织完成生产经营任务，达到双赢的目标。

（3）实行职业生涯规划，正是协调组织与员工关系，对员工产生巨大的激励作用并使组织目标和员工目标达成统一的重要途径。

3. 为员工提供发展机会

（1）人力资源是一种能动性的资源，发挥其能力与潜能至关重要。通过职业生涯规划，可以使组织更加了解员工的能力，从而恰当地使用这一资源。

（2）尊重员工，也是组织管理的理念。在组织正常发展的情况下，实行职业生涯规划和管理措施，尽量考虑员工的个人意愿，为员工提供发展机会，也是组织激发员工主动精神的重要手段。

4. 促进组织事业发展

实行职业生涯规划还有利于提高员工的综合素质，进而提高组织的效益和对外部变化的应对能力，从根本上促进组织事业的发展。

二、组织职业生涯规划的特征

结合组织职业生涯规划的概念，可以发现组织职业生涯规划具有以下三个特征。

（一）动态性

职业生涯规划是对组织未来行动的预测，因此各项活动何时实施、何时完成都应有时间上的详细安排，这是一个动态的过程。

（二）持续性

人生是持续的，人生每个发展阶段也是持续的，因此，对个人职业生涯发展阶段的规划也应该是持续连贯的。

（三）可行性

职业生涯规划要有事实依据，而不是依靠美好梦想或不着边际的幻想，否则将会错失职业生涯发展机遇。

三、组织职业生涯规划的原则

（一）长期性

职业生涯规划应贯穿于组织发展的全过程，而且需要长期持续地坚持，这样才能取得良好的效果，跟上组织发展的步伐。

（二）动态性

职业生涯规划需要根据组织的战略目标、组织架构的变化和员工在不同时期的变化进行实时调整。

（三）利益整合

利益整合是指员工和组织两方面利益的整合。这种整合不是以牺牲员工为代价，而是处理好个人和组织共同发展的关系，寻求个人和组织同步发展的结合。每个人都是在组织和社会的环境中学习和发展的，所以个人必须认识到组织的目的和价值，并把自己的价值、知识和努力集中在组织的需要上。

（四）公平公开

组织在提供职业发展、教育培训机会、就业机会等信息时，应公开其标准，保持高透明度。这是尊重员工人格的表现，是维护整体积极性的保证。

（五）协作

协作原则即职业生涯规划的活动应由组织和员工共同制定、共同实施、共同参与完成。共同参与、共同制定和共同实施组织职业生涯规划，是建立组织与员工相互信任关系的最有效途径。

（六）时间梯度

因为人生有发展阶段和职业周期发展的任务，所以职业生涯规划和管理的内容必须分解成几个时间梯度来完成。每个时间梯度有两个时间坐标，即"开始执行"和"完成目标"。没有划分明确的时间梯度会导致空谈以致职业生涯规划的失败。

（七）发展创新

员工的创造性应该体现在职业目标的确定上。职业生涯规划与管理，并不意味着要制定一套规则和程序，让员工遵守，一步一步地去完成，而是要让员工发挥自己的能力和潜力，实现自我发展创新，为组织创造效益。还需要注意的是，一个人职业生涯的成功不仅包括职务晋升，还包括工作内容质量的改变、责任范围的扩大、创造力的增强。

（八）全面评价

为了全面准确了解员工的职业发展和组织职业生涯规划管理的情况，需要组织员工个人、上级管理者、员工家庭成员和相关社会团体对员工的职业生涯进行综合考核评价。在考核中，要特别注意上级对下级的考核。

四、组织承诺与生涯承诺

(一) 组织承诺

1. 组织承诺的概念

组织承诺（organizational commitment）也可以称为"组织归属""组织忠诚"等。组织承诺一般是指个体对组织的认同和参与程度。在组织承诺中，个人明确了与组织联系的角度和程度，尤其是明确了合同中没有规定的专业角色之外的行为。组织承诺致力于使员工对组织有强烈的认同感和归属感。

美国社会学家贝克尔（Howard S. Becker）于 1960 年首先提出组织承诺这一概念。他将承诺定义为一种倾向，即从单方面的投入中保持"活动一致性"。在一个组织中，这样的单边投入可以指所有有价值的东西，比如福利、能量、特定技能等。他认为组织承诺是一种心理现象，即员工由于增加对组织的单边投入而不得不留在组织中。

2. 组织承诺三因素模型

加拿大学者梅耶（John P. Meyer）与艾伦（Natalle J. Allen）总结了以往学者关于组织承诺的研究报告，在此基础上加以分析和创新，并且经过实践论证，于 1991 年提出了组织承诺的三因素模型。他们将组织承诺定义为"一种反映员工与组织之间关系的心理状态，隐含了员工对于是否继续留在该组织的决定"。

组织承诺三因素模型的三个因素分别为：

感情承诺（affective commitment），指员工对组织的情感依赖、认同和承诺，以及员工对组织的忠诚和敬业程度，主要是源于员工对组织的深厚感情，与物质利益无关。

继续承诺（continuance commitment），指员工对离开组织所带来利益损失的认识，即员工为了不失去多年投入所获得的待遇而不得不继续留在该组织内的一种承诺。

规范承诺（normative commitment），体现了员工留在组织的义务感，即员工基于社会责任而留在组织的承诺。

关于组织承诺的因素，还有其他一些观点，如我国学者提出的组织承诺五因素观点，认为我国企业员工的组织承诺由感情承诺、规范承诺、理想承诺、经济承诺和机会承诺五个因素构成。表 5-1 是某企业员工组织承诺量表的示例，供参考。

表 5-1　　　　　　　　某企业员工组织承诺量表

分类	项目	评分
感情承诺	工资低也不想离开	
	对企业产生了深厚的感情	
	愿做任何贡献	
	愿贡献业余时间学习	
	对企业有责任感	
规范承诺	跳槽违背原则	
	对企业都应忠诚	
	对企业全身心投入	
	把企业当作自己的家	
	学以致用	
理想承诺	学习机会多	
	晋升空间大	
	机遇和挑战并存	
	有条件实现自己的理想	
	福利待遇一般	
经济承诺	损失太大	
	即便想也很难离开	
	工作年限长	
	家庭损失	
	技术低	

续表

分类	项目	评分
机会承诺	其他企业工资水平一般	
	适合岗位难找	
	其他企业要求更高	
	同行业其他企业比不上现企业	

说明：每个项目按四等级打分。1分：完全不是这样；2分：很少是这样；3分：基本是这样；4分：完全是这样。

3. 负面影响组织承诺的因素

对组织承诺产生不利影响的因素称为退缩行为或退出行为。退缩行为分为两类，分别为：

（1）心理退缩（psychological withdrawal）。指对工作有意或无意的疏忽行为。心理退缩的五种主要表现分别为心不在焉、假装忙碌、闲聊、人际交流和兼职。

（2）身体退缩（physical withdrawal）。指离开工作岗位的时间长短。身体退缩的五种主要表现分别为工作效率低、缺席会议、离开工位、长时间休假和旷工。

（二）生涯承诺

生涯承诺可以理解为"一个人对他们所选择的职业的态度"或"一个人在所选择的职业中工作的动机"，更全面地说，实际上是对已经制定的职业生涯规划的承诺程度。个人投入精力和追求个人职业目标的意愿可以被看作是一种高水平的生涯承诺。生涯承诺的核心是职业承诺，即对所选职业的"热爱"程度。生涯承诺与工作投入呈正相关，与工作退出呈负相关。简单来说，生涯承诺可以使员工更容易被激励，事实上他们经常依靠自我激励，变得更加主动积极，有效地减少了组织的激励和监督成本。

五、组织职业生涯规划的步骤

（一）组织职业生涯规划准备

1. 组织建立相关的职业生涯规划部门。
2. 对组织的职位进行分析，并发布相关的职位信息。
3. 编制员工职业生涯指导手册。
4. 对员工进行职业生涯规划培训。

（二）对员工进行分析和定位

1. 员工对自己进行个人评估。
2. 组织对员工进行二次评估。
3. 对组织内的环境进行分析。

（三）确定员工职业生涯规划目标

有关员工职业生涯规划目标的内容可参见第四章的相关部分。

（四）进行员工职业生涯规划面谈

1. 面谈前进行简单沟通，点明主题。
2. 讨论职业生涯规划方案的内容。
3. 确定最终的职业生涯规划。

（五）发布员工职业生涯规划，并实施规划

有关员工职业生涯规划实施的内容可参见第四章的相关部分。

（六）对员工职业生涯规划进行评估和调整

有关员工职业生涯规划评估和调整的内容可参见第四章的相关部分。

第二节 组织职业生涯规划管理

一、组织职业生涯规划管理的内涵

组织职业生涯规划管理是一种专门化的管理,即从组织角度对员工从事的职业和职业发展过程所进行的一系列计划、组织、领导和控制活动,以实现组织目标和个人发展的有机结合。

在员工制定和实施个人职业生涯发展规划的过程中,都需要组织的参与和帮助,个人的职业发展是不可能脱离组织而存在的,因此组织在员工个人的职业发展中起着重要的作用。

组织职业生涯规划管理的出发点应是以人为本,但要真正做到以人为本,一切本着人的需求出发却不是易事。组织作为职业生涯规划管理的主导者,应认真研究员工的心理发展特点,向员工提供组织的职业需求信息及职业晋升路线或策略,了解自己的资源储备,并有针对性地开发组织内部的人力资源。

(一) 提供内部劳动力市场信息

在提供职业信息方面,主要采取三种方法。

1. 公布岗位空缺的信息。

2. 介绍职业发展通道,包括垂直或水平方向发展的通道,这些通道设定的依据主要是职业发展规律和管理者主观判断。为了使职业发展通道满足组织变化的需要,对通道要作调整修订。另外,还要注意适当考虑跨职能部门的安排。

3. 建立职业资源中心。为了全面地获取人力资源信息,组织还可设立技能档案。档案中主要记录员工的教育和工作经历、任职资格、取得的成就,还可以包括职业目标的信息,如工作喜好、工作目标、个人自我评价、发展机会和职位安排等。

（二）成立潜能评价中心

潜能评价中心主要用于评价专业人员、管理人员和技术人员提升的可能性。有时，个人对自己的评价不一定客观，如何科学地评价个人的潜能，是组织人力资源管理和开发的核心问题。

组织中常用的潜能评价方法有三种。

1. 评价中心：主要用于确定管理人员候选人，并为其制定职业发展规划和设计培训内容。

2. 心理测试：运用心理学测试工具测查个人职业潜能、兴趣、价值观等。

3. 替换或继任规划：主要用于确定主要管理部门中管理者新老交替人选。

（三）实施发展项目

发展项目是为了使组织跟上时代发展的步伐，对员工具备竞争力而实施的人才培养措施。具体包括：工作轮换，使员工在不同岗位上积累经验，丰富工作内容，为提升工作能力打基础；利用组织内外人力资源发展项目对员工进行培训，如承担学费的学位教育、建立师徒指导关系系统、参加相关的学术或专业研讨会、对管理人员进行专业培训或实行双重职业计划等。

二、组织职业生涯规划管理的作用

组织职业生涯规划管理旨在将组织发展目标与个人发展目标有机结合起来，因此组织对员工实施职业生涯规划管理本身就应该是一个双赢的过程。综合来看，其作用主要可以从组织和员工两个角度来考虑。

（一）对组织的作用

1. 使员工与组织同步发展，以适应组织发展和变革的需要

任何成功的组织，其成功的根本原因是拥有高质量的人才。而这些人才除了通过外部招聘外，更主要的是要依靠组织内部培养。在当今世界竞争加剧、环境不断变化的大背景下，实施职业生涯规划管理可以有效地实现员工和组织的共同发展。不断更新员工的知识、技能，提高人的创造力，是确保组织在激烈的竞争中立于不败之地的关键所在。

2. 优化组织人力资源配置结构，提高组织人力资源配置效率

经过职业生涯规划管理，一旦组织中出现了职位空缺，可以很容易地在组织内部寻求到替代者，既减少了填补职位空缺的时间，又为员工提供了更加适合他们发展的舞台，解决了"人事合理配置"这一传统人力资源管理问题。

3. 提高员工满意度，降低员工流动率

组织职业生涯规划管理的目的就是帮助员工提高在各个需求层次的满足程度，尤其是马斯洛的需求层次论中提到的归属、尊重和自我实现等高层次的需求。组织通过各种测评技术真正了解员工在个人发展上想要什么和应该得到什么，协调并制定职业生涯规划，帮助其实现职业生涯目标。组织职业生涯规划管理可以有效提高员工对组织的认同感和归属感，降低人员流动率，进而形成组织发展的强大推动力，更高效地实现组织目标。

（二）对员工的作用

1. 让员工更好地认识自己，为他们发挥自己的潜力奠定基础

每个人都有自己的目标，并以此来指导自己的行为。但是人们尤其是年轻人在规划自己的发展目标时，往往过高估计自己，而且由于从众心理等的影响，经常会不顾自身的特点及环境提供的条件，盲目追求社会热门职业。

事实上，个人目标应该建立在对自己的客观评价和认识的基础之上。有很多人在目标实现过程中并非不努力，而是由于缺乏对自身和环境的正确认知，导致对工作的期望过高。通过职业生涯规划管理，组织可以帮助员工了解自己的特点及所在组织的目标、要求，为自己制定切实可行的发展目标，并不断从工作中获得成就感。

2. 提高员工的专业技能和综合能力，从而增强他们的自身竞争力

组织适当地对员工进行职业生涯指导并提高他们自我管理职业生涯的能力，可以增强其对工作环境的把握和对工作困难的控制，帮助他们养成对环境和工作目标进行分析的习惯，同时又可以使员工合理计划、分配时间和精力，提高外部竞争力。

3. 能提高个人对工作的归属感和满意度，提高生活质量，实现自我发展

随着时代的发展，工作对于个人的意义可能远远超过一份养家糊口的差事，人们越来越热衷于追求高质量的工作生活。职业生涯规划管理可以通过对职业目标的多次提炼使工作目的超越财富和地位，让人们能够实现更高层次的自我价值。

4. 有利于员工过好职业生活，处理好职业生活和生活其他部分的关系

良好的职业生涯规划管理可以帮助个人从更高的角度看待工作中的各种问题和选择，将职业生活与个人生活结合起来，服务于职业目标，使职业生活更加充实和富有成效。它更能考虑职业生活同个人追求、家庭目标等其他生活目标的平衡，避免顾此失彼、两面为难的困境。

三、组织职业生涯规划管理的阶段

职业生涯存在一定的规律性，这种规律性体现在职业生涯的不同阶段，处于同一阶段的员工可能会存在某些共性的特征。因此，组织有责任为员工提供某种比较专业的职业生涯发展咨询，在员工职业生涯发展的不同阶段为其提供所需要的咨询服务。

有专家学者将职业生涯发展划分为四个阶段：职业探索阶段、职业建立阶段、职业中期阶段和职业后期阶段。不同的阶段应采取不同的职业生涯规划管理措施。

（一）职业探索阶段

职业探索阶段应该初步明确职业规划与顾问计划。这个阶段从员工参加工作起至 25 岁左右，具体时间长短根据员工的知识储备、学历不同而有所不同。

通常员工进入新的组织会经过三个阶段来实现社会化，即前期社会化、碰撞、改变与习得阶段。

1. 前期社会化阶段，新员工收集各种与工作、组织有关的信息。对于新员工而言，这个阶段最有可能的压力就是对一切都不熟悉、不清楚，因此取得准确的信息就显得比较重要。心理契约也形成于该阶段，员工与组织在心理上达成一致是非常必要的。

2. 碰撞阶段，对于新员工而言，工作所要求的角色、任务、人际关系和身体状况都是显而易见的。在前期的社会化中形成的期望可能会与所看到的组织现实相矛盾，从而产生现实冲突。这时新员工最有可能的反应是不明白自己到底在干什么，这种冲突的程度取决于前期社会化阶段产生的期望值大小。如果这些期望是不切实际的或者不能被满足的，那么突破现实将变得十分困难。

3. 改变与习得阶段，该阶段新员工逐步掌握了一些工作的方法，来满足工作相关的要求。

总体来看，在职业探索阶段，员工可能通过多次调换工作与工作单位，来选定自己喜欢的、适合自己的并能够长期从事的职业。这个阶段的员工调换工作的愿望比较强烈。

员工在职业探索阶段遇到的职业困境主要有最初的工作缺乏挑战性、过高的期望和现实的日常事务性工作安排碰撞导致的情绪不满，以及不恰当的工作绩效评价等。

从组织角度来说，在职业探索阶段，可采取的管理措施有以下三种。

1. 帮助新员工准确地认识自己，制定初步的职业生涯规划。

2. 建立导师机制或顾问计划，为新员工提供职业咨询和帮助，使其快速融入组织。

3. 安排挑战性工作，丰富工作任务，帮助其寻找职业困境产生的原因及解决办法。

（二）职业建立阶段

职业建立阶段大概是从员工 25 岁至 35 岁，这个阶段首先要选对自己的职业发展方向，进而再为实现职业发展目标作出具体的努力。

这个阶段是员工有理想、有抱负的阶段，是一生中的高产时期，组织应把握住这个阶段员工的特点和他们对培训、成长、晋升等方面的需求，帮助其规划职业生涯、协调好工作与生活之间的冲突，关注其发展方向，为其提供必要而及时的支持。

在职业建立阶段需要建立职业生涯档案和个人申报制度。

1. 建立职业生涯档案

职业生涯档案是指个人职业发展档案（personal performance development file，PPDF），它可以帮助员工管理自己的职业发展。档案的内容包括个人情况、现在的工作情况、未来的发展情况等。档案一式两份，填好后一份员工自己保管，一份交给直接主管。主管会找员工谈话，一起研究分析其中的每一项，并提出十分具体的建议。这种方式对员工有极大的帮助。

2. 建立个人申报制度

个人申报制度是指运用一定的方式，鼓励员工将自己对工作的希望反映给人力资源部门。这种制度的建立和实施可以有效地帮助员工表达他们内心对工作和职业的愿望和要求。个人申报的内容包括担任现在职务的心情、对担任职务的希望和对组织的其他要求。人力资源部门了解员工的实际情况后，可以有针对性地去满足员工的需求或愿望。同时员工的直接主管要对员工进行工作适应性调查，包括调查了解员工的兴趣、爱好、专业技能、工作积极性、工作表现等，再将适应性调查结果与员工个人申报材料相比较，以此作为人力资源部门决策的依据。

（三）职业中期阶段

职业生涯中期是一个时间长、变化多，既有可能事业成功，又有可能引发事业危机的敏感时期。

该阶段人群年龄一般在35岁至50岁，他们通常面临着工作和生活两方面的压力，不再抱有不切实际的幻想，一切从实际出发，重新审视自己，明确发展目标，逐步达到职业发展的顶峰。同时由于意识到年龄的增长给工作带来的限制，从而产生职业危机感。总之，这是一个充满矛盾的复杂阶段，尤其需要组织对职业生涯规划的管理。

这一阶段的员工职业目标已经清晰地确定下来，他们更重视个人的成长与职业发展。这个阶段面临的主要问题是职业高原现象和工作与家庭关系的平衡。

1. 职业高原现象是指员工在职业生涯中期面临的职业发展通道越来越窄，发展机会越来越少的情况。面对职业高原现象常见的应对方式有积极面对并顺利通过和消极接受停滞不前两种。职业高原现象的显现随着人力资源供给的持续充足日益年轻化。

2. 工作与家庭关系的平衡。随着经济的发展和女性地位的提高，双职工家庭模式在我国已极为普遍，这种模式为家庭生活带来了较大的压力，如夫妻双方忙于工作对孩子照顾不周、双方日程安排的冲突、疲于完成家庭义务与工作责任等。

针对以上问题，常用的解决办法主要包括弹性的工作时间、灵活的工作场所，以及为员工子女成立托管班等。

（四）职业后期阶段

职业后期也就是退休前期，这是职业生涯的最后阶段，大概从员工50岁左右到退休。处于此阶段的大多数人对成就和发展的期望减弱，希望维持或保留自己目前的地位和成就。

对于这类人群，组织应注意帮助他们做好退休前的各项心理准备和工作方面的准备，让他们愉快地结束自己的职业生涯，帮助他们顺利地过渡到退休生活。

事实证明，退休不仅会对员工产生影响，也会对组织产生影响。退休让员工的工作和生活发生了较大的转变，组织可以采取适当的措施来帮助其缓解退休带来的不适和实现个人价值的延续。

常用的办法如制订退休计划，安排丰富的退休生活；实施退休返聘，延长职业生涯，继续为组织发挥余热。目前，为退休人员制订退休计划越来越受到组织的重视，组织在制订退休计划时应注意因人而异、形式多样。

另外，还要注意做好退休前的工作交接，为即将退休的员工选择好接班人，不要因为员工退休而影响了组织的正常发展；还可以召开退休前员工座谈会，既增进员工间的友谊，又了解即将退休的员工对组织管理的意见或建议等。

四、组织职业生涯规划管理的流程

组织职业生涯规划管理，目前已受到越来越多的企业的重视，企业在实施职业生涯规划管理时应遵循一定的流程，以确保职业生涯规划管理相关工作得以不断完善。组织职业生涯规划管理应重视以下五个主要流程。

（一）职务分析

职务分析是职业生涯规划管理的第一步也是最为关键的一步，通过职务分析获得与工作相关的信息，进而为员工制定有效的职业发展策略。职务分析常用的工具有职务分析问卷、任务调查表、职务分析面谈和关键事件调查等。获得的职务分析数据包括职务基本材料、职务描述情况、职务要求等。

1. 职务基本资料包括职务编号、职务类别、职务名称、所属单位、直接上级、定员人数、管辖人数、工资水平、工资等级、直接晋升职务、可相互转换的职务、其他可担任的职务等。

2. 职务描述，是将职务的工作细分成条目，输入每个条目的编号、工作内容、基本功能和工作基准。其中，工作基准的确定是一项至关重要的工作。

3. 职务要求，是指胜任某一职务的最低要求，比如学历要求、职称要求、专业要求、经验要求、工作行为要求、气质要求、一般职业能力要求、特殊职业能力要求、领导类型、管理能力要求等。

(二)员工基本素质测评

组织进行员工基本素质测评的目的在于掌握员工的能力、个性倾向和职业倾向，为员工职业生涯的目标设定提供参考。

组织进行员工基本素质测评需要的信息包括员工基本信息和工作状况记录信息两部分。员工基本信息包括员工的年龄、学历、工作经历、兴趣爱好等；工作状况记录信息包括绩效评估结果、晋升记录及参加各种培训情况的记录等。

员工基本素质测评的方法和技术主要包括以下八种。

1. 管理能力测评：应用情景模拟法中的公文处理技术，对每个管理人员或应聘人员的管理能力进行测评。

2. 智力测评：测评人在逻辑推理、言语理解、数字计算等方面的基本能力。

3. 卡特尔十六种人格测试：主要测试人的内向或外向、聪明或迟钝、激进或保守、负责或敷衍、冒险敢为或胆小猥琐、顾全大局或以我为中心、情绪激动或情绪稳定等方面的个性特征。

4. 职业兴趣测试：如对现实型、企业型、研究型、社会型、艺术型、常规型六种类型职业兴趣的测试。

5. 气质测试：气质类型包括胆汁质、多血质、黏液质和抑郁质四种。对人进行气质测试，有助于帮助被测者选择较合适的工作，有助于管理人员了解被测者。

6. 一般能力倾向测试：主要测试人的图形识别、空间想象、计算的速度和准确性、言语理解、词语组合等方面的能力倾向。

7. A型行为和B型行为测试：A型行为的人对自己要求较高，经常制订超出自己实际能力的计划，没有完成计划会很焦虑；B型行为的人随遇而安，不会强迫自己紧张工作。了解员工的行为类型对于为他们安排何种工作很有指导意义。

8. 领导类型测试：对所有管理人员和应聘人员的领导类型进行测

试，可以帮助确定其是否适合当前职务上的工作，哪些职务适合其工作，如何提高管理水平等。

（三）建立与职业生涯规划管理相配套的员工培训与开发体系

培训是职业生涯规划管理的重要工具，培训可以改变员工的价值观、工作态度和工作行为，使员工在自己现在和未来的工作岗位上达到组织的要求。通常，员工培训方案的设计主要有以下两种方式。

1. 以素质测试为基础的培训方案设计。在组织原有培训管理的基础上，根据职务分析和员工基本素质测评的结果，找出员工在能力、技能、个性、领导类型等方面与本职工作所存在的差距，以及今后职业发展路线上会面临的问题，有针对性地拟定员工培训与开发方案。

2. 以绩效为基础的培训方案设计。依照绩效考核的结果，发现员工在工作中存在的问题，有针对性地拟定员工培训与开发方案，以使员工适应本职工作和今后职业发展的需要。通过培训，进一步发现员工的潜在能力和特长，为其职业生涯规划打下良好的基础。

（四）制定较完备的人力资源规划

人力资源规划是组织根据发展战略目标而确定的。人力资源规划通过预测组织在未来环境变化中人力资源的供给和需求状况，制定基本的人力资源获取、使用、维持和开发的策略。在制定人力资源规划时应注意以下三个方面的内容。

1. 晋升规划：根据组织的人力资源分布状况和层级结构，拟定员工的晋升政策和晋升路线，包括晋升比例、平均年薪、晋升时间、晋升人数等指标。在实施中，根据人事测评、员工培训、绩效考核结果，并结合组织的实际需要，对各个结果赋予相应的权重系数，得出各个职位的晋升人员次序。

2. 补充规划：它使组织能合理地、有目标地把在数量、质量、结构上所需的人员补充在可能产生的职位空缺上。

3. 配置规划：在制定配置规划时，应注意解决两个问题，当上层职位较少而待晋升的员工较多时，可通过配置规划增强员工的流动性，这样既可以减少员工对工作枯燥、单调乏味的不满，还可以等待上层职位空缺的出现；当出现超员的情况时，可通过配置规划改变工作的分配方式，从而减少负担过重的职位数量，解决工作负荷不均的问题。

（五）制定完整有序的职业生涯规划管理制度与方法

有效、健全、可行的职业生涯规划管理制度与方法的制定，是确保组织职业生涯规划管理目标顺利实现的必备条件。制度与方法可以引导员工改变行为，确保优秀人才能够脱颖而出，并能够为组织发展目标的实现做出积极贡献。完整有序的职业生涯规划管理制度与方法也可以使员工充分了解企业的文化、经营理念、管理制度，为员工提供内部劳动力市场信息，帮助员工分阶段制定自己的职业生涯目标。

五、组织职业生涯规划管理的方法

组织职业生涯规划管理作为一项专业化管理，有其本身的复杂性和系统性。因此，组织通常采用组织职业生涯咨询、组织职业生涯辅导计划、组织职业生涯研讨会议和编制职业生涯手册四种方法来进行管理，以更好地实现其目的和作用。

（一）组织职业生涯咨询

员工在职业生涯规划和职业发展过程中，会不断产生一些职业生涯方面的困惑和问题，需要管理人员或资深人员提供咨询，为其进行问题的诊断。

1. 咨询者身份类型

职业生涯咨询可以是正式的也可以是非正式的，可以充当咨询者的人大致可以分为以下两个类型。

（1）法定咨询者。各部门负责人是该部门人员的法定咨询者。部门正职负有全面责任，为培养接班人，正职负责人可授权副职负责人向本部门部分人员提供咨询。如果部门较大，以至还有分支部门，那么部门正职负责人承担副职负责人及分支部门负责人的咨询任务，各员工的咨询任务则由各分支部门负责人承担。即便如此，部门正职负责人仍然是这一部门的"最后咨询者"，有义务向本部门的全体员工提供咨询服务。

人力资源部门的管理人员则是面向组织全体员工的法定咨询者。作为组织内部人力资源管理专家，他们不仅负责制定职业生涯规划管理的政策制度，统筹全组织的职业生涯规划管理活动，而且负有向全体员工提供职业生涯咨询的任务，当各部门员工遇到部门负责人解决不了的问题时，人力资源部门的管理人员负责向员工或部门负责人提供咨询。

（2）义务咨询者。组织内工作经验丰富的优秀员工，包括已经退休、即将退休的优秀管理人员、技术人员、技术工人等，尽管他们不是管理等级链上的部门负责人，不是法定咨询者，但他们成功的职业生涯实践是一笔宝贵财富，从某种意义上来说，他们更有发言权，他们的咨询意见更容易为员工所接受，他们不仅为员工提供咨询，也可以为部门负责人提供咨询。

当然，法定咨询者对组织的政策和全局的把握比义务咨询者更全面、准确，法定咨询者和义务咨询者应相互补充。法定咨询者要谦虚，善于听取义务咨询者的"专家之言"，义务咨询者则要尊重法定咨询者，以免引起混乱。对于员工来说，首先应向部门负责人咨询，然后可再听取义务咨询者的建议。

2. 职业生涯咨询的一般程序

（1）接受咨询。咨询者有两种方式接受咨询任务：一是员工主动请求指点职业生涯规划和职业生涯发展中遇到的问题；二是咨询者主动经常性对自己的下属或"定点"指导对象进行指导帮助。

无论主动或被动，作为咨询者，在接受咨询时，都应让被咨询者感受到真诚、热情，从而建立良好的咨询关系。咨询气氛在相当程度上影响着被咨询者接受建议的程度，因此，咨询者必须予以重视。除此之外，在咨询过程中，咨询者所表现出来的对职业生涯发展、组织目标与价值观以及对社会环境的深刻理解与洞察力，也是被咨询者信赖的基础。

（2）了解被咨询者。如果说咨询的第一步是建立咨询双方的感情基础的话，那么第二步就是建立咨询的信息基础。职业生涯咨询成功的关键之一是咨询者必须对被咨询者的各方面情况，特别是能力、兴趣、家庭等有比较全面而深刻的了解，这样才有可能提出有针对性的职业生涯建议。

咨询者有两种途径了解被咨询者的情况。其一是与被咨询者进行交谈，通过交谈准确把握被咨询者目前的兴趣、对自己工作绩效的评价、心理困惑以及许多微妙的心理需求和人生态度等。其二是通过其他方法了解，包括与被咨询者有密切工作关系的其他人员交谈，阅读当事人的档案资料、历年绩效考评资料等。

（3）组织与外部环境信息收集与分析。仅仅掌握被咨询者的信息还不足以形成咨询建议，咨询者必须对组织的内部信息有全面的了解，如组织结构、组织宗旨与组织目标、组织发展战略、培训政策、调配政策以及其他员工的职业生涯设计等。咨询者还需要对组织的外部环境有比较深刻的了解，包括经济与技术发展趋势、国家产业政策的变化方向、各种职业需求的消长等。

（4）职业生涯诊断。在信息分析过程中，可以发现被咨询者在职业生涯规划或职业生涯发展中发生的各种不协调的情况，这些不协调的情况将导致当事人职业生涯发展出现阻碍，走弯路甚至难以实现职业生涯目标。

（5）提供咨询建议。根据职业生涯诊断的结果对症下药，向员工提出咨询意见，帮助其解决职业生涯规划或职业生涯发展中存在的问题。

（6）咨询总结与反馈。每一次咨询活动结束后，咨询者都应及时把咨询的经过和咨询中的一些重要方面进行总结，为被咨询者建立咨询档案，以供下一次咨询时参考对照。

（二）组织职业生涯辅导计划

组织职业生涯辅导计划不仅是组织实施职业生涯规划管理的重要方法和工具，更能够帮助员工进行深度的自我探索和职业定位，提升职业决策能力与职业素质，从而使他们能够科学规划自己的职业生涯，最终达到人与职业的最优结合。

下面是一份组织职业生涯辅导计划的示例,供参考。

组织职业生涯辅导计划

一、计划背景

员工职业生涯目标不明确,组织各部门缺少辅导计划,大多数员工的职业生涯目标难以实现,因此组织目标也难以实现。

二、计划目标

通过组织职业生涯辅导计划促使员工业务能力、管理能力得到相应提高,促进辅导对象职业生涯快速发展;增强组织凝聚力,为组织发展提供充分的人力资源保障。

三、核批人员

1. 组织职业生涯辅导计划的审核人员为人力资源经理、人力资源总监,审批人员为总经理。

2. 职业生涯计划表的审核人员为人力资源经理,审批人员为总经理。

四、执行主体

组织职业生涯辅导计划的执行主体是人力资源经理、人力资源总监、各部门负责人等。

五、计划实施

1. 选取辅导对象

将部门负责人及关键岗位人员作为辅导对象,辅助其制定职业生涯规划。

2. 填写职业生涯规划表

员工填写职业生涯规划表,规划表的内容包括员工基本信息、职业生涯目标和职业发展通道三方面内容。

3. 收集、分析职业生涯规划表的信息

人力资源部收集员工填写的职业生涯规划表,并进行分析和统计。

4. 定期评估、沟通

人力资源部定期邀请员工的直接主管、分管领导、总经理及业务相关人员对其进行评估、沟通，得出反馈意见，促使员工保持优秀的工作方法，改正工作中的不足，从而提高工作能力。

5. 运用组织职业生涯辅导计划的结果

组织职业生涯辅导计划将与员工晋升、内部调配管理办法相结合，更全面地了解员工的综合能力和发展要求，将符合更高职位要求的员工提拔到新的岗位。

六、工具支持

组织职业生涯辅导计划执行过程中主要运用的工具为职业生涯规划表，具体见下表。

职业生涯规划表

第____次职业生涯规划，上次规划时间：____年____月____日

姓名		员工编号	
年龄		性别	
目前任职岗位		岗位编号	
目前所在部门		部门编号	
规划指定时间		部门负责人	
职业目标			

职业发展通道：

1. 图示（粗略）

2. 简要文字说明

实现职业目标的策略要点：

长期目标

职业发展通道：

1. 图示（粗略）

续表

2. 简要文字说明
实现长期目标的策略要点：
中期目标
职业发展通道： 1. 图示（粗略） 2. 简要文字说明 实现中期目标的策略要点：
短期目标
职业发展通道： 1. 图示（粗略） 2. 简要文字说明 实现短期目标的策略要点：

七、费用预算

组织职业生涯辅导计划的支出项目主要为材料制作费用，总计为____元。

八、结果呈现

员工有了明确的职业目标，职业生涯发展更加规范，组织凝聚力增强，人力资源部相关模块得到完善。

九、风险预案

此次组织职业生涯辅导计划的主要风险为员工对计划的不理解带来的问题，成本较高且没有达到计划的期望，对此应合理控制成本，明确计划的目标和组织的期望。

（三）组织职业生涯研讨会议

组织职业生涯研讨会议是一种有计划的学习和练习活动，一般是由人力资源部门统一组织。组织一般通过这种活动的安排，让员工主动参与。会议流程可以包括自我评估和环境评估、与专家进行交流和研讨、进行适当的练习活动，从而帮助员工制定职业生涯规划，即选定职业方向，设立个人职业目标，确定职业生涯发展路线。

职业生涯研讨会议一般由人力资源部门组织实施，其活动主要有以下四个步骤。

1. 准备工作

职业生涯研讨会议举办之前，人力资源部门要做好一系列准备工作，这些工作包括：研讨会议的参加者、研讨会议中需要的各种评估工具、所需要的各种组织内部和外部信息，以及研讨会议的场地、日程安排、相关服务等。

（1）选定参加者。研讨会议之前，明确哪些员工、哪些管理者和专家参加会议。研讨会议分为针对新员工和老员工的两种情况。针对新员工的研讨会议，是为同一批次招聘进来的新员工举办的，一般安排在岗前培训之前或穿插在岗前培训中举办。针对老员工的研讨会议，是定期举办，旨在帮助其调整修订职业生涯规划。

凡是有员工参加的部门，其主要负责人应参加研讨会议，人力资源部门还应该邀请有关专家参与研讨会议的部分日程，这些专家可以是组织内部的优秀员工、杰出领导，也可以是从外部聘请的成功人士。研讨会议上，总经理应该出席开幕式并致辞，以表示对研讨会议的重视。

（2）准备评估工具。在职业生涯研讨会议中，需要运用若干心理测评工具、成就问卷和环境评估工具，这些工具应该在研讨会议举办前准备好。其中职业倾向问卷、职业锚量表、一般能力倾向测试、成就问卷、环境评估问卷等都是比较重要的评估工具，不同的组织可以根据自身情况和员工特点从中进行选择。

（3）收集信息。人力资源部门还应把与职业生涯规划有关的组织信息和环境信息制作成手册,以供员工评估时参考使用,其中重要部分要在研讨会议中作详细讲解。

2. 正式举办职业生涯研讨会议

在预先确定的时间、地点,由人力资源部门主持,正式举办职业生涯研讨会议。

3. 完成职业生涯规划书

为慎重起见,可以允许员工在研讨会议之后一到两周内完成职业生涯规划书。这一过程,需要部门负责人和员工共同进行。职业生涯规划书制定好之后,员工与部门负责人分别签名,交给人力资源部门。

4. 审核和协调职业生涯规划

所有员工的职业生涯规划书都集中到人力资源部门以后,人力资源部门的工作人员和有关专家,要对每位员工的职业生涯规划进行周密的分析,当然也可以借助于一定的分析软件进行,然后对可能产生的冲突进行协调并与本人进行沟通,作出恰当的调整。

一般来说,人力资源部门可以从以下两个方面进行审核和协调。

(1)审核员工职业生涯规划书中有无明显错误、有无不符合标准格式的情况,要特别注意员工的职业选择是否合理。

(2)协调员工的职业生涯目标和职业发展通道,重点关注员工的短期职业生涯规划在时间上是否有冲突,因为短期规划是很快就要落实的,出现的冲突必须立即予以解决。同时也要注意每位员工的长期职业发展通道设计和职业生涯目标之间是否存在明显的冲突。经人力资源部门协调后的职业生涯规划书,复印两份,交给各个部门,由部门负责人和员工各保管一份。

(四)编制职业生涯手册

通过职业生涯研讨会议,绝大多数员工在职业生涯规划的制定中都不会有很大困难了。但仍然会有部分员工有某些不明白的地方。而更常见的情况是,在职业生涯发展过程中,员工需要得到持续的书面指导,以解决遇到的问题,或者反思职业生涯设计,进而调整修订职业生涯规划。因此，编制职业生涯手册是十分必要的。

1. 职业生涯手册的内容

职业生涯手册的内容具体可参考表 5-2。

表 5-2　　　　　　　　　　职业生涯手册编写参考

项目	内容
职业生涯管理理论	介绍有关概念，阐明职业生涯管理对个人发展和组织发展的重要意义，描述职业生涯管理的一般程序和方法，指出职业生涯管理中个人和组织密切合作的必要性和注意事项
组织结构图	展示组织的结构图（大型组织绘制成若干张子图，才能细化到岗位），并就部门之间、工作之间的关系作出比较详细的说明，特别是要说明任职岗位的先后次序。组织结构应具有较大的弹性，为员工留有较大的发展空间
工作描述与工作说明书	根据管理等级中的层次、部门或职业类别，列出所有岗位的工作描述和工作说明
评估方法和评估工具	详细介绍有关自我评估、组织内部环境评估和外部环境评估的方法与工具。有关评估工具应是完整的问卷或量表，说明其使用范围、适用情形和适用的职业、使用注意事项、结果处理、结果解释和意义等
组织内部环境信息	对职业生涯规划和职业发展有影响的组织信息主要包括组织宗旨、长期目标、发展战略、组织价值观、组织人力资源管理方面的政策制度等。其中组织人力资源管理方面的政策制度需要详细说明，如招聘政策、调配政策、培训政策、劳动关系政策、绩效考核制度、薪酬制度、考勤制度等
外部环境信息	主要包括与本组织有关的技术发展趋势、国家经济政策、宏观经济走势、职业供给信息等，这些信息对职业生涯规划的制定和职业生涯发展都有影响
职业生涯规划方法和工具	介绍职业选择、职业目标与阶段目标确定、职业发展通道设计的方法与工具，重点是介绍方法
案例介绍与分析	介绍管理人员、技术人员、营销人员、研发人员等各类人员职业生涯规划与职业发展的成功与失败案例，分析成功与失败的原因

2. 职业生涯手册编制过程中需注意的问题

（1）编写者的选择。职业生涯手册应由人力资源部门中负责职业生涯管理的人员编写。编写人员应与负责招聘、培训、绩效考核等的有关人员加强沟通与合作，并注意与组织计划部门有关人员的交流，在定稿前要听取上述人员的意见。

（2）更新周期的确定。由于内外环境的不断变化，客观上要求职业生涯手册不断更新。一般说来，发生组织变革、组织政策作重大调整、技术上有重大突破、外部环境剧烈变化、更新工作分析文件时，都需要更新职业生涯手册。在组织内外环境比较稳定的条件下，一般2~3年要更新一次职业生涯手册。

（3）内容要求。职业生涯手册的内容一定要有可操作性，尤其是评估工具、规划方法和案例介绍等几个部分，要让普通员工一看就能明白自己应该怎么做。

职业生涯研讨会议和职业生涯手册都是职业生涯规划管理的有效方法，两者相辅相成。

职业生涯研讨会议依靠短时间的集中活动，营造出一个教学环境和封闭式环境，从而可以使员工在短时间内受到有关知识和方法的强烈冲击，形成特定氛围，有助于员工迅速形成职业生涯规划和职业生涯发展的概念，并掌握相应的方法，制定出一份职业生涯规划书。

职业生涯手册作为一个常备指导工具，经常性帮助员工进行职业生涯反思，进而能够使员工自己解决职业生涯中出现的一些问题，对职业生涯规划中与现实有冲突的部分进行协调和重新设计。

六、组织职业生涯规划管理实务

（一）职业生涯诊断与目标确立

职业生涯诊断是理想与实际的结合，它能够帮助个人真正了解自己，并进一步评估内外环境的优势、限制，从而确立职业生涯目标，设计出合理可行的职业生涯规划。

1. 职业生涯诊断

职业生涯诊断包括诊断的内容、诊断的方法体系和诊断的工具三个方面。

（1）诊断的内容

1）自我分析。自我分析从个人、事业和家庭三个方面进行。个人分析不仅要分析个人的职业兴趣、性格、职业能力和职业倾向，还要分析个人的健康情况、自我是否充实以及个人的休闲情况等。事业分析，主要分析个人的财富情况、所属的社会阶层、自我价值实现情况等。家庭分析，主要分析个人的生活品质、家庭关系和家人的健康情况等。

2）环境分析。环境分析涉及行业条件分析、组织条件分析、地区条件分析和社会条件分析。行业条件分析要注意社会当前及未来需要的行业。组织条件分析要分析组织是否有改革计划、组织需要什么人才等。地区条件分析要视行业和组织而定。社会条件分析要注意政治、法律、经济、社会与文化、教育等条件，该社会的特性及潜在的市场条件等。

3）关键问题分析。分析影响职业成功的关键问题，包括问题发生的领域、问题难度、与组织的相互配合等情况。

（2）诊断的方法体系。职业生涯诊断方法体系的具体内容见表5-3。

表5-3　　　　　　　　职业生涯诊断方法体系

方式	评价者	评价内容	评价标准
自我评价	本人	·自己的才能是否充分施展 ·对自己在组织发展、社会进步中所做的贡献是否满意 ·对自己的职称、职务、工资待遇等方面的变化是否满意 ·对处理职业生涯与其他人生活动的关系的结果是否满意	根据个人的价值观念及个人的知识、水平、能力评价
家庭评价	父母、配偶、子女等家庭成员	·是否能够得到家人的理解和肯定 ·家人是否能够给予支持和帮助	根据家庭文化评价
组织评价	上级、下级、平级	·是否有下级、平级同事的赞赏 ·是否有上级的肯定和表扬 ·是否有职称、职务的晋升或相同职务责、权、利范围的扩大 ·是否有工资待遇的提高	根据组织文化及其总体经营结果评价

续表

方式	评价者	评价内容	评价标准
社会评价	社会舆论、社会组织	·是否有社会舆论的支持和好评 ·是否有社会组织的承认和奖励	根据社会文化评价

（3）诊断的工具。常用的诊断工具有六种，这六种诊断工具的关键之处就在于所用的方法是归纳式而非演绎式的，诊断过程是从具体到一般，而不是从一般到具体，操作方法如下所述。

1）自我访谈记录。给每人发一份提纲，其中有11个涉及自身情况的问题，要求被测者提供有关自己生活（有关的人、地点、事件）、经历过的挫折以及未来的设想等方面的情况，并让大家在小组中相互讨论。这份自传摘要体裁的文件将成为随后的自我分析所依据的主要材料。

2）斯特朗－坎贝尔个人兴趣调查问卷。让被测者答完这份包含325个问题的问卷后，就能据此确定他们对职业、专业领域、交往的人物类型等方面的倾向。

3）奥尔波特－弗农－林赛价值观问卷。此问卷中列有多种相互矛盾的价值观，每位被测者需对之作出选择，从而测定这些被测者对多种不同的关于理论、经济、美学、社会、政治及宗教价值的接受度和赞同度。

4）24小时活动日记。被测者要把一个工作日及一个非工作日全天的活动如实而无遗漏地记录下来，用来对照从其他来源所获取的同类信息是否一致或相反。

5）重要人物访谈记录。每位被测者要就自己的情况向自己的配偶、朋友、亲戚、同事或其他重要人物中的两个人提出一些问题，看看这些旁观者对自己的看法。这两次访谈过程均需要录音。

6）生活方式描述。每位被测者都要用文字、照片、图或所选择的任何其他手段，将自己的生活方式描述一遍。

2. 目标确立

职业生涯目标包括最终目标、长期目标、中期目标和短期目标。一般情况下，个人要根据自己的专业、兴趣和价值观以及社会发展趋势确定自己的最终目标和长期目标，然后把最终目标和长期目标分解为中期目标和短期目标。

职业生涯目标规划，可以从一生的发展写起，然后分别制订出十年规划、五年规划、三年规划和一年规划，以及一月、一周、一日的计划。规划制订好后，再从一日、一周、一月计划实行下去，直至实现自己的一年目标、三年目标、五年目标、十年目标。

（二）组织职业生涯发展策略

组织面对新的机遇和挑战，应采用多种职业生涯发展策略推动员工的职业生涯发展和组织发展。具体策略有以下八个方面。

1. 将职业生涯发展规划与组织业务战略规划融为一体

在组织的各个级别上建立二者明确的联系。让管理人员和员工参加到对业务发展方向的分析过程中，然后让其对发展需求与战略的意义进行评估。如果根据组织的业务需求来进行设计，员工职业生涯发展体系的时效性会大幅度提高。

2. 加强职业生涯发展与其他人力资源管理系统之间的联系

将各项员工职业生涯发展工作综合在一起，并使之与其他人力资源系统和活动相互作用，是做好组织职业生涯发展工作的重要思路。员工职业生涯发展系统有不少与人力资源工作相配合的途径。例如，岗位需求信息发布、绩效评估、薪酬和人员接替计划等，均受职业生涯发展工作的影响。

3. 通过责任制加强管理人员在职业生涯发展中的作用

由于在员工职业生涯发展中，管理人员起着关键性的联系和纽带作用，因此，必须强化管理人员在员工职业生涯发展工作中的责任。

4. 提供各种工具和方法，让职业生涯发展系统更具开放性

组织应采用多种职业生涯发展工具和方法，以适应不同的学习风格和多样化员工构成的需要。同时，还要注重开发和推广互教互学方法及其他集体性方法。随着职业生涯发展与管理中给员工放权及其参与程度的增加，管理人员所扮演的传统角色逐渐削弱，人才开发工作的动力和责任将越来越落在自我管理的团队手中。

5. 重视工作内容的丰富化及平级调动，不断发现和开发可转移的能力

当今成功的定义已与传统升职区分开。因为晋升的机会将越来越少，所以职业生涯发展工作应该大力强调员工在自己当前的岗位上发展和学习的观念，同时通过探索组织内部领域来保持工作的挑战性。

6. 对职业生涯发展工作进行评估、改进和推广

在员工职业生涯发展的各个阶段，应该坚持持续评估、改进和推广。此外，组织应评估人才开发对总体业务业绩的作用。

7. 在组织职业生涯发展中纳入对价值观和需求的分析

员工的去留及他们的工作效率，均与其价值观与组织价值的匹配程度有关。重要的是，要将这些价值观展现出来，以便进行充分的分析并留住优秀的员工。同时，在职业生涯发展中还要注意将员工的需求与组织的需求相结合，当个人结合总体业务战略和发展方向来规划自己的个人职业生涯时，可以为双方带来重大的收益。

8. 保持职业生涯发展的活力

在职业生涯发展过程中，坚持改革与创新的意识始终具有极大的挑战性。如果不能保持其活力，即使最优秀的职业生涯发展系统也会失去效用。

（三）组织职业生涯档案管理

组织职业生涯档案主要是指个人职业发展档案（PPDF），它将所有员工的个人发展同组织的发展紧密联系起来，并为每位员工设计一条经过努力可以达到个人目标的道路。组织靠它将自己的员工形成合力，形成团队，去努力实现组织的目标。它是一种极为有效的职业生涯匹配人力资源开发的方法。

1. PPDF 的主要目的

PPDF 是对员工工作经历的一种连续性记录。它的设计使员工和其直接主管对该员工所取得的成绩以及员工将来想做什么有一个系统的了解。

它既指出员工现在的目标，也指出将来的目标以及可能达到的目标。它还指出要达到这些目标，在某一阶段应具有的能力、技术及其他条件等。

2. PPDF 的使用方法

PPDF 是两份完整的档案。当员工希望去达到某一个目标时，它会为员工提供非常灵活的方法。将 PPDF 的所有项目都填好后，由直接主管和员工个人分别保留一份。通过 PPDF，主管会指导员工应在什么时间通过什么方式来达到目标。主管会与员工一同研究，分析其中的每一项，给出建议和指导，一同探讨职业生涯的规划。

（四）平衡工作家庭关系的措施

个人职业生涯发展与家庭生活之间有着非同寻常的联系，二者始终遵循着一种并行发展的关系。工作与家庭生活的矛盾冲突，必然影响职业生涯的发展，所以为确保职业生涯发展的成功应平衡好工作与家庭之间的关系，具体有以下三个冲突及其平衡措施。

1. 时间冲突及其平衡措施

时间冲突是指工作和家庭在时间需要之间发生的冲突。如工作要求加班、倒班、出差等，与家庭需要或家务活动等发生时间冲突，无法调整与协调。

时间冲突的平衡措施具体有以下六种。

（1）组织职业生涯管理要了解职业生涯各阶段的特点及家庭各阶段的需要，确认对家庭生活产生影响的工作时间，并予以适当回避或者帮助。

（2）针对女性员工，可以根据家庭生活需要设计弹性工作制，以供其选择。

（3）个人要合理安排工作优先次序，确认工作与家庭需要的重点，采用优先原则。

（4）合理安排时间。建立夫妻间工作与家庭合理安排互补机制，将员工单一的职业生涯规划改为与家庭合二为一的相互配合、协调、支持的联合发展规划。

（5）合理利用社会性服务机构提供的家政、家教服务。

（6）让身体健康、退休在家的老人帮助处理家务。

2. 压力冲突及其平衡措施

压力冲突多指工作和家庭都在应急的情境中，无法调整而发生的冲突。例如，新生儿闹夜，干扰了父母的睡眠，导致上班时难以打起精神；孩子突然生病，影响父母的工作，导致工作绩效受损。

压力冲突的平衡措施有以下六种。

（1）及时与管理者沟通，以便对部分工作任务进行调整。

（2）制订合理的工作家庭计划，避免处在压力冲突中的员工因一时没有处理好工作与生活矛盾受到责罚。

（3）站在长远的角度来看职业生涯发展，员工可以放弃部分职业生涯规划与调整职业生涯发展目标进程，以便留出一些时间来处理家庭问题。

（4）合理利用和计划时间，集中精力做好主要工作，不要试图在太多的领域中去做太多的事情。

（5）对家庭问题的处理要有足够的心理准备。

（6）合理利用社会性服务机构。

3. 行为冲突及其平衡措施

行为冲突是指发生在职业角色与家庭角色之间的不一致和互不适应。如职业要求某员工要严肃、理性、有权威性和原则性，而在家庭生活中的角色又要其温和、友好、活跃，富有感情色彩和对生活的憧憬。个人时常难以完成这两种角色的协调与统一，产生行为冲突。

行为冲突的平衡措施主要有以下五种。

（1）组织向员工提供解决角色转换的咨询和支持性训练。

（2）创造家庭成员参观工作现场和参加联谊的机会，促进家庭成员对员工工作性质的理解和认同。

（3）学会适应各种角色的转变，扮演好在家庭与工作中的双重角色。

（4）确立互补、目标一致的家庭角色关系，夫妻要在生活上互相体贴、关照，在工作上互相理解、帮助，情感上更多投入。

（5）学会听取家庭成员的意见，成为子女的榜样。

本章自测题

1. 组织职业生涯规划的概念是什么？
2. 简述组织职业生涯规划的特征。
3. 简述组织职业生涯规划的原则。
4. 组织职业生涯规划管理的内涵是什么？
5. 组织职业生涯规划管理对组织的作用有哪些？
6. 职业生涯咨询的一般程序有哪些？

课程实训

结合本章内容的学习，尝试编制一份组织职业生涯规划管理方案。

实训指导：

下面是××公司职业发展通道设计的示例，供参考。

××公司职业发展通道设计

一、公司背景简介

××公司成立于1994年，从生产单一的家电产品起步，到2018年已经形成了以空调为主、多种家电产品为辅的系列产品生产格局。目前公司的员工规模已经达到了836人，并设立了华北、东北、华东、华南、西北五大生产基地。

在人员管理上，公司实施灵活多样的员工管理措施，把好员工招聘关和培训关，以确保新入职员工有良好的素质基础和在职员工素质的不断提高。

优秀的人才渴望企业能够为其职业发展创造广阔的空间，占公司员工比例60%的生产员工也希望公司能够提供进一步发展的途径。因此，设计适合公司发展需求和满足员工发展需要的职业发展通道，成为公司开发员工潜力、增强员工工作积极性和归属感的必然要求。

二、架构职业发展通道

1. 明确基本要求

面对员工多元化的职业发展需求,架构职业发展通道的基本要求就是要形成纵向职业发展通道和横向职业发展通道。

2. 梳理现有岗位设置,确立岗位簇

(1)岗位梳理。人力资源部对公司的组织结构和岗位进行了梳理,公司的主要组织结构如下图所示。

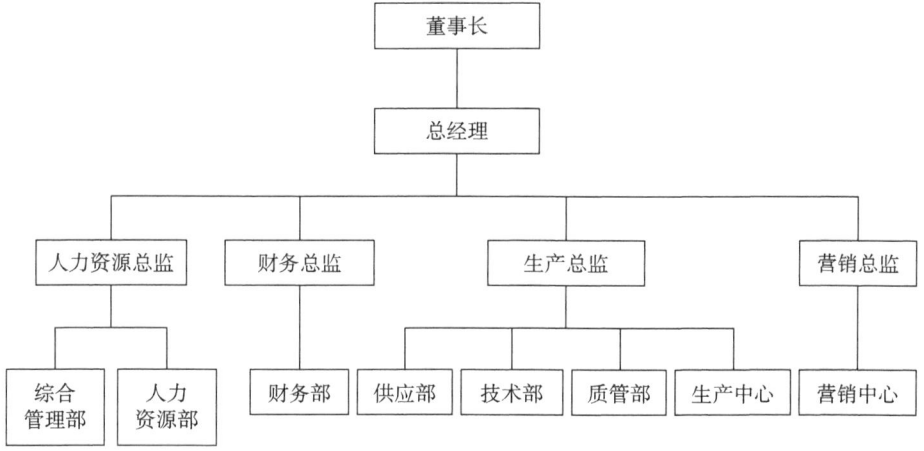

××公司为生产制造型企业,其职能部门包括财务部、人力资源部、综合管理部等,业务部门主要为技术部、质管部、营销中心和生产中心等。

(2)确立岗位簇。通过对岗位职责和岗位价值的分析,人力资源部根据公司各部门和岗位性质的不同,将全部岗位划分为四类岗位簇,具体内容见下表。

××公司岗位簇划分一览表

岗位簇	生产簇	文职簇	专业簇	技术簇
主要人员构成	生产操作人员、生产计划人员、生产调度人员、生产统计人员等	文员、秘书、行政专员、档案管理人员等	销售人员、采购人员、质量管理人员、财务人员等	技术研发人员、技术服务人员、工艺管理人员等

3. 设计网状职业发展通道

人力资源部根据公司岗位簇的划分,设计了纵向职业发展通道和横向职业发展通道相结合的公司职业发展通道,具体内容如下图所示。

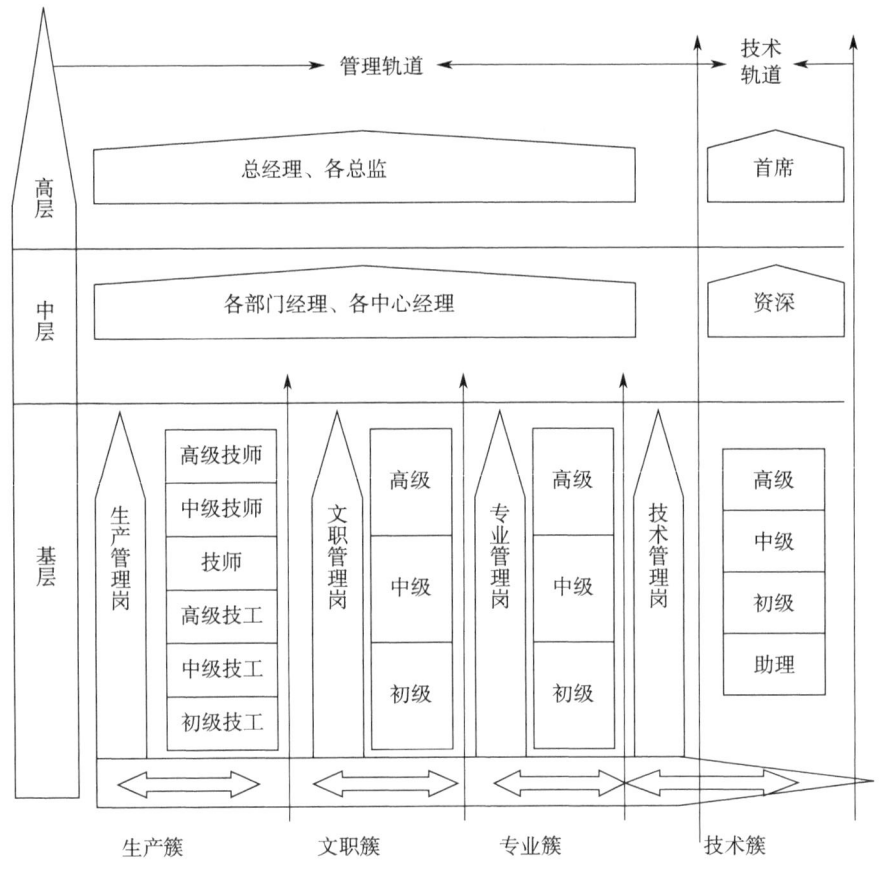

三、职业发展通道说明和评价

1. 说明

(1)公司职业发展通道的设计实行的是管理类与技术类双重职业发展通道,同时在各岗位簇内又设置了纵向的晋升通道,如生产簇内将操作类员工又划分为初级技工到高级技师6个级别,而且各岗位簇内的员工可以进行横向的工作转换和选择。

(2)技术簇的晋升跨越了两个轨道,其中技术管理类岗位晋升通道为管理轨道,而专业技术类岗位晋升通道为技术轨道。在技术簇岗位内部，也可以进行岗位的横向调动和选择。

2. 评价

（1）公司双轨制的晋升通道突出强调了专业技术岗位的价值，只为技术簇员工单独设置了中层和高层职位。

（2）公司的职业发展通道适应了其主要员工为初级生产工人的状况，满足了生产制造企业人力资源管理的要求。

第六章　职业生涯与就业创业

 学习目标

- 树立理性择业观
- 了解就业前景与就业方向
- 掌握求职途径与就业程序
- 了解创业政策、创业与创业精神、创业的基本要素
- 具备创业素质和创业能力
- 了解创业流程

 引导案例

卢晓林是河南安阳的农村孩子，2011年考入武汉理工大学自动化专业。由于家境贫寒，他通过国家大学生助学贷款政策解决了学费问题，但是生活费也时常没有着落，整个大学期间他过得异常艰辛。

2015年6月，卢晓林完成学业，他顺利在武汉找到了一份称心如意的工作，为一家跨国汽车零配件制造公司做技术检测。

2020年初，受新冠肺炎疫情的影响，汽车市场遇冷，卢晓林任职的汽车零配件制造公司由于经营不善面临亏损倒闭，外资方面准备注销公司离开中国。

卢晓林嗅到了创业的好机会，通过谈判，他成功取得了公司高层领导的同意，把这个公司的"空壳"留给了他。

卢晓林把昔日的同事和部下召集起来，大家商量决定，合伙干一番事业。此时，留给他们的只有空荡荡的办公室和多缴了一年房租的"公司"，毕业5年后，卢晓林的自主创业开始了。

清理盘点、维修设备、招聘工人、聘请研发工程师……为了尽快把公司运营起来，卢晓林把他毕业后全部的积蓄投了进去，此外他还通过创业政策获得了国家低息创业贷款。

尽管有之前跨国公司的业务线和市场积累，但是创业的路并不好走，市场仍旧不见起色，起初的3个月他们没有接到一笔订单，可生产还在继续，人员的工资也不能耽误，可以预见资金问题很快就会出现。

幸好中国在抗疫中率先实现了经济复苏。终于，在7月底的时候，卢晓林接到了他的第一单，这第一单是之前卢晓林的德国领导介绍过来的欧洲订单。8月底的时候，订单顺利完成交付，公司终于开始进入正常运转。

虽然公司成立至今还没有盈利，但是卢晓林和他的创业伙伴们都表示对未来充满了信心。

结合卢晓林的创业故事，思考以下两个问题：

1. 个人应该如何理性把握就业与自主创业的关系呢？
2. 创业成功需要什么必要的条件？

第一节 职业生涯与就业

一、自我特性与择业

自我特性是指人在各种心理过程中经常地、稳定地表现出来的心理特点，它包括能力、性格、气质、兴趣等多种因素。

一个人选择何种职业，首先应当考虑自己的特性。因此，求职者在择业过程中，应对自己的特性作出客观且全面的分析。

（一）根据能力择业

随着社会生产力的日益提高，社会分工越来越精细，各种职业都对人们提出了更高的要求。人们从事一种工作，不断深化学习一种能力的同时也面临着一定的封闭风险，机会成本不断上升。因此，求职者在选择职业时，必须了解自己的优势所在，认识自己能力的大小，明确自己的能力在哪些方面表现得更突出，然后再根据自己的能力和兴趣作出职业选择。这样不仅有助于择业的成功，而且能够在今后的工作中扬长避短，取得较大的成就。

（二）根据性格择业

根据性格选择职业，能使自己的行为方式与职业工作相吻合，更好地发挥自己的聪明才智，从而更好地驾驭本职工作。人们从事自己反感、厌恶的行业和工作必定是不长久的，潜在风险很大，未来对于个人和企业都是较大的隐患。例如，理智型性格的人喜欢周密思考，善于权衡利弊得失，故适合选择管理性、研究性和教育性的职业。感性型性格的人喜欢交际，自带吸引力，适合人际关系类的、业务性质的职业。倘若安排理智型性格的人去做交际类的工作，感性型性格的人去做研发类的工作，会导致工作效率较低，造成人力资源浪费。

（三）根据气质择业

气质不同不仅会影响一个人职业的选择，而且可能直接影响到具体工作的成败。例如，有的人选择了教师职业，但性情暴躁缺乏耐心；有的人选择了新闻记者职业，但生性沉静、反应迟缓。于是，这使他们难以取得职业上的成功。所以，求职者应当根据自己的气质类型，有针对性地选择适合自己的职业。这不仅是一个合理的选择，更是一个长久的选择。人的气质并不会轻易改变，而且随着年龄的增长更有进一步巩固的趋势，选择一个和自身气质相近的工作是创造更大价值的重要条件之一。

（四）根据兴趣择业

在择业过程中，人的兴趣和爱好往往具有一种强大的推动作用。但是，个人的兴趣和爱好只能作为职业选择的重要依据，而不是全部依据。这是因为兴趣并不是一成不变的，人们的兴趣会随着环境的改变而发生变化，更会在一定的压力下产生对兴趣的抗力。只有把兴趣建立在一定能力的基础上，并与社会需要相结合，才能不断取得职业工作成就。

二、树立理性择业观

择业观是求职者对选择职业的根本看法和态度，它指导着求职者职业发展的方向，对个人的成长有着极其重要的意义。求职者要树立理性择业观，应从以下三个方面进行。

（一）正确认识自己

求职者应从"真实的我、理想的我、别人眼中的我"来正确认识自己。"真实的我"是指求职者应当客观真实地评价自己，明确自己的优势和不足。"理想的我"是指求职者应当树立信心，认识到自我发展的空间。"别人眼中的我"是指通过别人的眼光和评价进一步修正"真实的我"。

（二）正确认识现实

求职者择业时受宏观经济的影响很大，因此应当经常了解国内外经济发展的状况和趋势。同时，正确认识现实对每一个人都是公平公正的，不能怨天尤人，而应当是接受现实，坚定信念，勇往直前。

立足现实，屏蔽杂音，求职者要不断提升自身能力和自身层次，只有这样才能获得机会，实现自身的长远发展。

（三）正确认识未来

求职者应当从个人及外部环境的发展来正确认识未来。

首先，求职者应当相信自己的未来是美好的，自己有能力创造一片天地。

其次，求职者应当审时度势，看清未来何种行业、企业及职业更有前途。根据自身情况选择行业，并不是风口行业一定有利于自身的发展。

最后，求职者应当对未来有一个好的规划，要基于真实情况进行自我的职业生涯规划，做好充分的准备，只有这样才能面对各种风险，自信地迎接未来。

三、就业影响因素分析

就业是一个综合性的问题，涉及就业政策、经济形势、高等教育体制、社会沟通体制和求职者个人素质等多方面的影响因素。作为求职者，必须了解这些影响因素，认清就业形势，积极寻找就业机会。

（一）就业政策和经济因素

1. 就业政策

相关的就业法规政策潜移默化地影响着求职者的就业方向，影响求职者对就业区域、行业及职位的选择。同时，与就业相关的人事制度、户籍管理制度也会影响求职者的择业范围和人才的自由流动。

2. 经济因素

一般情况下，经济发展状况较好会引起就业岗位的增加，求职者选择的机会较多。相反，经济发展状况较差，就业岗位会相应减少，求职者选择的机会就会减少。我国区域经济发展不平衡，东部沿海城市及少数大城市经济发达，而中西部大部分地区经济发展相对缓慢。经济发达地区往往能够提供具有竞争力的薪酬和岗位，这导致求职者选择就业区域时倾向于到发达地区。

（二）高等教育体制因素

目前高等教育体制对就业的影响突出表现在高等教育结构与市场对人才素质的需求结构不一致，导致大学生所学知识并不能满足市场需求。具体来讲，这种结构的不一致主要体现在以下两个方面。

1. 高等教育的专业设置与市场需求脱节

高等教育具有滞后性和长期性的特点。很多高校不能随市场的变化及时调整专业的设置，培养的学生与市场需求相脱节。同时，很多高校争相设置"热门"专业，并扩大对"热门"专业的招生计划，造成人才的供大于求。

2. 课程设置和教材内容设置与市场需求不匹配

随着高等教育逐渐大众化，社会的用工要求有所提高，产业结构的调整使社会需要更多的技能型、实用型人才。而高校课程与教材专注于理论教育，注重培养大学生的研究能力，缺乏对大学生实践知识和操作技能的培养。

（三）社会沟通体制因素

1. 市场配置环节与人才供需渠道的影响

社会上的人才市场没有很好地起到桥梁和纽带的作用，没有把企业与高校两端很好地连接起来，这使得就业信息不畅，没有形成一个能及时反馈供需信息的现代化信息网络。

2. 用人单位盲目提高用人层次的影响

不少企业为提升整体的文化素质和用人的文化层次，会作出招聘更多高学历人才的决策。往往有些高学历的求职者进入企业后所从事的工作是普通高中生就能胜任的，这使高学历的求职者成了企业的"花架子"。这不仅抬高了企业的用人成本，造成了人力和财力的浪费，也使那些确实符合企业特点，能给企业创造实际价值的实用型人才无法进入企业。

（四）求职者自身因素

1. 求职者的就业观念

有些求职者在就业时，宁可不考虑工资待遇、职业发展方向、自我价值的实现等方面的保障，也要留在大城市工作。还有一部分求职者没有吃苦的准备，求职时过分注重工作的薪酬待遇和稳定性、安逸程度，却不愿意拼搏奋斗。

2. 求职者的就业能力

当前就业的一个突出问题表现为"结构性问题"，劳动者难以适应产业升级以后新技术、新工艺的工作要求。这种就业能力的欠缺直接影响到就业质量。

四、就业前景与就业方向

分析就业前景有利于求职者更好地作出择业与就业决策，是确定就业方向的前提。明确就业方向则是为了更好地指导自己就业，为就业提供一个轮廓。

（一）就业前景分析

随着我国经济发展从工业化初期进入工业化中期，经济结构、产业结构的调整优化，以及工业化、城镇化水平的提高，势必推动就业结构的调整。在可以预见的未来，我国就业结构将从传统的"金字塔型"向现代的"倒金字塔型"转变，即第三产业将成为吸纳就业的主要领域，服务业特别是现代服务业将成为新的就业增长点。

近些年来，政府相关部门针对用人单位和劳动者的需求，为各类就业群体提供精细化、专业化、个性化的职业培训和技能培训。提高劳动者就业能力和技能水平，是稳定就业的关键。政府可以通过不断加强职业培训，着力提升劳动者的就业技能水平，尤其是加强对农村劳动力、城镇失业劳动力等人群的技能培训，以技能培训"一招应多变、一举求多效"，缓解就业结构性矛盾。同时，做好创业培训，加强自主创业支持体系建设。

政府相关部门还以需求为导向，不断提高公共就业和人才服务实效。健全长效帮扶机制，针对重点群体的特点和需求，完善更加积极的就业政策，促进城乡就业困难群体就业，以各类困难地区和薄弱环节为重点，推动落实就业政策。大力促进公平就业和保障劳动者权益，提高就业质量。

总体来讲，求职者的就业前景是好的，这主要是基于一系列能够扩大就业的因素为其提供了保障。这些因素包括经济结构转型加快，体制活力显著增强；人均国民收入稳步增加，市场需求潜力巨大；科技和教育整体水平提升，劳动力素质改善；政府宏观调控和应对复杂局面的能力明显提高，社会保障体系逐步健全，社会大局保持稳定。

（二）就业方向选择

选择就业方向是每个求职者都要面临的重要问题，就业方向的选择结果直接影响求职者未来三到五年的职业生涯发展。就业方向选择不当，就可能浪费积累专业知识的时间，错失良好的发展机会。一般来说，求职者可选择就业的方向有很多。

1. 从就业区域来说，求职者既可以到东部地区就业，也可以到中部、西部等地区就业。

2. 从就业单位来说，求职者既可以到中小企业、非公有制企业就业，也可以到国有企业就业。

3. 从就业行业来说，求职者可以选择热门风口行业，快速积累经济实力，也可以选择稳健的传统行业和基础工业行业，实现平稳发展。

4. 从就业依据来说，求职者按照自身兴趣爱好选择的就业方向更能激发自身能力，创造更大的价值。根据所学专业选择的工作有利于求职者快速上手，进入职业生涯发展轨道。

5. 求职者还可以自主创业。

具体如何确定就业方向，一方面求职者要进行自我分析，另一方面要广泛收集与就业方向相关的信息。

自我分析是指求职前对自己进行全面、客观的自我评估，从而了解自己的优势所在，同时又清楚自己的缺点和不足。有了明确的个人定位才会在确定就业方向时更加理智。

与就业方向相关的信息包括各行业、各类企事业单位经营状况信息和用人需求。求职者在收集信息时应该做到有的放矢、目的明确，收集的信息要准确、客观、全面，对自己的求职有切实的帮助。

五、求职途径与就业程序

求职者必须熟悉就业市场中主要的求职途径，了解就业程序，减少求职过程中的客观阻碍，多方面地获取求职信息、分析求职信息、掌握求职能力，为求职成功做好准备。

（一）求职途径

过去十多年来，中国在就业方面取得了巨大成就，就业市场不断完善。随着互联网技术的不断更新与日益进步，求职途径也不断丰富。现今，求职者一般可通过以下几种途径进行求职。

1. 传统媒体

传统媒体是指相对于近些年来兴起的网络媒体而言的，用于定期向公众发布信息或提供教育娱乐平台的传播载体，"四大传统媒体"有电视、广播、报纸、杂志。此外，还有户外广告、张贴告示等。

传统媒体求职以各类招聘广告为主要信息载体，传统媒体曾经是我国就业市场中应用最为普遍、最为广泛的求职途径。随着网络技术的进一步发展，通过传统媒体求职的人数大幅下降，但传统媒体仍旧保有一定的市场份额。

2. 现场求职

现场求职是指求职者通过第三方提供的场地与用人单位进行直接面对面的对话，现场完成求职面试的一种方式。求职者一般可以通过参加各类招聘会及人才市场来进行现场求职。

我国人才市场包括各级人才市场、劳动力市场和职业介绍中心等。人才市场招聘会就是由这些机构作为主办单位开展的市场招聘活动。

通过人才市场现场求职能使求职者在短时间内集中了解用人单位的信息。用人单位与求职者直接见面，有利于双方的沟通，也有利于求职者综合考量用人单位的实力，在有限的时间内完成多次求职，立体地进行比较选择。因此这种方式比较受求职者的欢迎。

招聘会与人才市场相似，但是各类招聘会一般为短期集中式，且举办地点一般为临时选定的体育馆或者大型广场，而人才市场则是长期分布式，同时地点也相对固定。

3. 校园招聘

校园招聘亦称为上门招聘，指的是用人单位的招聘人员通过到学校招聘、参加毕业生交流会等形式，实现直接招募人员的活动。

应届大学毕业生可以通过学校举办的各类校园招聘会和宣讲交流会进行求职，这对于初入社会的应届大学毕业生来说是比较合适的求职途径。

校园招聘会是各类用人单位招聘人员的主要渠道之一，与社会招聘相比，校园招聘会有许多优势。对于刚刚毕业的大学生来说，经过学校的初步筛选，入驻校园招聘会的用人单位有了基本的信用保证，大学生求职被骗的概率下降。同时用人单位的资质也得到了一定的保障，大学生求职也容易有更加满意的结果。

4. 网络招聘

随着网络招聘（e-recruiting）的兴起，求职者的求职途径也逐渐发生变化。通过网络平台进行求职的人越来越多，并已经成为了主流的求职途径。

网络招聘一般有三种渠道，各类招聘网站、用人单位官方网站、专业的论坛和博客等。

（1）招聘网站。招聘网站一般分为综合性招聘网站和专业性招聘网站。目前较为知名的招聘网站有前程无忧、中华英才、智联招聘等，这些均属于综合性的招聘网站。

综合性网站上招聘的用人单位众多，行业覆盖面比较广，是一种"大而全的招聘模式"。相比综合性招聘网站而言，专业性招聘网站更具有针对性，在很大程度上缩短了求职者的信息筛选时间，行业垂直化有利于求职者选择适合自身能力和求职意愿的用人单位。

（2）用人单位官方网站。目前许多用人单位都在自己的官方网站上添加了招聘模块，求职者登录用人单位的网站即可以看到该用人单位的招聘信息。但也有不少中小企业对招聘模块的开发力度或者重视程度不够，导致网站上的招聘信息过于陈旧。

国际知名企业、国内著名企业以及大中型企业都在自己的官方网站上设置了网申模块，求职者可以积极地关注心仪的企业官方网站，及时了解招聘信息，完成对应的网申程序，实现求职。

（3）专业的论坛、博客。通过论坛或者博客，求职者可以更深入地与对方沟通，及时了解招聘方的信息，甚至可以通过视频的方式进行交流。例如，中国最大的人力资源专业社区——HR沙龙，旗下就拥有HR论坛、HR博客、HR微博等。

5. 新媒体

新媒体是利用数字技术，如计算机网络、无线通信网、卫星等渠道，以及电脑、手机、数字电视机等终端，向用户提供信息和服务的传播形态。一般来说，新媒体主要是指当下与传统媒体相对应的，以数字压缩和无线网络技术为支撑，具有内存容量大、实时性和交互性，可以跨越地理界线最终得以实现全球化的媒体。

新媒体包含手机媒体、数字电视、互联网新媒体，它们都可以成为用人单位发布招聘信息的载体，同时也是求职者求职的重要信息获取途径。拿手机媒体来说，QQ、微信、微博等拥有数量庞大的用户，各类不同的用人单位一般都有自己的官方账号，它们通过这些账号实现固有的营销（服务）业务之外，招聘也逐渐成为其重要的功能之一。

新媒体的便利性、广泛性为求职者带来了便利，降低了求职者获取信息的门槛，提高了他们的求职效率。

（二）就业程序

对于应届大学生求职者而言，就业程序一般分为就业准备、求职面谈、签订三方协议、办理入职手续四个步骤。

1. 就业准备

正式开始求职之前，求职者应进行充分的准备，包括根据自身的能力和素质规划个人未来职业生涯方向和目标、挑选合适的用人单位并了解相关信息和人力资源需求、积极参加各类招聘等。一般需要完成的就业准备内容具体如图 6-1 所示。

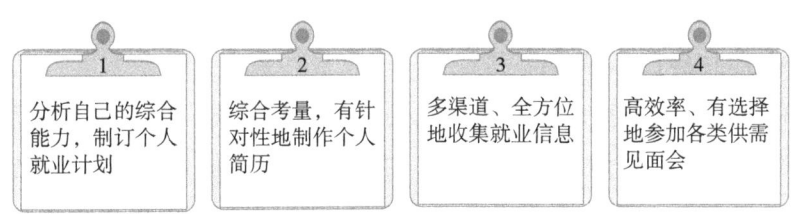

图 6-1　就业准备的具体内容

2. 求职面谈

这一阶段是许多求职者最为重视的一环，也是用人单位挑选员工的重要程序，更是对求职者的整个求职过程起决定性作用的关键阶段。

在这一阶段，求职者不仅要表现出优秀的个人能力和潜力、良好的个人素质和品德，更要展示出端正的求职态度，使招聘者被打动、被感染，只有这样才能获得用人单位的认可最后取得面试的成功。

3. 签订三方协议

三方协议是《全国普通高等学校毕业生就业协议书》的简称，它以书面的形式明确了毕业生、用人单位和学校三方在毕业生就业工作中的权利和义务，其条款涉及应届毕业生户籍、档案、保险、公积金等一系列问题。

应届大学生找到心仪的工作，完成就业程序时应注意与用人单位三方协议的签订，这是从法律层面上对大学生就业的多方约束。

三方协议不同于劳动合同。

首先，三方协议是教育部统一印制的，主要是明确三方在大学毕业生就业工作中的权利和义务关系。三方协议制定的依据是国家关于高校毕业生就业的法规和政策规定，有效期为自签约日起至毕业生到用人单位报到止的这一段时间。而劳动合同是受《中华人民共和国劳动法》和《中华人民共和国合同法》的规范和保护，有些用人单位（如许多外企）在确定录用时（注：在到用人单位报到前），就同时要求和毕业生签订一份类似劳动合同的协议；而更多的用人单位则要求先签"就业意向书"，毕业生报到后再签订劳动合同。

其次，三方协议是三方合同，它涉及学校、用人单位、学生三方面，三方相互关联但彼此独立；而劳动合同是双方合同，它由劳动者和用人单位两方的权利、义务条款构成。

最后，毕业生签订三方协议时仍然是学生身份，但是签订劳动合同时应当是劳动者身份。劳动合同一经签订，三方协议的效力就此丧失。若劳动合同与三方协议附件内容矛盾，则以劳动合同为准。

三方协议一旦签署，就意味着大学生的第一份工作基本确定。因此，应届毕业生要特别注意签约事项。大学生签订三方协议前，须认真查看用人单位的隶属关系，国家机关、事业单位、国有企业一般都有人事接收权，民营企业、外资企业则需要经过人事主管部门的审批，协议书上要签署其意见。应届毕业生还要对不同地方人事主管部门的特殊规定有所了解。

4. 办理入职手续

入职手续一般包含以下六个部分。

（1）填写入职登记表。入职报到当天，新入职员工应按照用人单位要求填写入职登记表，并签名确认，保证所填信息真实可靠。

（2）入职体检。入职之前，新入职员工应按照用人单位要求到指定的医疗机构完成入职体检，以便提供身体健康证明。

（3）核查证件材料。在办理入职前，新入职员工应准备好所需证件并及时交到人力资源部门，配合用人单位检查证件资料的真实性和准确性，避免出现虚假信息。

需要准备的新员工入职证件材料一般包括以下几项：

1）员工个人简历 1 份。

2）指定的医疗机构的入职体检表 1 份。

3）身份证、毕业证、学历证等各类资质证书复印件 1 份。

4）盖有原单位公章或人力资源部章的离职证明（如有）。

5）社保卡、住房公积金卡复印件各 1 份（应届毕业生不需要）。

（4）接受背景调查。新入职员工应配合用人单位对入职登记表上所填信息进行真实性的背景调查。

（5）签订劳动合同和相关协议。新入职员工与用人单位签订劳动合同，应仔细阅读劳动合同，明确自身权利和责任义务，保护自身合法权益。

（6）工作安排。新入职员工按要求到所属部门报到，了解各办公区域及各部门相关同事，熟悉办公位置，申领电脑、电话，检查邮箱、单位内部相关账号等。

六、就业权益与保障

求职者在求职过程中应当有效辨别就业侵权行为，掌握保护个人合法权益的方法与途径，避免个人的合法权益受到损害。

（一）辨别就业侵权行为

求职者遇到的就业侵权行为一般发生在招聘面试阶段、试用期间及劳动合同签订过程中。

1. 招聘面试阶段的侵权行为

（1）歧视行为。求职者在招聘面试过程中经常遇到的歧视行为包括性别歧视、年龄歧视、身高歧视、形象歧视、户口歧视、地域歧视、民族歧视等。

（2）侵害知情权的行为。求职者向应聘单位提出问题询问单位情况的时候，用人单位回避问题甚至以多种方式迁怒于求职者，这些都是侵害求职者知情权的行为。

（3）侵害隐私权的行为。用人单位侵害求职者隐私权的行为主要表现为窃取应聘者的私人资料、作品和对求职者的个人生活问题进行过分追问。

2. 试用期间的侵权行为

有的用人单位抓住求职者比较珍惜就业机会的心理，借机运用各种方式在试用期间侵害求职者的合法权益。试用期间常见侵权行为包括以下九种。

（1）用人单位单独规定试用期。

（2）试用期不予签订劳动合同。

（3）随意延长试用期。

（4）试用期不予缴纳社会保险费。

（5）试用期非法收取担保财物。

（6）试用期薪酬无保障。

（7）试用期不予安排培训。

（8）试用期任意行使劳动合同解除权。

（9）试用期限制劳动合同解除权。

3. 劳动合同签订过程中的侵权行为

通常情况下，求职者与用人单位的主动权并不对称，用人单位往往将已经拟定好的劳动合同交给求职者签字，让求职者没有机会提出异议。

需要注意的是，在这样的劳动合同中往往隐藏着诸多"霸王条款"，严重侵犯求职者的合法权益。求职者应了解劳动合同相关法律法规，发现并对合同中不合理条款提出质疑，纠正侵权条款，维护自身利益。

（二）维护就业权益

求职者不仅要能够辨别就业侵权行为，更应当明确自己的就业权益，以有效地维护自身的合法权益。

1. 获取信息权

用人单位应及时、完整地公开招聘信息。

2. 平等就业权

求职者享有与他人平等的就业权利，不应受到任何歧视。

3. 自主择业权

求职者有选择就业或者升学的权利，能够自己选择去哪家单位工作。

4. 接受就业指导权

高等学校对每位毕业生都应该进行就业指导，帮助毕业生准确定位，合理择业，减少毕业生就业成本。

5. 公平待遇权

用人单位应当为应聘同一岗位的不同人员提供相对公平的薪酬待遇。

6. 违约损害赔偿请求权

如果用人单位侵犯了求职者的合法权益，求职者有权要求其支付违约金，进行经济补偿。

第二节　职业生涯与创业

一、创业的政策

（一）高校毕业生自主创业可享受的政策

1. 税收优惠政策

2011年5月《国务院关于进一步做好普通高等学校毕业生就业工作的通知》规定，持就业失业登记证（注明"自主创业税收政策"或附着高校毕业生自主创业证）的高校毕业生在毕业年度内（指毕业所在自然年，即 1 月 1 日至 12 月 31 日）从事个体经营的，3 年内按每户每年 8 000 元为限额依次扣减其当年实际应缴纳的营业税、城市维护建设税、教育费附加和个人所得税。高校毕业生创办的小型微利企业，按国家规定享受相关税收减免政策。

2. 小额担保贷款和贴息支持政策

2011 年 5 月《国务院关于进一步做好普通高等学校毕业生就业工作的通知》规定，对符合条件的高校毕业生自主创业的，可在创业地按规定申请小额担保贷款；从事微利项目的，可享受不超过 10 万元贷款额度的财政贴息扶持。对合伙经营和组织起来就业的，可根据实际需要适当提高贷款额度。

3. 免收费政策

2008 年 9 月《国务院办公厅转发人力资源社会保障部等部门关于促进以创业带动就业工作指导意见的通知》规定，毕业 2 年以内的普通高校毕业生从事个体经营的，要按照有关规定，自其在工商部门（现为市场监督管理部门）首次注册登记之日起 3 年内，免收管理类、登记类和证照类等有关行政事业性收费。

4. 创业服务政策

（1）享受培训补贴。对高校毕业生在毕业年度内参加创业培训的，根据其获得创业培训合格证书或就业、创业情况，按规定给予培训补贴。

（2）免费享受创业服务。有创业意愿的高校毕业生，可免费获得公共就业和人才服务机构提供的创业指导服务，包括政策咨询、信息服务、项目开发、风险评估、开业指导、融资服务、跟踪扶持等"一条龙"创业服务。

（3）享受孵化基地扶持政策。各地在充分发挥各类创业孵化基地作用的基础上，因地制宜建设一批大学生创业孵化基地，并给予相关政策扶持。对基地内大学生创业企业要提供培训和指导。

5. 企业注册登记方面的优惠政策

（1）程序更简化。如有的地方规定，凡高校毕业生（毕业后 2 年内，下同）申请从事个体经营或申办私营企业的，可通过各级市场监督管理部门注册大厅"绿色通道"优先登记注册。其经营范围除国家明令禁止的行业和商品外，一律放开核准经营。

对限制性、专项性经营项目，允许其边申请边补办专项审批手续。对在科技园区、高新技术园区、经济技术开发区等经济特区申请设立个体、私营企业的，特事特办，除了涉及必须前置审批的项目外，试行"承诺登记制"。

申请人提交登记申请书、验资报告等主要登记材料，可先予颁发营业执照，让其在3个月内按规定补齐相关材料。凡申请设立有限责任公司，以高校毕业生的人力资本、智力成果、工业产权、非专利技术等无形资产作为投资的，允许抵充40%的注册资本。

（2）减免各类费用。如有的地方规定，除国家限制的行业外，市场监督管理部门自批准其经营之日起1年内免收其个体工商户登记费（包括注册登记、变更登记、补照费）、个体工商户管理费和各种证书费。对参加个体、私营企业协会的，免收其1年会员费。对高校毕业生申办高新技术企业（含有限责任公司）的，其注册资本最低限额为10万元，如资金确有困难，允许其分期到位；申请的名称可以"高新技术""新技术""高科技"作为行业予以核准。

高校毕业生从事社区服务等活动的，经居委会报所在地市场监督管理部门备案后，1年内免予办理工商注册登记，免收各项工商管理费用。

6. 保障就业权益政策

推行就业创业地落户政策。根据2011年5月《国务院关于进一步做好普通高等学校毕业生就业工作的通知》的规定，各城市应取消高校毕业生落户限制，允许高校毕业生在就（创）业地办理落户手续（直辖市按有关规定执行）。

（二）小微企业与登记失业人员自主创业可享受的政策

小微企业当年新招用登记失业人员等符合创业担保贷款申请条件的人数达到在职职工人数15%（超过100人的企业达到8%），并与其签订1年以上劳动合同，且无拖欠职工工资、欠缴社会保险费等严重违法违规信用记录的，可申请创业担保贷款，贷款额度不超过 300 万元，贷款期限不超过 2 年。

还款积极、带动就业能力强、创业项目好的小微企业，还可继续享受创业担保贷款贴息，累计次数不得超过 3 次。

登记失业人员自主创业（个体经营），可享受创业担保贷款及贴息、税费减免、行政事业性收费减免政策。

登记失业人员自主创业或合伙创业，除助学贷款、扶贫贷款、住房贷款、购车贷款、5 万元以下小额消费贷款（含信用卡消费）以外，本人及其配偶没有其他贷款的，可申请创业担保贷款。贷款额度不超过 20 万元，贷款期限不超过 3 年。合伙创业的，可根据合伙创业人数适当提高贷款额度，最高不超过符合条件个人贷款总额度的 10%。还款积极、带动就业能力强、创业项目好的借款个人，还可继续享受创业担保贷款贴息，但累计次数不得超过 3 次。

（三）全民可享受的自主创业政策

支持微商电商、网络直播等多样化的自主就业、分时就业。

鼓励发展基于知识传播、经验分享的创新平台。

通过网络平台开展经营活动的经营者，可使用网络经营场所登记个体工商户。

引导互联网平台企业降低个体经营者使用互联网平台交易涉及的服务费，吸引更多个体经营者线上经营创业。

鼓励"副业创新"。着力激发各类主体的创新动力和创造活力，打造兼职就业、副业创业等多种形式蓬勃发展格局。

支持线上多样化社交、短视频平台有序发展，鼓励微创新、微应用、微产品、微电影等万众创新。

引导"宅经济"合理发展，促进线上直播等服务新方式规范健康发展。

二、创业与创业精神

（一）创业

对于创业的定义，目前还没有统一的说法。综合国内外学者的观点，有三种不同的界定，即实体说、功利说和价值说。

实体说：创业需要承担创业的实体，通常这个实体就是企业，创业者依据所在国家或地区的法律法规进行登记注册是创业活动的一个重要标志。

功利说：创业就是创造财富和积累财富的过程，创业活动具有开拓性、功利性和自主性等功能。

价值说：创业即创造者通过发展和识别机会，组织各种资源提供产品和服务，以创造价值的过程。

随着时代的发展变化，创业的含义也得到不断变化和发展。美国著名创业学教授杰弗里·蒂蒙斯（Jeffry A. Timmons）认为，创业是一种思考、推理和行动的方式，它为机会驱动，需要在方法上全盘考虑并拥有和谐的领导力。

我们将创业的内涵总结如下：某一个人或团队，不局限于外界现有的资源，运用个人或团队的力量开创性地去寻找机会，创立企业并谋求发展的过程，通过这个过程来满足其精神和物质的需求和愿望。

创业是一个发现和捕捉机会并由此创造出新颖的产品、服务或实现其潜在价值的过程，而创业者则是追求这些机会的人。

大学生不满足于就业现状或无法顺利就业，转而筹集资金，收集资源，挖掘机会，发挥自己的主观能动性，尝试通过开办实业或提供服务获得经济利益及实现人生价值，这一行为实际上就是创业。

（二）创业精神

理想与现实毕竟存在差距，创业可能失败，但经历却能受用一生。

创业成功需要创业精神。如果把大学生创业比作一个金字塔的话，那么创业精神无疑是塔基，塔基的坚固与否对创业的成功与否起基础性的作用。虽然创业精神属于意识领域，但是创业精神是支撑创业大厦的精神支柱，如果没有这种坚固的塔基，这个创业大厦很容易在困难中变得摇摇欲坠。

所以，面对今天的就业压力，"创业非常重要"这一浅显的认识已不能作为创业成功的主旨和内核，只有具备了创业精神，才能真正理解创业的精髓所在。

创业精神包括实事求是、敢于开拓的冒险精神，追求卓越、永不止步的创新精神，不畏挫折、勇于挑战的自信精神，吃苦耐劳、自强不息的拼搏精神，善于合作、同心同德的团队精神，刻苦钻研、勤奋努力的学习精神。

大学生创业精神的基本内涵还应体现在对创业环境的主动适应、对事物善于分析和对机遇有敏锐的洞察力上。

1. 实事求是、敢于开拓的冒险精神

大学生创业需要胆量，需要冒险。大学生在创业中的冒险行为是创业精神的一种表现形式。但是我们所说的冒险不是赌博，而是在本着实事求是、脚踏实地的作风上追求一种有目标、有计划、有策略、有价值的冒险行动。

我们有必要用实事求是的原则来区分冒险和冒进。

有位哲学家曾经这样解释冒险和冒进：有一个山洞，山洞里有一桶金子，为了得到金子需要进洞里把金子拿出来。假如这个山洞是一个狼洞，那么进去就是冒险；假如山洞是一个老虎洞，那么进去就是冒进。假如山洞里没有金子，有的只是一捆劈柴，那么即使山洞是一个狗洞，那进去也是冒进。哲学家给我们道出了冒险和冒进的本质区别：冒险是努力追求有可能得到，并且值得的东西；否则，就是冒进。创业者一定要分清冒险与冒进。

另外，我们不能把实事求是和敢于开拓分开来看，反而应该辩证地看待它们的关系。实事求是、敢于开拓的冒险精神并不是说大学生创业只要敢想敢干，有冒险精神便一定能成功，而是要求大学生在本着实事

求是原则的基础上敢于承担风险，勇于开拓未知世界，接受挑战并能承受未来的不确定性。

2. 追求卓越、永不止步的创新精神

创新精神是一种勇于抛弃旧思想、旧事物，创立新思想、新事物的精神。

创新精神要求大学生不满足于现有的成绩，不断地反思和创新；不墨守成规，敢于和善于打破原有的、强加在思维上的条条框框；不人云亦云，追求新颖，用自己的知识灵活地解决问题。

当然，创新并不是说原有的经验不重要，相反，创新是在借鉴原有经验基础上的创新，是质的飞跃。今天很多大学生创业时经常会觉得没有方向，认为自己想到的行业都有人做了，想创业又没有合适的项目来做，其实这就是缺乏创新精神的一种表现。

3. 不畏挫折、勇于挑战的自信精神

自信的基本解释是自己相信自己。很多大学生在毕业后还没有创业便认为创业不是自己的事情，是那些有本事、有背景的人的事。还没有创业，自己就已经把自己否定掉了。试想，如果自己都不相信自己会成功，在推销自己的产品时都不自信，又如何让别人相信你的产品，相信你这个人呢？

高尔基曾经说过，只有满怀自信的人，才能在任何地方都怀有自信，沉浸在生活中，并实现自己的意志。信念的力量是无穷大的，当理想与现实还有相当远的距离时，具有"人生自信二百年，会当水击三千里"的信心与决心是至关重要的。

4. 吃苦耐劳、自强不息的拼搏精神

吃苦耐劳、自强不息的拼搏精神是培养大学生创业精神的最基本内容，更是大学生创业成功的重要因素。

大学生毕业后从学校走到社会创业，这期间需要尽快完成角色的转变。在创业过程中还会遇到各种困难，例如资金短缺、市场风险等，这都要求大学生要有自立自强的心态，保持在艰苦条件下奋发努力的昂扬斗志；也许自己不是天资聪颖、才华横溢的创业天才，但是必须相信勤奋会让自己赢得一切；也许刚开始创业，这也不懂、那也不懂会被别人看不起，但是自己首先要相信只要有吃苦耐劳、自强不息的拼搏精神，就能开拓出属于自己的一片天地。

5. **善于合作、同心同德的团队精神**

有位成功的企业家曾经这样来评价团队精神的重要作用："我们大家共同相信，我们一定能成功。就算公司失败了，只要这帮人在，想做什么一定能成功！我们可以输掉一个产品、一个项目，但不会输掉一个团队！"

大学生要想创业成功，有了自信、自立、自强的精神还不够，还要有善于合作、乐于合作的心态。因为大学生的创业必须合理配置人、财、物，而调动人的积极性是资源配置的核心要素。团队精神能够合理调动每个人的智慧、力量等资源，使之产生最大的效益。

6. **刻苦钻研、勤奋努力的学习精神**

在知识经济时代，只凭吃苦耐劳、冒险精神和激情进行创业是非常困难的。

大学生要想创业成功并且持续成功，不仅需要有勇气、自信等优良品格，还要有广博的知识，有一专多能的知识结构。如果没有新的知识作为基础，那么便不会有新的想法，很多创业项目便成了无源之水、无本之木。

三、创业的基本要素

很多有抱负的大学生都希望通过创业获得事业的成功，但是创业成功者毕竟是少数。据有关调查统计，在每年新创办的企业中，至少有50%在半年之内倒闭，倒闭的主要原因是没有把握创业的基本法则。因此，大学生必须了解成功创业需要具备的基本要素。

（一）创业要有足够的资源和条件

创业所需的资源和条件主要包括以下八个方面。

1. 业务资源：赚钱的模式是什么。

2. 客户资源：谁来购买。
3. 技术资源：凭什么赢得客户的信赖。
4. 经营管理资源：经营能力如何。
5. 财务资源：是否有足够的启动资金。
6. 行业经验资源：对该行业资讯与常识的积累。
7. 行业准入条件：某些行业受到一些政策的保护与限制，需要具备进入的资格条件。
8. 人力资源条件：是否有合适的专业人才。

创业者不需要百分之百地具备以上资源和条件，但至少应具备其中一些重要资源和条件，其他资源和条件则可以通过市场化方式来获取。创业者如有足够的财务资源，其他资源欠缺可以弥补；如果有足够的客户资源，其他欠缺的资源更容易获取。

（二）创业前要慎思

创业前要认真思考、反复评估，考虑成熟后再行动。除了要有足够的资源准备外，心理准备也很重要。创业者在创业前，应先问自己以下五个方面问题。

第一，为什么要创业？是否有足够的决心？愿意承担风险吗？过去的利益是否舍得放弃？

第二，是否具备创业者应该有的能力与素质？是否能承受挫折？是具有综合全面的素质，还是具有专项技术特长？

第三，创业成功的核心资源优势是什么？自身具备的条件是什么——足够的资本？行业经验？客户资源？技术创新？商业运营能力？自己与即将面对的竞争对手相比是否具有明显的优势？

第四，是否有足够的耐心与耐力度过创业期的消耗？估计多长时间可以走出创业瓶颈阶段？自己有多少准备时间？

第五，创业最大的风险是什么？最坏的结果是什么？自己是否能够承受？

不要只考虑乐观的一面，一定要对风险有充分的心理准备，否则，当现实与想象不一样时，很容易造成信心动摇。

（三）先有业务，再创业

创业者在创业之前，一定要有明确的创业方向。假如选择了某一个行业，创业前一定要积累一些该行业的经验，收集相关的资讯。

如果有可能，可以考虑先进入该行业为别人打工，通过打工的经历来积累经验与资源。具备了行业知识、客户资源渠道、盈利模式等，再创业，成功就更有保证。

（四）经营能力最重要

很多大学生在创业时，往往过多强调资金因素的影响，其实不然，创业条件中资金虽然很重要，但不是最重要的，最重要的是创业者个人的经营能力，特别是业务能力。

如果资金是根本因素，那么给你投资 1 000 万元，你会经营什么？你有什么项目可以确保赚钱？很多人恐怕都无法保证，也不知道投资什么，所以资金因素不是最重要的，经营赚钱的能力才是最重要的。拥有非常出色的经营能力，自然会找到投资者，很多投资家天天都在找好项目投资。

在创业初期，创业者个人的能力非常重要。创业不是一件轻松的事情，事无巨细，可能都需要创业者亲力亲为。在创业者的个人能力中，业务能力、客户开发能力、综合应变能力都十分重要。其实很多时候创业者就是一个业务经理，能够拿到订单是关键。很多创业成功者都是做业务出身的。有了客户和订单，其他事情自然都变得容易了。

四、创业意识与创业素质

正确的创业意识与良好的创业素质是人们创业成功的必然要素。

（一）创业意识

创业意识是人们从事创业活动的强大内驱动力，是创业活动中起动力作用的个性因素,是创业者素质系统中的第一个子系统即驱动系统。

1. 创业意识的要素

创业意识的构成要素包括创业动机、创业兴趣、创业理想、创业信念及创业价值观。

(1)创业动机指推动创业者从事创业实践活动的内部动因,是一种成就动机,是竭力追求获得最佳效果和优异成绩的动因。有了创业动机,才会有创业行为。

(2)创业兴趣指创业者对从事创业实践活动的情绪和态度的认识指向性。它能激活创业者的深厚情感和坚强意志,使创业意识得到进一步的升华。

(3)创业理想指创业者对从事创业实践活动的未来奋斗目标较为稳定、持续的向往和追求的心理品质。创业理想属于人生理想的一部分,主要是一种职业理想和事业理想,创业理想是创业意识的核心。

(4)创业信念是创业者从事创业实践活动的精神支柱,让创业者面对困难时能够坚持不懈、坚定不移地走下去。

(5)创业价值观指创业者的个性发展方向、社会责任感和使命感,能将"小我"的创业与"大我"的创业有机结合起来,并作为创业的奋斗目标。

2. 创业意识的内容

创业意识的内容主要包括五个方面,即商机意识、转化意识、战略意识、风险意识和务实意识,具体如表6-1所示。

表 6-1　　　　　　　　　　创业意识的内容

序号	内容	说明
1	商机意识	创业者在创业初期及创业成熟阶段,都面临着识别商机、发现顾客需求的考验。具备商机意识,才能够更好地把握创业机遇
2	转化意识	仅有商机意识是不够的,还要把商机转化成实实在在的收入和公司的持续运作。转化意识就是把商机等转化为行动力
3	战略意识	创业者要高瞻远瞩,统筹规划全局,在创业的道路上寻找适合自己的创业战略

续表

序号	内容	说明
4	风险意识	是否具备风险意识和规避风险的能力直接关系到创业的成败
5	务实意识	创业者一定要务实，要勤奋，不能寄希望于运气，只有踏实肯干，逐步积累经验，才会有更多的机会降临

（二）创业素质

创业素质，是指创业者自身所具备的基本条件和内在要素的总和。创业的过程并不会一帆风顺，而是充满了挑战和挫折，所以创业者必须具备一定的素质才能担当起创业的重任。

1. 创业意识

想要成为一个创业者，首先要树立创业的意识。大学生的创业意识不是依靠想象而形成的，而是在实践活动中培养出来的，因此培养创业意识是一个长期的过程。创业意识的有关内容前面已经介绍，这里不再赘述。

2. 心理素质

所谓心理素质是指创业者的心理条件，包括自我意识、性格、气质、情感等心理构成要素。

自信是创业者必须具备的最基本的心理素质。因为创业是艰难的，过程中难免会遇到这样或那样的苦恼、挫折、压力甚至失败，所以创业者必须具有承受压力、迎接挑战的心理素质，而培养这些素质就要靠增强自信心。

刚强、坚持、果断和开朗的性格也是创业者所必需的，只有具备这样的性格，在面对苦难挫折时才会积极应对，遇到问题才会当机立断。理性的情感也是创业者不可或缺的气质。理性能够使创业者面对问题时实事求是，冷静地寻找解决方法，避免走弯路。

3. 身体素质

所谓身体素质是指身体健康、体力充沛、精力旺盛、思维敏捷。俗话说"身体是革命的本钱"，要做好任何事情，好的身体都是必要的前提条件。尤其是现代小微企业的创业与经营艰苦而复杂，创业者所肩负的责任重大，需要付出辛勤的劳动，如果没有好的身体，难免力不从心、难以坚持。

4. **知识素质**

知识素质是创业者确立创业方向、进行理性思考、作出正确决策的基础。在知识的武装下，创业者才会显示出实力。

创业者应具备的知识主要包括以下方面：了解相关的法律法规，并能用其维护自己的合法权益；了解科学的经营管理知识和方法，提高管理水平；掌握与本行业、本企业相关的科学技术知识，依靠科技进步增强竞争力；具备市场经济的知识，如财务会计、市场营销、国际贸易、国际金融等相关知识。

5. **能力素质**

创业者的能力素质主要包括：开拓创新能力、分析决策能力、组织领导能力、沟通和协作能力、管理能力等。不少创业者并不完全具备这些能力素质，但是只要具备自觉性和行动力，通过学习和实践也可以获得这些能力素质。

6. **品质素质**

高尚的人格、谦逊的品德、良好的修养，是任何创业者乃至任何事业成功者都需要具备的素质。立业必先立德，没有良好的思想道德和高尚的人格品质，没有社会责任意识、使命意识，那就无法创立事业，即便侥幸成功了，也只会昙花一现，辉煌一时。

从众多成功创业者的经历来看，遵纪守法、诚实守信、道德高尚、品行端正是他们的共同特征，也是他们最重要的品质素质。

五、创业知识与创业能力

创业者面对竞争激烈的市场环境，仅仅具备基本创业意识和创业素质还远远不够，还要做好创业知识和创业能力的准备。

(一)创业知识

创业者需要具备的创业知识涉及多个领域、多个学科。具体而言,创业者至少应具备以下四个方面的知识。

1. 专业知识和非专业知识

创业者只有具备扎实深厚的专业知识和广博的非专业知识,才能从战略的高度正确分析社会形势和事物的发展趋势,用长远的眼光和敏锐的洞察力,把握事态的发展,产生精辟独到的见解和谋略;才能认清事物的本质,把握其规律,树立并实现自己的创业目标。

2. 商业经济学领域知识

创业者需要具备商业经济学领域的相关知识,如商品交换、商品需求、商品流通、商品价值规律等知识。通过学习这些商业知识,创业者在经济活动过程中就能实现价值的增值,创造财富。

3. 管理知识

创业者需要具备如人事管理、资金财务管理、物资管理、生产管理和市场营销管理等方面的知识。通过学习管理知识,改进管理方法,丰富管理经验,不断发掘新的管理资源,努力提高管理水平。

4. 相关的法律法规政策知识

如工商注册登记、经济合同、税务和知识产权保护等法律法规政策知识对创业者而言必不可少,它可以帮助创业者顺利走好创业之路。

(二)创业能力

对创业者来说,具备各种能力是创业成功的前提条件。因此,创业者在开始创业前或在创业过程中必须不断培养和提高自己的各方面能力。

1. 学习能力

创业者应具备获取知识的能力,包括对知识的接受、转化与应用。要能够把在创业过程中遇到的实际问题转化成为自身的工作经验。

2. 开拓创新能力和科研动手能力

创业者应当能够将自己头脑中的思想、创意和灵感转化为现实的科技发明成果和现实的产品或服务。

3. 组织领导能力

创业者应有出色的领导水平，具备统帅和用人能力。创业者要有对自己员工的指挥、调动、协调以及对非人力资源的集中分配、调度、使用能力，还要有对公司组织机构的设计与再设计能力。

4. 管理能力

创业者要有经营决策、分析判断、指挥协调、抵御和化解风险，以及信息处理能力，能够对创业项目进行计划、组织、领导和控制。

5. 协作能力

协作是创业者事业成功的重要支持力量。协作性是一种能设身处地为他人着想，善于理解对方、体谅对方，善于合作共事的心理品质，它与创业者独立思考、自主行动并不矛盾。培养协作能力是创业者获得他人支持的重要前提条件。

6. 沟通能力

无论对团队核心人员还是对普通员工、合作伙伴、投资方等，沟通都是至关重要的。创业者要在人际交往中做到热情、真诚待人，理解对方的心理，促使相互间心灵沟通、情感融洽，获得理想的人际关系。

六、创业流程

（一）创业准备

创业准备是指创业者在开展创业活动前所进行的一系列相关条件和因素的准备。创业准备是开展创业活动的重要前提条件，任何创业者在开展创业活动之前，都要花费大量的心血和付出巨大的努力来进行创业准备。没有充分的创业准备，创业活动不可能取得成功。

1. 创业前的积累

（1）接受创业教育。创业是一个复杂的系统工程，需要创业者具有相关的知识、阅历、经验，以及处理信息、把握商机、判断决策等能力，需要创业者在企业定位、战略策划、产权关系、市场营销、生产组织、团队组建、财务体系等领域有一定的知识积累。所以，成功的创业者在创业之前，都会主动寻找并抓住机会接受创业教育。因为创业教育能够培养创业者的创业意识、创业思维、创业技能等各种创业综合素质，使其具备一定的创业能力，并在创业激情中注入理性的力量。

大学生创业者还应该充分利用寒暑假参加社会实践活动，特别是创业实践活动或勤工俭学活动，或毕业后先为别人打工一段时间，以积累创业的相关经验。

相反，如果不具备创业素质和技能就匆忙走上创业之路，往往会为创业失败埋下伏笔。

（2）熟悉行业。在确定创业及其经营项目之后，最重要的准备是尽快熟悉这一行业领域。要熟悉的不仅是相关的专业知识和技能，更重要的是熟悉这一行业的经营管理特点，顾客需求特点，原料、人力等资源的供给渠道，相同、相关企业的现状等。

熟悉的方法主要有两个：一是通过网络和各种媒体，搜集最新动态；二是亲临类似的企业考察，最好能在此类企业打工，在打工过程中进行有意识地观察、学习与思考。

（3）编织关系网络。开办企业的过程，实际上就是一个组织供应商、承办商、员工以及咨询专家的过程。广泛有效的社会关系是自主创业的保障，一个开办初期的企业，往往需要得到各方面的帮助和支持才能发展。刚起步的创业者欠缺的是广泛的社会关系，竞争中也常常因此而处于不利地位。

创业者若有意在某个行业创业，首先要多结交该行业的朋友，待人际关系网络建立起来后再正式创业。

（4）积累资金。创业者必须考虑创业需要多少资金？在什么时候需要这些资金？

创业者一般至少要准备公司运营3个月所需的现金，以让公司在遭遇淡季，或者大客户延迟付款时安然度过。

资金不足是创业者创业的最大困难之一。通过父母亲友融资或朋友合资入股固然很快捷，但通过自己一段时间的打工积累资金，不但能获得熟悉经营管理、编织关系网络的机会，而且也会更加慎重地考虑创业投入，防止大手大脚，白白浪费资金。

（5）学会经营。下决心创业的人，可以多阅读有关企业经营管理方面的书籍，必要时还可以通过在相同或相关企业打工的方式，从不同的角度审视老板及其周围管理层人员的管理方式，注意他们交际的人群，考察他们对人、财、物的组织和使用等情况。

没有财力时，要努力劳动，脚踏实地地逐渐积累资金；稍有财力后，要凭借智慧经营，讲求策略；财力富足后，应当在争夺获利的时机上下功夫。

创业者要会运用这些宝贵的经营思想，掌握更多的经营知识，寻找自己的经营策略，努力走好创业第一步。

（6）克服创业的心理障碍和行为障碍。创业的心理障碍和行为障碍主要表现为以下两个方面：

一是见异思迁，既想从事这行，又想从事那行；或者某一创业项目刚开始还未见效，就又想转行做其他项目，这山望着那山高，结果最终没有一项成功。

二是在创业活动中违背事物发展的客观规律而急于求成。急于求成往往表现为过分看重行为结果与切身利益的直接关系，而忽视行为过程及间接因素。

要克服创业的心理障碍和行为障碍应努力做到以下四点：

一是要遵循事物的发展规律，弄清某一创业项目的发展过程、前因后果及与之相联系的诸要素之间的相互关系，制订实施计划，并按计划一步一步地执行。

二是要增强自制力，严格控制自己的急躁情绪，时刻提醒自己把要做的每一件事做完做好。

三是要培养良好的创业作风，做到在创业过程中"思考要热，决策要冷，干要坚决"。

四是要培养恒心和持久力，在创业过程中时刻想着要创新、创造。创业需要大量的时间和精力，不可能一蹴而就，只有坚持才能获得最后的胜利。

2. 创业机会的把握

（1）培养和提高自身发现创业机会的能力。这就需要创业者深入市场进行调查研究，了解市场需求状况，把握市场发展变化规律，并对竞争对手有一个完整清晰的认识，做到有的放矢。

创业者在日常生活和实践中要眼观六路、耳听八方，广辟信息渠道，广泛猎取信息，从其他创业者的经验教训中吸取有益的东西，转化为自身的经验和能力，增强发现机会的可能性。

要努力克服从众心理和传统观念的束缚，注重培养自己的观察力和敏锐思维，敢于创新、勇于创新，及时发现并捕捉被别人忽视和遗忘的创业机会。

（2）在变化中寻找和把握机会。变化就是机会。不断发展变化的市场环境会给创业者带来良好的创业机会，这就需要创业者透过这些现象的变化，发现变化的本质，善于在变化中发现和把握创业机会。

我国的经济体制改革和科技的日新月异带来了产业结构的变化、消费结构的变化、人们生活方式和价值观念的变化、人口结构的变化，以及居民生活水平的提高等一系列的变化。变化带来了繁荣，同时也孕育着商机。作为创业者，必须拥有敏锐的观察力，善于在变化中发现和捕捉商机，从而走上成功创业之路。

（3）在市场需求中寻找和把握机会。无论市场环境如何变化，人们的日常需求不会减少，创业者应该认真研究市场需求规律，发现和把握其中蕴含的创业机会。

了解市场需求最根本的是了解消费者的需求，盯紧消费者的需求变化，在消费者的需求中寻找创业的突破口。市场需求多种多样，有些创业者很难把握市场需求变化规律，创业活动无从下手，这时应该及时地对消费者进行分类研究，分析和掌握不同群体的不同需求特点和变化规律，从而发现和捕捉到创业机会。

对一名优秀的创业者来说，即便是满足一个微小的消费者群体需求，也可能产生一个很大的市场。

（4）从特殊性中寻找和把握机会。随着社会的不断发展和市场经济体制的不断成熟完善，追求个性发展已经成为现代人的一大特点，创业者应充分把握现代人这一特点，从中发现和捕捉创业机会。

面对纷繁复杂的市场环境，很多创业者都感觉无从着手，寻找不到合适的创业机会。其实，如果从某一个小的或者比较特殊的方面入手，去观察一个人、一个行业或者一个领域，往往会发现其中蕴含着很多的创业机会。

创业者应该具备从事物的特殊性中寻找创业机会的能力，善于发现和把握事物发展的特殊性，避开大众的眼光和思维，大处着眼小处着手，在人们不经意的地方和领域发现创业机会，并成功开展创业活动。

（5）在日常交往中寻求和把握机会。日常交往是创业者最容易发现和捕捉创业机会的途径和方法。日常交往中，人与人之间的某些活动，例如情感的交流、信息的传递以及互相帮助等，在不经意的过程或环节中往往蕴含着许多创业机会。

创业者应通过积极主动地与人交往，不断扩大交往范围，在与人交往中进行信息收集和经验积累，从而发现和捕捉到更多的创业机会。

3. 创业项目的构思

一个成功的企业来源于创业者正确的创业意识和精妙的创业构思。对创业项目有一个周密的构思和合理的选择，就可以减小日后失败的风险，顺利达到创业的目标。

因此，创业者应了解创业项目构思的基本常识。

（1）创业项目构思的基本要求。创业项目的构思是整个创业活动的重要环节，它直接关系到创业活动的成败。创业者在构思创业项目时应充分考虑以下四个方面的基本要求。

1）从顾客的需求出发，发展市场需要的项目。创业项目必须是市场前景好的项目。创业项目的制定要从顾客的需求出发，充分考虑顾客的合理要求，满足市场的迫切需要，使项目产品"适销对路"。市场的需求是有层次的，不同的人有不同的需求，创业定位一定要准。

创业者应在制造产品、销售产品、提供服务三类行业中，发现人们遇到的问题和未满足的需要，为新的商机寻找线索。如果现在的市场还没有人们所需要的产品或服务，这显然是一个填补市场空白的商业机会；如果现有的企业服务较差，对于新企业来说就是一个提供更优服务的竞争机会。

2）从自己的专长出发，发展熟悉的项目。创业要扬长避短，发挥自己的长处。创业者本身的经验、学识、能力，特别是对涉足行业的熟悉程度，对创业成功起着重要的作用。进入熟悉的行业，市场熟、产品熟、人际关系也熟，就能在创业时驾轻就熟。

3）从自己的资金、管理能力出发，发展力所能及的项目。构思创办一个企业的时候，在判断当下是否有市场前景、发展机会的同时，还要认真思考自己是否有资金、管理能力来利用这个机会。

对于创业者来说，选择的项目一定要大小合适，要便于操作和实施，要能较快盈利。有的创业项目从理论上讲很有市场前景，但若对目前的自己来说，项目太大，资金、技术力量达不到，或者管理能力达不到，也不能贸然行动。

4）从创新思维出发，发展富有特色的项目。创新能为企业带来活力。创业之初，发展的项目要有特色，这样才能使企业在激烈的竞争中站住脚；创业成功之后，要根据自己的经验和实力，敢于引进创新型项目。

对于小企业来说，其经营哲学是"无边界行为、快速敏捷反应、简化和充分的自信"，其灵魂在于不能把自己禁锢在狭小的空间里、拘泥于有限的经营范围中，而应密切注视人们的新需求，善于捕捉别人没有发现的商机，及时发现新产品、新技术、新服务、新方法，果断调整自我，开发新项目。

创业项目的构思选择是一个系统工程，以上四点基本要求是相互联系、缺一不可的。

（2）创业项目构思的验证分析。为了减少投资失误的风险，提高创业成功的可能性，在形成创业项目的构思后，还必须对项目的可行性进行验证分析。这种分析可以从企业内部因素和外部环境两个方面来进行。

1）企业内部因素对项目实施的影响。首先要分析将创办的企业在项目实施上有什么优势，如产品质量比竞争对手的好、企业的位置有利、员工技术水平高等；其次要看存在哪些劣势，如产品价格比竞争对手的高、没有足够的资金按自己的愿望做产品宣传、无法像竞争对手那样提供综合性系列服务等。

这样，就可以在实施项目的过程中，做到"知己"，不断地"扬优避劣"，适时调整企业的运作模式，来保障项目的实施。

2）企业外部环境对项目实施的影响。首先是要看周边地区存在的有利机会。例如，国家产业导向朝着有利于项目实施的方向发展；即将创办的企业，其产品将越来越流行；附近没有类似的竞争对手；潜在顾客的数量正在上升等。其次要看外部环境对企业实施项目存在哪些不利的因素和威胁。例如，在这个地区有生产同样产品的其他企业；原材料价格上涨导致今后出售的产品价格上调；不知道产品还能流行多长时间等。

通过验证分析，创业者可以对项目构思做一些修改，甚至重新选择项目。在项目实施的过程中，要采取更加主动的措施，以保证项目的实现。

4. 创业计划书的编制

创业计划书是对所选创业项目的调查和论证，是说服自己，更是说服投资者的重要内容。提前进行调查和论证使创业者能对整个创业过程进行有效的把握，对市场机会的变化有所预警，从而降低进入新领域所面临的各种风险，提高创业成功的可能性。

创业计划书的主要内容包括以下四个方面。

（1）企业构思。企业构思是在创业资源的基础上，描述企业未来发展的总体设想，它决定着创业企业的成长轨道以及资源配置的方向，主要包括创业企业的核心战略和企业定位。

核心战略是创业企业的根本战略，不仅决定着创业企业能否存续，而且决定着创业企业能否实现成功的跨越和进一步发展。

企业定位则包括创业产品定位和创业市场定位，决定着创业企业能否成功地进入并立足市场，进而拓展市场。

1）产品或服务定位。企业定位反映了企业的经营策略，因此要用产品或服务明确界定企业的角色。与众不同的定位，可以明确自己的创业具体目标，并争取投资人的青睐。

创业者首先应考虑自己的产品或服务是否能满足消费者某种需要，进而考虑这种产品或服务是否具有独一无二的特性，是否有其他产品可以代替，是否能补缺其他产品的缝隙市场，这种产品或服务的市场有多大，顾客数量是否足以支撑正常运营等。

2）顾客定位。顾客定位是将自己的产品在潜在顾客心目中确定一个适当位置，定位的目的是使企业在开始经营前明确产品的销售对象和目标市场，分析产品的个性和鉴别竞争者的市场地位，从而明确创业企业最佳的市场切入点。

小企业要始终本着"别人不做，我做；别人没有，我有；别人做不到，我能做到"的思路去开展经营。

（2）市场调查及预测。市场调查可以通过让潜在顾客和竞争者回答问题的方式来获取信息。同时，创业者必须预测市场风险。创业计划书要充分考虑这些风险，还要针对不同风险制定对策。

1）了解顾客和竞争对手。要通过市场调查了解可能的顾客群体，包括他们的数量、文化层次、消费水平及消费需要等。

创业者一开始就应该直接与顾客接触，倾听他们的问题及需求。当顾客人数增长时，也要通过电话、电子邮件等方式与他们继续保持联系。即使公司有了初步的成功，也不能忽略了这些"上帝"。

同时，还要通过市场调查了解自己的竞争对手。创业计划书要考虑到未来的经营范围，有多少家同类型的小店、小厂、小公司，占据的市场份额有多大，经营方式有什么特点，在哪些方面不能满足顾客的需要等。

在此基础上，还要从技术和经济角度对所选项目进行评估、测算，最后确定切实可行的创业项目。

2）明确产品或服务特点。编写创业计划书，必须搞清楚产品和服务的特点，并认识到为什么这些特点对目标顾客具有吸引力，和同类产品或服务有什么区别等。

3）预测销售。销售预测是制订创业计划时最重要也是最困难的部分。企业的收入来自销售，没有好的销售就不可能有利润。现实中多数人往往过高估计自己的销售额，因此，创业者在进行销售预测时不要过分乐观，应保守一点，留有余地。

4）供产销渠道和促销方式。企业的供产销渠道要通畅，相互衔接，生产、销售、财务、人事、技术、设备、质量、后勤等部门要相互协调、密切配合。

企业应在多家供货商之间比较原材料供应，在比较时不能单看价格，还要注重供货商交货准时度。企业的进货也是门学问，无论是商店还是工厂，长期摆在货架上的货物都是"死钱"，只有当它们迅速周转时，才能带来利润。而对于不断波动变化的商品价格，创业者需要每天留心观察，以便抓住订货的时机。

促销是指把企业的产品或服务信息传递给顾客，吸引他们来购买自己的产品或服务。

（3）法律形态。创业必须确定企业的组织形式即企业的法律形态。小企业常见的法律形态有：个体工商户、个人独资企业、合伙企业和有限责任公司等。

企业选择哪种法律形态要考虑的主要因素有：企业的规模、行业类型和发展前景、业主或投资者的数量、创业资金、创业者的观念（倾向个人决策还是协商合作）等。

新企业顺利运行，必须有一个合理的组织结构，必须明确企业的岗位及其职责。有效率的企业，每个员工都对企业的成功起着重要的作用。小企业可由下列人员组成：企业主、企业合伙人、员工、企业顾问等。

制定岗位职责是企业正常运转的保证，其作用主要有三个方面：使员工确切知道企业需要他做什么，作为衡量员工工作绩效的标准，作为聘用员工的参考依据。

（4）企业财务。企业财务是指企业为了达到既定目标所进行的筹集资金、运用资金和收益分配的活动。所有财务情形必须仔细计算出来，以便让可能的贷款人或投资人了解并支持投资计划。

1）资金来源：融资或贷款。资金是创业者必须跨越的一座大山。个体、家庭经济资金的筹集比较简单，主要是自筹。

合伙人共同出资筹办企业，要明确彼此间的权利和义务，明确合伙人的出资额、出资方式以及各自承担的责任，共同经营、共担风险、共享利益。向银行贷款是较好的筹资方法。个人创业贷款是指具有一定生产经营能力或已经从事生产经营活动的个人，因创业或再创业提出资金需求申请，经银行认可有效担保而发的一种专项贷款。

2）启动资金使用预测。自有资金不足，往往会导致创业者利息负担过重，无法维持经营，因此创业者要有"有多少实力做多少事"的观念，不要过度举债经营。

启动资金用来支付场地（土地和建筑）、办公家具设备、机器、原材料和商品库存、员工工资、营业执照和许可证、开业前宣传和促销以及水电费和电话费等费用。这些支出可归为两类。一类是投资（固定资产），即企业购买价值较高、使用寿命长的东西。较为明智的做法是把必要投资降到最低，少担风险。另一类是流动资金，即企业日常运转所需要支出的资金，主要用于购买并储存原材料和成品、广告宣传、员工工资、租金、保险和其他费用的支出。

3）成本和利润预测。成本是实现盈利的前提条件，只有准确预测成本，才能确定产品的价格，保证获利。

所有企业都有两种成本。有些成本是不变的，比如租金、保险费和营业执照费等，这些成本叫作固定成本。另外一些成本会随着生产或销售的起伏而变化，如材料成本，这些成本是变动成本。利润来自销售收入减去企业经营成本，只有收入大于成本才有利润。

预测销售收入及利润情况，可采取以下五个步骤。

①列出企业推出的所有产品或服务项目。

②预测第一年里每个月期望销售的每项产品或服务的数量。

③为每项产品或服务制定价格。

④用销售价格乘以月销售量来计算每项产品或服务的月销售额。

⑤用销售收入减去企业经营成本，计算利润。

5. 创业计划的审定

在完成创业计划书的编制后，要对创业计划再次进行审定。

审定的内容包括：创业者有没有足够的时间和精力来承担企业的管理工作，有没有足够的责任心和能力等；是不是有足够的资金来开办企业；企业是否能够赚钱。

应向尽可能多的人征求意见，反复审阅创业计划的内容，直到满意为止。有很多专家，如政府有关部门以及相应业务领域和企业中有经验的咨询服务顾问和协会代表，会计师、银行家、律师、高等院校教师等，都可以帮助创业者审定创业计划。

由于创业计划是纸面计划，而没有在现实中测试创业项目，因此只有通过认真审定，才能合理决定创业项目的取舍。

（二）一般创业过程

1. 组建创业团队

创业团队一般是由少数情趣相投、技能互补，可以互相帮助和扶持，有着共同创业目标的创业者组成的团队。创业团队的组建是整个创业活动中十分重要的环节，它对创业活动的顺利开展和成功与否发挥着重要的作用。

一般来说，组建一个团结、高效的创业团队，应该注意以下四个方面的问题。

（1）具备正确的团队观念。具备正确的团队观念，首先需要团队具有高度的凝聚力，每位团队成员都要意识到大家处于一个共同体中，有福同享、有难同当；需要每位成员都具备诚实守信、善良正直的品质；需要每位成员树立远大的理想，把创业活动当作自己所从事的一项事业，为企业的长远发展着想，在企业的成长中实现自己的价值，并能够为他人和社会创造价值。

（2）树立共同的目标。树立共同的目标对于一个团队的良性发展有着重要作用。每位成员如果明确了共同的目标，并将其作为自己的奋斗目标，并为实现这个目标不懈努力，那么必将促进团队的团结、稳定，也必将推动和促进创业活动的成功。

（3）建立团队管理机制。建立合理的团队管理机制是创业团队保持团结、和谐、高效的制度保障。建立合理的团队管理机制，需要团队成员妥善处理各种利益关系，做到分工明确、各司其职，将责、权、利有机结合起来；需要制定详细具体的规章制度，用制度去约束人、管理人，做到在制度面前人人平等。

（4）寻求合理的知识结构。一个优秀的创业团队，必然是一个知识结构合理的创业团队。实践证明，团队成员的知识结构越合理，创业成功的机会就越大。对于创业者来说，在组建创业团队时，要努力做到成员之间优势互补、合理搭配，尽量避免专业或技术上的相似性或相同性。

2. 开展市场调研

进行必要的市场调研和产品研究，并围绕其产生业务构想。

3. 确定公司的名称

给公司命名不是一件简单的事情，也有许多讲究和艺术。

（1）创业者自己必须喜欢。

（2）要给人以准确、简洁的印象，不让外界产生歧义和误解。

（3）充满乐观向上、积极进取的精神。

（4）易于被员工喜爱和接受。

（5）字数不宜太多，且易于读写，鲜明、朗朗上口，不用生僻、令人费解的字。

（6）要独树一帜，不人云亦云。

（7）不要过于专业化，要通俗易懂、平易近人。

（8）要适合目标公众的品位。

4. 聘请顾问律师

新公司的创立经常要涉及许多法律和制度方面的问题，创业者往往很难掌握诸多的法律知识，因而需要从顾问那里获得专业的建议。

5. 筹集创业资金

创业必须有足够的资金。一般来说，创办企业所需要的资金主要有：

固定资金，即企业的固定资产总价值，包括购买或租赁生产厂房、机械设备、运输工具等的费用；流动资金及用于支付劳动者报酬的费用；注册资金，即国家所承认的私营企业的所有资产的货币表现，银行贷款、借款不能作为企业的注册资金。

创业者获取维持企业运转和经营的创业资金，主要有以下渠道：自筹资金、银行贷款、寻找风险投资、合伙入股等。

6. 专业运行

一旦所筹的资金到位后，创业团队就要从"业余状态"转入"专业状态"，开始全天候的筹备工作。

7. 筹办注册经济实体

（1）寻找企业落户场所。企业选址要根据行业特点。要选择有发展机会和空间的地方，重点考虑经营项目的特点、经营场地周围常住人员和流动人口状态、交通及通信条件；要选择与本企业经营方向相近的企业为邻，以便相互沟通、协调发展，为客户提供一条龙服务，减少成本。企业选址还要有前瞻性，要把眼光放长远些，多了解该地区将来的发展情况和城市发展规划，并进行动态分析，考虑日后变化。此外，还应兼顾环保要求和经济适用原则，量力而行。

（2）注册独立的经济实体。创办新企业要注册登记，如同办理"户口"。根据我国的法律规定，新办企业必须经市场监督管理部门核准登记并颁发营业执照，获得有关部门颁发的经营许可证（包括卫生、环保、特种行业许可证等）。企业只有领取了营业执照，才算具备了"正式户口"的合法身份，才可以开展各项法定的经营业务。

完整的企业注册程序包括：准备经营场地、开具有关房产证明、企业名称登记、领取并填写工商注册登记表、准备提交相关文件资料、办理有关前置审批手续、办理入资验资手续、领取营业执照等。

企业在领取营业执照后，应在规定时间内办理如下手续：一是企业代码登记；二是公章雕刻、银行账户申请；三是国税登记；四是地税登记；五是统计登记；六是行业管理登记；七是科技企业登记；八是各项社会保险及就业证办理。

8. 拟定各种章程

初创公司的一些基本规章制度和管理办法虽然不一定很完善，但是一个基本的运行框架还是必需的。

9. 引入必要的生产办公设备

这些引入的生产办公设备主要偏重实用功能，切勿追求高档、豪华。在创业的初期更要注意勤俭节约，每一分钱都要用在刀刃上。

10. 招聘、培训员工

通过各种途径和方式招聘员工，并对其进行必要的岗前培训，明确企业的有关要求。

11. 采购材料和试产试销

首先选购少量原料，进行试生产，发现存在的问题。把试制品拿给专业人员和消费者，收集反馈信息，考察市场情况。

12. 重新进行产品设计

把试生产、销售中所暴露出来的问题汇总，重新审定产品设计，对产品进行修改完善。

13. 确立正式规则

召集创业人员，制定正式的采购、生产、物流、销售和服务等一系列策略方案，这样公司便可步入正式运行的轨道。

当然，以上所述只是一般的自主创业过程，在实际的创业过程中，创业者可以根据需要选择其中的部分程序，也可以根据实际情况增加部分环节或调整先后顺序。比如关于创业资金的筹集问题，在开始创业前能够筹集到所需的全部资金固然很好，但在现实的创业过程中很少有这样如意的情况。这时候就可以在做市场调研、培训规划的同时进行资金的筹措工作，甚至也可以在公司正常运转以后根据需要再进行筹措。

本章自测题

1. 如何根据自我特性进行择业？
2. 理性择业观分为哪几方面？

3. 求职途径主要有哪些？应届大学毕业生就业程序的四个步骤分别是什么？

4. 就业侵权行为主要有哪些？分别处于什么阶段？

5. 简述创业者必备的能力和素质。

6. 简述创业的流程。

 课程实训一

结合本章相关内容的学习，讨论目前大学生就业的趋势。

实训指导：

随着社会经济的高速发展，当前人才供求日益呈现多元化趋势，高校的扩招圆了很多人的"大学梦"，但同时也导致了大学生在未来相当长一段时间内将面临较大的就业压力。在未来的日子里，就业形势依然严峻。

除了进入各类企业、事业单位一般性岗位和考取研究生等，目前大学生就业也存在很多新的趋势，下面将简单举例，供参考。

大学生就业新趋势

1. 新行业、新领域就业

随着我国经济结构的转型升级，一些低附加值、高能耗的产业被淘汰，高科技产业以及服务业正在兴起。这些新行业、新领域正在取代传统行业，成为大学生新的就业选择。

尤其是随着"互联网+"、物联网、超物联网时代的到来，这三大网络将成为未来对应届毕业生需求最大的行业。与这三大网络相关的行业，如电子商务、互联网金融、直播营销等的招聘势头也在上涨。

2. 就业地点转向二、三线城市

由于历史原因，我国的社会资源集中于一线城市，但随着一线城市出现人员饱和、生存成本增加、生活压力巨大等一系列问题，一些大学生开始重新考虑就业地点。

大城市能给年轻人提供更多的机会和就业岗位，也能开阔视野、增长知识，但是随着二、三线城市的发展，一线城市的各种优势正逐渐被削弱，许多大学生将就业地点转向了二、三线城市，甚至四、五线城市。

3. 到基层就业

基层就业，主要是指大学生到中西部地区、艰苦边远地区和老工业基地等的县以下基层就业。

各高校引导大学生到基层就业的鼓励性政策主要有学费补偿政策和国家助学贷款代偿政策。基层服务项目主要有"农村教师特岗计划""三支一扶""社区民生志愿者""西部计划""大学生村干部"等。大学生可以根据各地的基层服务项目的优惠政策以及各高校的鼓励政策等选择就业地区及就业岗位。

4. 参军入伍

大学生在校期间或毕业之后均可报名参军。参军不仅可以使大学生拥有强健的体魄、亲密的战友，还能让大学生拥有一段宝贵的人生经历、一个能够提升个人能力的成长平台，更是一份特殊的工作履历、一种难得的命运转变机遇。

5. 隐性就业

所谓"隐性"，是指性质或性状不表现在外的一种状态。隐性就业通常是指大学生没有按照常规就业渠道获取固定职业的一种工作和生活状态。

由于我国经济增长速度放缓，缩减人力资源开支成为各大企业维持利润的重要手段之一，刚毕业的大学生收入普遍不高，在此背景下，众多未能通过传统就业方式找到工作或对自己找到的工作不满意的大学毕业生，常常采取隐性就业的方式以暂时缓解未能就业或就业质量不高的窘境。如网站、微博、微信、直播等，为大学生们隐性就业提供了施展才华的机会和平台，互联网科技在改变人们生活方式的同时，也创造了大量隐性就业的机会。

6. 自主创业

在"大众创业、万众创新"的引导下，各级政府出台了一系列相关政策鼓励大学生自主创业,力图通过高校、政府、社会三方建立有效机制,引导大学生创新,支持大学生创业实践。所以,也有越来越多的大学生选择自主创业。

 课程实训二

结合本章相关内容的学习,并查阅资料,试制作一份创业计划书。

实训指导:

5人一个小组,每组提出一个具有市场前景的产品或服务,围绕这一产品或服务,小组编制一份完整、具体的创业计划书。

1. 封面设计。封面可放产品图片、品牌LOGO等,并包括以下内容:

(1)公司名称。

(2)公司性质。

(3)公司地址。

(4)公司邮编、电话、E-mail。

(5)公司负责人姓名、职务。

2. 内容架构。下面提供一个模板,供参考。

创业计划书(模板)

一、概要

概要应简洁、清楚地介绍你的商业项目(产品或服务)的商业价值、目标市场、竞争优势和资金需求、盈利能力、投资人回报预测,以及团队概况、核心管理手段等。

二、公司概述

1. 公司宗旨。

2. 公司名称。

3. 公司基本结构。

4. 公司经营理念。

5. 公司经营策略。

6. 公司设施及团队构成。

三、产品与服务

主要介绍公司产品(或服务)的功能、应用领域、市场前景等。

四、市场分析

1. 市场描述。

2. 目标市场。

3. 目标消费群体。

五、竞争分析

1. 竞争描述。

2. 竞争战略／市场进入障碍。

六、经营策略

1. 营销计划。

2. 市场沟通。

3. 规划和开发计划。

4. 制造和操作计划。

七、财务分析

1. 收入预估表。

2. 资产负债表。

3. 现金流和盈亏平衡分析。

4. 盈亏平衡图。

5. 投资人回报预测。

八、附录（如有可列出）

1. 公司背景及结构。

2. 团队人员简历。

3. 公司宣传品。